COLECCIÓN
PENSAMIENTO JURÍDICO Y POLÍTICO CONTEMPORÁNEO

2

REFORMA DEL CÓDIGO DEL DERECHO FORAL DE ARAGÓN EN MATERIA DE DISCAPACIDAD (LEY 3/2024, DE 13 DE JUNIO)

COMENTADA POR LOS MIEMBROS DE LA COMISIÓN ARAGONESA DE DERECHO CIVIL

COLECCIÓN
PENSAMIENTO JURÍDICO Y POLÍTICO CONTEMPORÁNEO

COLECCIÓN
PENSAMIENTO JURÍDICO Y POLÍTICO CONTEMPORÁNEO

2

REFORMA DEL CÓDIGO DEL DERECHO FORAL DE ARAGÓN EN MATERIA DE DISCAPACIDAD (LEY 3/2024, DE 13 DE JUNIO)

COMENTADA POR LOS MIEMBROS DE LA COMISIÓN ARAGONESA DE DERECHO CIVIL

EDICIÓN 2024

Coordinación
Carmen Bayod López

COLEX 2024

© Editorial Colex, S.L.
Calle Costa Rica, número 5, 3.º B (local comercial)
A Coruña, 15004, A Coruña (Galicia)
info@colex.es
www.colex.es

I.S.B.N.: 978-84-1194-652-0
Depósito legal: C 1417-2024

SUMARIO

PRESENTACIÓN

(17 pág.)

PRÓLOGO

(19 pág.)

LA COMISIÓN ASESORA. LA TRAMITACIÓN. PRINCIPIOS INFORMADORES

Fernando García Vicente

(23 pág.)

CAPACIDAD JURÍDICA DE LAS PERSONAS CON DISCAPACIDAD

José Antonio Serrano García

(33 pág.)

INVALIDEZ E INEFICACIA DE ACTOS Y CONTRATOS

Carmen Bayod López

(61 pág.)

DISPOSICIONES VOLUNTARIAS SOBRE LA TUTELA O LA CURATELA. PRIORIDAD ENTRE MEDIDAS DE APOYO Y SU PUBLICIDAD

Joaquín Oria Almudí

(91 pág.)

MANDATOS DE APOYO Y PODERES PREVENTIVOS SIN MANDATO

Adolfo Calatayud Sierra

(111 pág.)

LA GUARDA DE HECHO DE LAS PERSONAS CON DISCAPACIDAD

Carmen Bayod López

(137 pág.)

NORMAS COMUNES A LAS RELACIONES TUTELARES Y MEDIDAS DE APOYO. DEFENSOR JUDICIAL. CURATELA

David Arbués Aísa

(161 pág.)

EFECTOS DE LA RUPTURA DE LA CONVIVENCIA CON HIJOS A CARGO. LOS INSTRUMENTOS DE PROTECCIÓN DE MENORES

Aurora López Azcona

(187 pág.)

DISPOSICIONES TRANSITORIAS

Carmen Bayod López

(205 pág.)

PRESENTACIÓN

La gestión pública te permite vivir situaciones de muy diversa naturaleza. Algunas de ellas duras, porque la gestión pública es exigente. Pero también tenemos la oportunidad de disfrutar de momentos muy gratificantes. Uno de ellos fue la aprobación de la Ley 3/2024, de 13 de junio, de modificación del Código de Derecho Foral de Aragón en materia de capacidad jurídica de las personas. Las razones por las que esta ley representa algo tan especial son varias y todas ellas relevantes.

El Derecho foral, como expresa nuestro Estatuto de Autonomía, constituye una de las señas de identidad de nuestra Comunidad. No lo es por una simple querencia romántica, sino por su capacidad para resolver problemas que afronta la ciudadanía aragonesa. De no ser por ello, hace tiempo que hubiera desaparecido. Considerando esto, la encomienda que se realizó a la Comisión Aragonesa de Derecho Civil —la redacción del anteproyecto de Ley, que es hoy la Ley 3/2024, de 13 de junio— no fue una tarea menor: elaborar una norma capaz de ayudar a las personas con discapacidad en Aragón, así como a sus familias y al resto de su entorno, demostrando una vez más la utilidad de nuestro Derecho. Lo hemos hecho, además, siendo pioneros entre el resto de los Derechos forales de España.

Esta norma aúna el futuro de la Comisión aragonesa de Derecho Civil, con las etapas previas, en las que se redactaron las grandes leyes civiles aragonesas, que luego refundidas dieron lugar al Código del Derecho Foral de Aragón.

La Ley 3/2024, de 13 de junio, se trata de la primera gran reforma del Código de Derecho Foral desde que se aprobó como texto refundido en el año 2011. Trece años han pasado desde entonces. Ha habido reformas, pero ninguna de este calado. A pesar de su entidad, se ha logrado el consenso pleno, no sólo en su aprobación final, sino en todas sus fases.

Aragón es tierra de pactos y, aunque no sucede siempre, contamos con normas importantes que se han aprobado por acuerdos. Lo que en mi experiencia parlamentaria resulta excepcional es que hasta las enmiendas se presenten y aprueben por unanimidad de todos las agrupaciones y grupos parlamentarios representados en las Cortes de Aragón.

La reforma dista mucho menos de tener por objeto una realidad abstracta. Alrededor de un 10 % de los aragoneses tiene alguna discapacidad reconocida, porcentaje que seguramente sea superior, al no incluir a aquellas personas, sobre todo mayores, que padecen algún tipo de discapacidad, pero que no ha sido reconocida. Desde la entrada en vigor de la ley, los cambios introducidos han tenido un claro impacto sobre la sociedad aragonesa, y, particularmente, en las personas con discapacidad y en las personas que les brindan su apoyo.

En los tres ejes que imprimen esta reforma —la promoción de los derechos de las personas con discapacidad, la salvaguarda de sus derechos, y en la ayuda a su entorno de apoyo— veo atendidas las ideas fundamentales que creo que han de inspirar la actuación de los poderes públicos en esta materia, de modo que no puedo sino manifestar mi profunda satisfacción por el resultado, a cuyo estudio se dedica este libro, por parte de quienes han sido, como ya he señalado, los principales actores de esta ley.

Finalmente, no puedo dejar de aprovechar este prólogo para reafirmar una vez más el agradecimiento del Gobierno de Aragón por el trabajo realizado. El estudio y la concienciación de la realidad social de nuestra comunidad también ayuda a tomar las decisiones adecuadas en beneficio de la sociedad.

Gracias a asociaciones, colegios profesionales y operadores jurídicos en general que han participado en las consultas previas y durante las audiencias parlamentarias de la ley aportando su conocimiento y experiencia. Su colaboración ha sido de gran utilidad en el proceso de preparación de la norma.

Gracias a David Arbués Aísa, Adolfo Calatayud Sierra, Aurora López Azcona, José Antonio Serrano García, Joaquín José Oria Almundi, Rafael Santacruz Blanco y a quienes han presidido la Comisión Aragonesa de Derecho Civil durante esta etapa. Jesús Delgado Echevarría, durante cuyo mandato se sentaron las bases de las ponencias que trabajarían en el texto. Fernando García Vicente, que lideró la Comisión durante los principales debates hasta alumbrar el anteproyecto de Ley que se remitiría a las Cortes de Aragón y a Carmen Bayod López, en cuya etapa se ha culminado el texto legal durante su tramitación parlamentaria.

Gracias a todos por hacer posible una Ley en la que se reflejan algunas de las más hermosas cualidades de los aragoneses.

María del Mar Vaquero Perianez
Vicepresidenta y Consejera de Presidencia, Economía y Justicia del Gobierno de Aragón

PRÓLOGO

El pasado 13 de junio de 2024 las Cortes de Aragón aprobaron, por unanimidad, incluso en las escasas enmiendas presentadas al proyecto de ley, la *modificación del Código del Derecho foral de Aragón en materia de capacidad jurídica de las personas.* Todo un éxito sin precedentes que pone en valor la labor ejemplar de las Cortes, propia de Aragón y de los aragoneses. Hecho tan singular ha pasado inadvertido, también para la ciudadanía, a la que va dirigida esta importante norma que, por ser Derecho civil, forma parte, aun cuando se desconozca, del día a día de todos los aragoneses e incluso de los foranos con residencia habitual en Aragón.

En la pasada legislatura, el Gobierno de Aragón encargó a la *Comisión Aragonesa de Derecho civil* (CADC) reformar el Código de Derecho foral de Aragón (CDFA) para adaptarlo a la Convención sobre los Derechos de las personas con discapacidad hecha en Nueva York en 2006 (CDPD), cuya principal novedad es la desaparición del estado civil de incapacitado; tarea culminada por el ejecutivo actual, que ha mantenido un serio compromiso con esta reforma a través de dos Consejerías, la de Presidencia, Interior y Cultura y la de Bienestar Social y Familia.

La CADC, desde el 15 de junio de 2022, fecha en la que recibió el encargo para redactar un anteproyecto de ley de reforma del CDFA en esta materia, se puso a ello, primero bajo la presidencia del maestro Delgado, seguida de la presidencia de Fernando García Vicente y, con el aval de ambos presidentes y el apoyo del resto de vocales de la Comisión, les sucedió Carmen Bayod, la actual presidenta.

El anteproyecto presentado por la CADC es una obra técnica, fruto de la reflexión jurídica y el debate entre juristas procedentes de diversos ámbitos del Derecho, que han trabajo intensamente (más de cincuenta y seis reuniones de varias horas) en esta modificación.

La reforma, siguiendo los principios de la CDPD, toma como premisa la dignidad de toda persona, por ello su capacidad jurídica es inmodificable; si bien, el ejercicio de la misma requerirá de apoyos, cuando la persona presente una discapacidad que le impida o dificulte valorar o expresar por sí sola el consentimiento en la toma de decisiones, tanto patrimoniales como personales. Desaparece por ello la tutela de los mayores de edad, institución que representa y sustituye la voluntad del sujeto, y se adopta como medida de apoyo judicial la curatela.

Tomando como punto de partida la autonomía de la voluntad *(Standum est chartae)*, se priman las *medidas de apoyo voluntarias*, entre ellas destaca *el mandato de apoyo*, que permite a los ciudadanos mayores de edad o emancipados, en previsión de causas que dificulten el ejercicio de su capacidad (por ejemplo, la demencia senil, que quizás todos lleguemos a padecer) encomendar en escritura pública a una persona de su confianza, haciéndole las indicaciones precisas, que le preste el apoyo que en el futuro pueda necesitar para gestionar sus intereses personales o patrimoniales; todo ello sin necesidad de ir al juzgado; también la *autocuratela*, que permite designar, desde los 14 años, y entonces con asistencia, a un curador. Esta designación pueden hacerla también los progenitores respecto de sus hijos menores con discapacidad o en previsión de que lleguen a tenerla; la familia y el cuidado de las personas es un valor que no ha desconocido la reforma aragonesa, como sí lo ha hecho la ley estatal 8/2021, no aplicable en estos aspectos nunca en Aragón. También se regulan los *poderes sin mandato*, una buena forma de acreditación de la guarda de hecho.

Las *medidas judiciales* están presididas por la curatela, que tiene tres modalidades: de comunicación y acompañamiento, de asistencia y con facultades de representación, todas compatibles entre sí. Cuando los curadores sean los padres o familiares el régimen de la curatela se flexibiliza en atención a ellos.

La guarda de hecho se regula procurando que la vida cotidiana de las personas con discapacidad y de las personas que les prestan el apoyo con ánimo de permanencia (padres, hermanos, hijos, etc.) no se vea especialmente alterada, de manera que el guardador puede llevar a cabo determinados actos representativos tanto en el ámbito patrimonial como personal (disponer de pequeñas cantidades de dinero, solicitar prestaciones públicas, recabar informes médicos). Para probar la guarda, no se requiere declaración judicial, basta cualquier medio hábil en derecho y, específicamente, el acta de notoriedad o la declaración de la Junta de Parientes. Si fuera necesario llevar a cabo actuaciones más graves en el tráfico jurídico (la venta de un inmueble, por ejemplo) no es necesario constituir una curatela, el guardador podrá actuar contando con la autorización de la Junta de parientes.

Todo este régimen jurídico va precedido de unas Disposiciones generales que, en un fino equilibrio entre autonomía y seguridad jurídica, regulan la validez, invalidez e ineficacia de actos y contratos.

Desde la entrada en vigor de esta Ley nadie podrá ser constituido en estado civil de incapacitado, y las personas incapacitadas por sentencia judicial recuperan su capacidad jurídica, que deberá ser ejercitada, en su caso, con las medias de apoyo que correspondan conforme a lo previsto en esta Ley;

para ello se diseña un derecho transitorio que no exige una revisión judicial en plazos perentorios, como con gran desacierto establece la ley 8/2021 para el resto de Comunidades autónomas sin competencia en esta materia.

En Aragón, el Derecho es nuestra mejor carta de presentación[1].

Esta obra, escrita por los miembros de la actual Comisión Aragonesa de Derecho civil, que tengo el honor de presidir, tiene por objeto facilitar a los operadores jurídicos los primeros comentarios sobre la referida reforma, ofreciendo cada uno de los comentaristas las consideraciones y reflexiones que se tuvieron en cuenta en el seno de la Comisión y, en particular, en cada una de las ponencias internas en las que cada uno de nosotros trabajamos más directamente.

La finalidad de estos comentarios no es otra que poner nuestro trabajo al servicio de los ciudadanos y facilitar, a ser posible, la labor de todos aquellos que tienen que aplicar la ley: abogados, fiscales, jueces, notarios, registradores, así como las diversas administraciones, pero, sobre todo, el uso y utilidad del Derecho civil por cada uno de los ciudadanos al regular esta reforma la capacidad jurídica de las personas para intervenir en tráfico jurídico, poniendo a su disposición las herramientas precisas para que, en el ejercicio de su libertad civil, *Standum est chartae*, puedan actuar ejercitando su capacidad jurídica bien por sí solos o bien con los apoyos que puedan necesitar. Esperamos haberlo conseguido.

Carmen Bayod López
Presidenta de la Comisión Aragonesa de Derecho civil

Septiembre, 2024

1 Hasta aquí el texto que se publicó en Heraldo de Aragón el pasado 28 de junio de 2024 y fue secundado y firmado por todos los miembros de la CADC

LA COMISIÓN ASESORA. LA TRAMITACIÓN. PRINCIPIOS INFORMADORES

Fernando García Vicente
Ex presidente de la Comisión Aragonesa de Derecho Civil

SUMARIO:
I. La comisión asesora de derecho civil. II. Encargo y tramitación. III. Principios informadores.

I. La Comisión Asesora de Derecho Civil

Durante los últimos treinta y cinco años el desarrollo y aplicación del Derecho Foral aragonés ha evolucionado de una manera muy positiva. Han influido varios factores. El primero, muy importante, que se creó, el Decreto 10/1996, de 20 de junio de D. Manuel Giménez Abad, Consejero de Presidencia del Gobierno de Aragón, la Comisión Aragonesa de Derecho Civil, como una institución estable. Se fijó normativamente como debía de funcionar, así como el nombramiento de sus miembros. El Gobierno solo se reservó el derecho a elegir tres, entre juristas de reconocido prestigio, dando al Tribunal Superior de Justicia y a los Colegios de Abogados, Notarios, Registradores de la Propiedad y a la Facultad de Derecho, la posibilidad de elegir uno cada uno. El presidente no lo designa el Gobierno, sino que lo eligen por votación los miembros de la Comisión. Resultó elegido el profesor D. Jesús Delgado Echeverria, catedrático de derecho civil y sucesor en esa materia del Profesor Lacruz Berdejo. Lo ha sido, con éxito, hasta el 15 de junio de 1922, porque el Gobierno limitó la edad para ser mimbro de pleno derecho a los 75 años Han sido miembros destacados juristas, que ha dedicado a ella, tiempo, conocimiento y entusiasmo. Por distintas razones la composición de la Comisión ha ido variando. Solo hemos permanecido durante todo ese tiempo: D. Adolfo Calatayud, notario; D. José Antonio Serrano, catedrático de derecho civil, D. Javier Sancho Arroyo abogado y yo. El puesto ni es retribuido, ni se percibe ninguna compensación por gastos. Durante este tiempo se han levantado 326 actas, que recogen las reuniones que ha habido, que pueden ser consultadas, lo son, cuando hay dudas sobre la interpretación de una norma. El nivel técnico de las propuestas que han realizado ha sido muy importante y todos sus miembros han trabajado de una forma muy exigente, que hay que reconocer. El informe que se realiza se traslada al Gobierno, el cual puede realizar todas las modificaciones que estime oportunas, porque la Comisión es un órgano consultivo. Luego se traslada a las Cortes, que pueden pedir aclaraciones a la Comisión. Son muy pocas las modificaciones que se han introducido al texto enviado por la Comisión.

Hay que reconocer que, tras la Constitución española, antes de esta Comisión hubo, de forma puntual y para resolver modificaciones concretas hubo otras Comisiones; pero no tuvieron la continuidad que ha tenido esta y los encargos que se les hizo eran menos ambiciosas; por ejemplo, reformar la sucesión ab intestato en favor de la Comunidad.

La Comisión, en lo que hace referencia a este anteproyecto, comenzó siendo presidida por el profesor D. Jesús Delgado Echeverría debiendo cesar al establecerse un límite por edad de setenta y cinco años. Por el mismo motivo paso a ser vocal honorario D. Javier Sancho Arroyo y López Rioboo. Presentaron su renuncia con fechas 9 y 16 de febrero de 1922 D. José Manuel Enciso Sánchez, notario y Dña. Carmen Betegón Sanz, registradora de la propiedad, siendo aceptada su renuncia por el Presidente del Gobierno el 24 de febrero de ese año y nombradas para sustituirlas Doña Mará del Carmen Bayod López y Doña Aurora López Azcona, profesoras de la catedra de derecho civil de la Facultad de Derecho de Zaragoza. Han participado en la realización de este informe, además de los citados: D. Rafael Santacruz Blanco, abogado del Estado; D. Adolfo Calatayud Sierra, notario, D. José Antonio Serrano García, catedrático de derecho civil, D Joaquín José Oria Almudí registrador de la propiedad y D. David Arbues Aisa abogado. Dña. María Ángeles Parra Lucán, magistrada TS. no ha intervenido directamente.

Por elección de los miembros de la Comisión fue elegido Presidente Fernando García Vicente el 29 de junio de 2022 y secretaria Doña Aurora López Azcona, sustituyendo a D. José Antonio Serrano. Al cumplir el 28 de diciembre setenta y cinco años pasó a ser vocal honorario Fernando García Vicente, siendo elegida por unanimidad presidenta Doña Carmen Bayod y nombrada por acuerdo del Gobierno de Aragón de 30 de enero del 2022, publicado el 2 de febrero.

Han asistido a las reuniones de esta Comisión y ha colaborado prestando su apoyo, D Luis Estaun García y D. José María Fuster durante el tiempo que han sido directores generales y Doña María Belén Corcoy, Elena Marquesán y Gonzalo Castro, funcionarios de la DGA.

Probablemente, al decir de expertos juristas, la reforma más complicada que se ha tenido que realizar por esta Comisión es la de adaptar el Código vigente a la Convención de Nueva York sobre discapacidad, de 13 de diciembre 2006, ratificado por España el 21 de abril del 2008. La Comisión se ha reunido cincuenta y tres veces, en sesiones de más de dos horas, sin contar el trabajo preliminar de cada sesión. Esa tarea de adaptación era imprescindible hacerla porque, a diferencia de otras Comunidades Autónomas, tenemos reguladas instituciones como la tutela, curatela, defensor judicial que directamente se ven afectadas tras la reforma por el Código Civil. Otras instituciones recogidas en el Código foral, como la fiducia, desheredación... también se ven afectadas en mayor o menor medida. La duplicidad de legislaciones ha provocado dudas al tener que compaginarlas, ya que el Código civil es de aplicación supletoria en defecto de norma aragonesa aplicable. No se ha pretendido adaptar la legislación aragonesa al Código civil sino a la Convención. Con la nueva ley, se trata de evitar la inseguridad jurídica, que afecta a un problema social de primera magnitud. Además, como una parte de la doctrina, Rodrigo Bercovitz, critica el texto legal apreciando errores técnicos y aspectos que considera cuestionables, el mismo concepto de persona discapacitada, patria potestad prorrogada, vecindad... el legislador aragonés pretende superarlo.

Ha sido necesario revisar casi todo el Código foral, más de doscientos artículos, porque hay muchas instituciones en las que hay que introducir cambios, al desaparecer la incapacidad plena y la tutela de estas personas y haberse creado medidas que antes no existían tal y como hoy se regulan. Sin pretender ser exhaustivos adelantamos como se ha realizado y algunos principios.

II. Encargo y tramitación

El Gobierno de Aragón tras su reunión de 15 de junio de 2022 encarga a la Comisión *«La redacción del anteproyecto de ley de modificación del (Código Foral) de Aragón en materia de capacidad de las personas»* El encargo fue ratificado por el nuevo Gobierno mediante carta dirigida al presidente y que figura anexa a las actas.

Tras recibirlo la Comisión presida por el profesor Delgado tuvo distintas reuniones en las que se pasó un cuestionario a los miembros sobre cómo debería de ser la reforma y se decidió a instancias del presidente utilizar el sistema de folio en blanco, esto es, partiendo de cero, no modificando lo existente y contrario a la Convención.

Para conocer la opinión de los que podían verse directa o indirectamente afectados por el proyecto de ley se convocó una jornada los días 19 y 20 de noviembre de 2021 en el Monasterio de Rueda en la que el Magistrado D. Armando Barrera Hernández presentó un detallado informe, seguido de los representantes de la Administración y los que la hacían en nombre de diversas entidades sociales dedicadas a la materia.

El Director general D. Luis Estaún había comparecido para presentar el estado en que se encontraba la tramitación del proyecto el 12 de diciembre de 2.022 contestando a las preguntas que se le hicieron. La intervención tuvo una buena acogida. El Presidente de la Comisión Aragonesa fue invitado el 14 de marzo de 2023 por el Parlamento vasco para exponer los principios básicos del anteproyecto de ley que se estaba realizando y al día siguiente por AEQUITAS para comparecer ante el Senado de España para explicar el estado de la situación en Aragón. Hay que destacar que en esta materia hemos sido pioneros en nuestro país. Es la única Comunidad Autónoma que tiene una ley completa propia.

Ante la imposibilidad de contar con un texto realizado por un experto sobre el que poder trabajar, como se había hecho otras veces, la Comisión se dividió en tres grupos para cumplir con esa función. El primero D, Rafael Santacruz y D José Antonio Serrano; el segundo por D. Adolfo Calatayud, D. Juan Oria, Aurora López Azcona y el tercero por Dña. Carmen Bayod, D. Davis Arbues y Fernando García. Hecho esto durante 54 sesiones se reunió la Comisión y se discutió artículo por artículo. Terminado esto se volvió a revisar por completo para mejorar su redacción y evitar repeticiones o posibles contradicciones. Finalmente, el 20 de diciembre del 2.023, día del Justicia de Aragón, la Comisión fue recibida por el Presidente del Gobierno de Aragón y se entregó el texto legal, tras informarle del contenido y como se había hecho. Previamente hubo una reunión de todos los miembros de la Comisión en la que cada uno expuso una parte del proyecto a la Consejeras de Presidencia y Asuntos Sociales así como a diversos funcionarios de sus departamentos. El texto entregado fue remitido a las Cortes de Aragón.

Tras el examen por los letrados la Presidenta de la Comisión de Desarrollo Institucional y Desarrollo Estatutario, doña. María Navarro Viscasillas, convocó el 12 de marzo de 2024 a Carmen Bayod y al presidente anterior Fernando García para exponer a los portavoces de los Grupos parlamentarios las bases de la ley. De esta reunión se decidió: un reconocimiento a la labor realizada, obviar el debate a la totalidad en el Pleno para acortar los plazos, celebrar una sesión de audiencias legislativas con las organizaciones interesadas y consultar la opinión de la Comisión aragonesa a las enmiendas que se pudieran presentar. Así se hizo. Comparecieron: los días 3 y 11 de abril el Juez encargado del juzgado n.º 13 Sr. Barrera y los Colegios profesionales y las entidades sociales: ASPACE, Plena Inclusión Aragón, Fundación Luis de Azua, Federación Salud Mental de Aragón, Fórum de Entidades Aragonesas de Salud Mental, Fundación para el Apoyo de la Autonomía y Capacidades de las Personas de Aragón, ATADES, Asociación Autismo Aragón, Asociación Familiares de Alzheimer, AEQUITAS; y los Colegios de Abogados, Notarios y de Trabajadores Sociales de Aragón.

Todas realizaron valiosos informes y exposiciones para que pudieran ser consideradas por la Ponencia Institucional. La Coordinadora de la Ponencia el 16 de abril de 2024 remitió a la Comisión para su estudio y contestación el informe elaborado. Sin pretender se exhaustivo analizamos algunas de sus propuestas:

Hubo un gran número que la Comisión aceptó por suponer mejoras técnicas. Otras porque sin duda mejoraban el texto original. Entre ellas conviene destacar: Modificar la palabra discapacitado en la Exposición de Motivos. Considerar que la dignidad de las personas no procede de la ley (art. 3.1), o añadir *dificulta* (art, 34), o en el art 36.2 *durante*, o en el art 40.1 *valorar*. La Comisión mejoró la redacción del art 45 en lo referente a la anulabilidad y rescisión. La referencia en el art 66 al *sexo* se suprimió. Se mantuvo la regulación de la publicidad registral introduciendo una modificación en el texto legal (art. 111), Sobre designación del titular de la tutela se introdujo una modificación (art, 121.3). Se admite la propuesta de la Ponencia sobre causas de indignidad (art 328). Se admite el informe pericial de profesional especializado en el ámbito social o sanitario (ar, 169,1). Se admite en el art 475.1 que ese tipo de testamentos solo se pueda hacer en testamento notarial abierto.

En otro grupo de sugerencias, la Comisión, por diversos motivos, consideró que no parecía conveniente introducir las sugerencias realizadas. La Ponencia aceptó el criterio de la Comisión no modificando el texto original. Así se rechazó la figura del mediador procesal (art 3,2), o considerar que la oposición de intereses debería de ser en todos los asuntos (art. 42). También rechazo la Comisión el que no se regulara el internamiento (art. 44). Se mantuvo la acreditación plural de la guarda de hecho (art 169.13). No se introdujo la patria potestad prorrogada. Tampoco se admitió exigir los mismos controles a los curadores cuando sean parientes próximos que cuando no lo son; ni la obligación de realizar visitas periódicas por quien ejercite el apoyo. No se aceptó una modificación en la Disposición transitoria 5.ª estableciendo un plazo para le revisión de las medidas de apoyo ya acordadas respecto a la legislación anterior,

Un tercer grupo donde la opinión contraria de la Comisión no fue tenida en cuenta. En ese sentido la propuesta del Colegio Notarial sobre testigos en el testamento notarial (art 413). Fueron las menos y hay que decir que la Comisión aragonesa las acepta de buen grado, ya que la responsabilidad de legislar es de las Cortes. Su misión es importante pero solo la de un órgano consultivo.

Finalmente fue aprobado el texto de la Ponencia por unanimidad en el Pleno de las Cortes de Aragón, algo que conviene destacar en cuanto refleja la actitud de todos los grupos de las Cortes de Aragón. Es LEY 3/2024, de 13 de junio, de modificación del Código de Derecho Foral de Aragón en materia de capacidad jurídica de las personas. Publicada en el BOA n.º 122 de 25/06/2024. Entró en vigor a los veinte días de su publicación.

III. Principios informadores

Dignidad. Se reconoce la capacidad jurídica de toda persona y su dignidad. Por su propia naturaleza no porque lo diga la ley, a mi juicio fue un acierto de las Cortes de Aragón proponer esta reforma. Al mismo tiempo, sin que sea incompatible, hay que tener en cuenta que, en algunos momentos y situaciones, hay muchas personas que necesitan protección, en su propio beneficio. Siempre me han preocupado mucho los niños sordo-ciegos. En Zaragoza hay más de veinte en una asociación. La resolución de sus problemas dentales durante mucho tiempo no ha estado bien resuelta, aunque creo que gracias al Colegio de odontólogos hay lo está En la aplicación de estos dos principios nuestra ley es más clara que el Código civil.

¿Quién tiene capacidad jurídica? Hasta ahora no estaba definido, lo cual producía en casos dudosos algunos problemas de aplicación. La tiene: *«El que entiende el contenido de un acto y los efectos del mismo»*. Para que exista discapacidad, a los efectos de esta ley, se exige que la limitación sea permanente; no la tiene quien por una enfermedad o un accidente lo está durante un corto periodo de tiempo. Este juicio de valor le corresponde hacerlo en última instancia al Juez, pero no siempre a él; el notario tendrá que valorarla en algunos casos y la misma guarda de hecho no impone el reconocimiento institucional en los casos que por ser notoria la situación no ofrece dudas.

Hay que confiar en los que tienen que aplicar la ley. Este es el sistema anglosajón inspirador del Convenio. Cada caso es diferente; esta materia no es como la sucesión ab intestato o la legítima que tienen que ser igual para todos. Hay que dar margen a los operadores jurídicos: jueces, fiscales, notarios, abogados e incluso en la Administración, para que puedan buscar la mejor solución para el caso concreto. Por eso en la ley se utiliza muchas veces la expresión *«podrán»*, el Juez o el Notario podrá.... Seguido de varias alternativas o lo que el sentido común aconseje. Lo que se pretende es dar cobertura legal para que se haga lo que más convenga a la persona que tiene un problema. Como en esta materia nada es definitivo, no hay cosa juzgada, siempre se puede recurrir o cambiar.

Cuando el asunto lo requiera el reconocimiento personal es fundamental, pudiendo el que tenga que decidir instar el asesoramiento de expertos, de diversos tipos, y de testigos, que para evaluar el alcance de algunas enfermedades mentales son muy esclarecedores. A propuesta de las Cortes se admitió que se diera entrada, además de los tradicionales médicos y psicólogos, a otros como los asistentes sociales, cuya opinión puede tener mucho valor sobre todo cuando son los encargados de su seguimiento y cuidado. No se admitió que los Colegios profesionales, como se solicitó por alguno, hicieran listas de llamamiento, porque además de ser una cuestión procesal, sobre la que no tenemos competencia, la tendencia en todo el mundo anglosajón y en gran parte de Europa, Francia, por ejemplo, es que el Juez pueda elegir peritos de su confianza, rechazando las listas y la insaculación.

La verdad que en muchos casos la relación de unos padres con sus hijos *border line* tiene sus compensaciones, porque al quedarse en la edad de la niñez son mucho más cariñosos con sus padres y les hacen más compañía que los que son independientes. Pero hay otros casos muy duros. Mi experiencia, tras haber estudiado en sendos informes presentados a las Cortes de Aragón, es que la mayoría, de alrededor de cien personas que duermen en la calle todos los días en Zaragoza o casi la mitad de los que están internos en la prisión de Zuera, tienen una enfermedad mental no diagnosticada o no tratada, y su familia no quiere saber nada de ellos, porque están hartos de tener que asumir responsabilidades, y porque el trato diario, en algunos casos, es muy difícil y afecta a toda la familia. Hay muchos casos en los que es difícil encontrar a un curador o guardador de hecho. Por eso hay que tratar de hacer esta tarea lo menos gravosa posible.

Como norma fundamental de actuación, hay que respetar la voluntad y decisiones manifestadas por una persona cuando está bien, aunque luego su estado no le permita ni reconocerlas ni tomarlas. Hay que asumir las decisiones que toma cuando tiene plenas facultades sobre los mandatos de apoyo. También sus preferencias. Los deseos son más difíciles de identificar. Se exceptúa cuando el Juez considere que ha habido un cambio de circunstancias tan grande y tan imprevisto de haberse podido conocer, en su momento, según qué decisiones no se hubieran tomado. Solo lo podrá decidir el Juez, de forma motivada y en beneficio de la persona con discapacidad. Es algo así como la aplicación del *standum ex chartae* a esta materia.

La guarda de hecho. Partiendo de lo anterior, hay que potenciar la guarda de hecho, como la forma normal de actuar en la mayoría de las pequeñas decisiones que la vida exige. Puede acreditarse por cualquiera de los medios de prueba establecidos, que no tienen por qué ser judiciales ni notariales. Si la decisión que hay que tomar es muy importante o trascendente o continuada y no hay nada previsto habrá que acudir a la curatela; sino la guarda de hecho es suficiente. Esto puede producir algunos recelos injustificados cuando se trata de pequeñas disposiciones de dinero, que cubren necesidades razonables. Que no tenga nadie miedo por permitir que se disponga de cantidades razonables para atender las necesidades de la vida cotidiana, para sacar dinero de una cuenta bancaria o para hacer pagos en un comercio. De no ser así limitaríamos muchísimo su capacidad de obrar. Es compatible con otras medidas, por eso cuando hay medidas de apoyo, quien ejerce la guarda deberá respetarlas. La guarda de hecho también legitima las pequeñas decisiones del ámbito sanitario, por ejemplo: darle la medicación prescrita o llevarlo a una consulta médica, no es suficiente cuando se trata de intervenciones muy graves y previsibles. El estado de necesidad perentorio, que se trate de evitar un mal mayor, puede justificar la intervención del guardador de hecho. Los apoyos extemporáneos e informales ejercidos de forma benévola se regirán por las normas de gestión de negocios ajenos.

Intervención judicial mínima. A falta de medidas de apoyo, tomadas por el interesado cuando sabía lo que hacía, el Juez podrá adoptar las que estime estrictamente necesarias, proporcionales y revisarlas cada cierto tiempo. Cuando afecten a la esfera personalísima se atenderá en primer lugar a sus preferencias o lo que haya podido prever el interesado; la intromisión en esta esfera se hará solo en su propio beneficio. Nadie podrá ser obligado a permanecer internado sin autorización judicial. Se mantiene el art. 44 por ser coincidente en sus principios con la legislación estatal regulada en ley orgánica

Intervención judicial más amplia. Cuando no sean suficientes las medidas de apoyo concretas, la forma normal y más amplia de protección será la curatela, que puede ser de comunicación, acompañamiento, asistencia o con facultades de representación. Todas ellas se describen. Es una situación permanente, sometida a los debidos controles. Se considera que según las circunstancias puede coexistir con la guarda de hecho.

Se ha suprimido lo que en derecho común se llama la patria potestad prorrogada, para nosotros el deber de crianza; la convertimos en una curatela, aunque la eximimos, como norma general con excepciones, de los controles a que está sujeta cuando la ejerce un tercero. Esta supresión de la patria potestad prorrogada era discutible por el carácter afectivo que la patria potestad tiene para los padres, así nos lo han hecho saber algunas asociaciones y personas. Yo creo que la patria potestad aragonesa no tiene nada que ver con la procedente del derecho romano que reconocía el *ius vitae et necis* y que por tanto permitía al padre vender al hijo no emancipado e incluso darle muerte. Por eso la Observancia 5.ª decía que: *In Aragonía per consutudinem regnum non habemus patria potestatem.*

Se ha mejorado la regulación del defensor judicial como último recurso. Se admite la publicidad registral de conformidad a lo establecido en la legislación estatal, ya que esta materia es competencia suya.

Al integrar la ley en el Código Foral se ha considerado necesario introducir como causas de desheredación o de indignidad para suceder el no aceptar hacerse cargo de las medidas de apoyo; o actuar en su ejercicio con dolo o negligencia grave.

Además, y a petición a las Cortes de los que están implicados en la representación, apoyo y cuidado de las personas con discapacidad, se ha introducido la sustitución ejemplar, que ha sido suprimida por el Código Civil y ha hecho que testamentos ya otorgados sirviéndose de ella puedan ser ineficaces; ha habido alguna sentencia en ese sentido. La supresión de la sustitución abría la sucesión ab intestato, heredando unos primos que no se han ocupado para nada de su pariente, en lugar de los que con cuidado y mimo lo han hecho durante mucho tiempo y a los que sus padres quieren agradecérselo en su testamento. Otro elemento adecuado puede ser la sustitución fideicomisaria, que ya era admitido.

Respecto a las disposiciones transitorias, en lugar de fijar un plazo, como hace el CC. para modificar todas las sentencias anteriores, que con los medios actuales es irrealizable, se propone que automáticamente todas las tutelas se conviertan en curatelas representativas, sin perjuicio de que el Juez de oficio o a instancia del Ministerio Fiscal o una parte pueda modificar esta situación. Un dato solo en Zaragoza hay más de 4.000 causas de discapacidad vivas en los Juzgados. También se confirma la validez de todas las medidas de apoyo previamente establecidas.

Para terminar, hay que destacar que los principios inspiradores de la reforma encajan con la tradición jurídica aragonesa, recogida en los fueros y observancias, que hacen de la protección a los menores, hijos, mujer y otras personas vulnerables principios inspiradores del sistema aragonés, cuando todavía no eran reconocidos en otras legislaciones. Hoy nuestro Derecho se adapta a las modernas tendencias que una sociedad avanzada requiere, se aplica y utiliza con naturalidad en toda la sociedad aragonesa y por todos los profesionales jurídicos. Diré más, se sienten orgullosos de él, en cuanto que respeta el principio de libertad civil, la seguridad jurídica y es el reflejo de una seña de identidad y de una larga tradición histórica propia.

CAPACIDAD JURÍDICA DE LAS PERSONAS CON DISCAPACIDAD

José Antonio Serrano García
Catedrático de Derecho civil
Vocal de la Comisión Aragonesa de Derecho civil

con discapacidad que utiliza los apoyos precisos para ello. VI. El ejercicio de la capacidad jurídica en casos específicos. 1. Oposición de intereses. 2. Intromisión en los derechos de la personalidad. 3. Internamiento involuntario. VII. Otras normas generales. 1. Patrimonio especial de las personas con discapacidad. 2. Situaciones de necesidad urgente, de riesgo o desamparo. 3. Intervención judicial.

I. Contenido de la parte general de la reforma

1. El Grupo de trabajo sobre la «parte general»

La «parte general» de la reforma operada en el *Código del Derecho Foral de Aragón* (CDFA) por la Ley 3/2024, de 13 de junio, en materia de capacidad jurídica, tiene por base la propuesta preparada dentro de la *Comisión Aragonesa de Derecho Civil* (CADC) por uno de los tres grupos que al comienzo de los trabajos se constituyeron en su seno para preparar las tres ponencias en que se dividió inicialmente el contenido del llamado por nosotros «folio en blanco» de la futura Ley. El grupo de trabajo dedicado a diseñar la ponencia sobre la parte general de la reforma estuvo integrado por Rafael Santacruz Blanco y por mí mismo, porque el tercer miembro previsto, Javier Sancho-Arroyo y López de Rioboo, por motivos de salud no llegó a participar en los trabajos preparatorios.

Este grupo de trabajo se encargó de preparar un borrador inicial (y otro posterior que actualizaba lo relativo a la validez e invalidez, materia ésta que, por su mayor complejidad, se dejó para ser debatida después de las otras dos Ponencias) para la reforma y sustitución, dentro del Tít. I *(De la capacidad y estado de las personas)* del Libro I *(Derecho de la persona)*, del anterior Cap. II, *Incapacidad e incapacitación* (arts. 34 a 45 CDFA, divididos en dos Secciones: *La persona incapaz y la incapacitada* (1.ª: arts. 34 a 40) y *Prórroga y rehabilitación de la potestad de guarda* (2.ª: arts. 41 a 45).

2. Supresión de la guarda y rehabilitación de la potestad de guarda

Desde el principio, los ponentes de este grupo fuimos partidarios de suprimir directamente toda referencia a la *prórroga y rehabilitación de la potestad de guarda*, por considerar que eran unas medidas que tenían como presupuesto la incapacitación, y de ella derivaban, cuando se daban los requisitos legales, como un efecto automático, salvo si el Juez, atendidas las circunstancias del caso, decidía acordar en su lugar la constitución de la tutela o curatela; la prórroga de la potestad de guarda (autoridad familiar o tutela), tenía lugar cuando se incapacitaba judicialmente a un menor de edad, y la rehabilitación de la autoridad familiar (no de la tutela) procedía cuando la persona incapacitada era mayor de edad, soltera y seguía viviendo con sus padres.

No hay duda de que la incapacitación judicial o modificación judicial de la capacidad jurídica de una persona es contraria a la Convención de Nueva York reguladora de los derechos de las personas con discapacidad (en adelante, Convención), que busca su equiparación con las demás personas en todos los aspectos de la vida, en particular en materia de capacidad jurídica. Además, suprimido por el Estado el proceso sobre la capacidad de las personas (sin tener en cuenta que dejaba a la regulación aragonesa sin normas procesales), nadie podía ya ser incapacitado al no haber un procedimiento para ello y, por tanto, el automatismo de la prórroga o rehabilitación desaparecía necesariamente. A lo sumo, en los nuevos procedimientos de provisión de apoyos, el Juez podría acordar algo parecido a lo que antes era, si el Juez no lo excepcionaba, un efecto legal automático; sería una medida de apoyo judicial más e implicaría el sometimiento de la persona con discapacidad, aunque fuera mayor de edad, a la autoridad familiar de sus padres o a la potestad de guarda de un tutor, en ambos casos con facultades plenas de representación.

La Comisión debatió reiteradamente esta cuestión (Actas 286 y 287) porque varios de sus miembros eran partidarios de articular algo parecido a la prórroga y rehabilitación de la potestad de guarda. Finalmente prevaleció la postura favorable a la Convención y a la autonomía de la persona con discapacidad, huyendo, en tanto sea posible, de sustituirla con figuras como la tutela o la autoridad familiar que son propias de los menores de edad.

3. Régimen especial para el menor mayor de catorce años con discapacidad y para la curatela por progenitores, cónyuge o pareja, descendientes o hermanos

El debate interno de la Comisión (Actas 286 y 287) permitió aprobar, no la «prórroga o rehabilitación de la potestad de guarda», pero sí el nuevo art. 38 CDFA, que se ocupa del *menor mayor de catorce años con discapacidad*. Es un precepto muy interesante que, en su apartado 2, para cuando los apoyos que necesita el menor mayor de catorce años exceden de las facultades de quienes le prestan asistencia, permite al Juez, en el procedimiento de provisión de apoyos, a petición del menor, de los titulares de la autoridad familiar, del tutor o del Ministerio Fiscal (amplia legitimación, por tanto), *establecer en favor de los progenitores que estén en el ejercicio de la autoridad familiar o del tutor las facultades de representación que necesiten, incluyendo, en su caso, la aplicación de las reglas de la autoridad familiar o tutela a que estaba sujeto antes de dicha edad* (art. 38.2 CDFA). Estas medidas judiciales de apoyo pueden ser acordadas también en los procesos matrimoniales y de menores derivados de la ruptura de las relaciones familiares de los progenitores con hijos a cargo, como expresamente dice el art. 79.1 CDFA. No es una prórroga o rehabilitación automática, pero sí que permite al Juez acordar la prórroga o rehabilitación de la potestad de guarda propia de un menor que no ha cumplido los catorce años y extenderla hasta que alcance la mayoría de edad.

Por otra parte, al hijo con discapacidad mayor de edad o emancipado se le aplican las medidas de apoyo desarrolladas en el nuevo Tít. V del Libro I, y allí encontramos otra norma interesante relacionada con los progenitores de la persona con discapacidad y con otros familiares cercanos que sean sus curadores; es el art. 169-28 CDFA, titulado *Curatela por progenitores*:

> 1. Cuando la curatela se haya confiado a los progenitores no se aplicarán las normas sobre remuneración, inventario e información periódica, y solo precisarán autorización o aprobación de la Junta de Parientes o del Juez para los actos en que la requerirían si el hijo fuera menor de edad.
> 2. No obstante, la autoridad judicial, a instancia del Ministerio Fiscal o del hijo con discapacidad, en atención a las circunstancias concurrentes, podrá acordar la modificación o inaplicación en todo o en parte de este régimen especial.
> 3. Podrá también la autoridad judicial, si las circunstancias lo justifican y oído el Ministerio Fiscal, aplicar en todo o en parte este régimen especial cuando la curatela se haya confiado al cónyuge, al otro miembro de la pareja estable no casada, a un descendiente o a un hermano de la persona con discapacidad.

En definitiva, no se regula la «prórroga o rehabilitación de la potestad de guarda», pero hay un régimen especial respecto de la persona menor mayor de 14 años o mayor de edad o emancipada con discapacidad, para los progenitores o tutores del menor con discapacidad, así como para los progenitores, cónyuge o pareja, descendiente o hermano de la persona con discapacidad mayor de edad o emancipada.

Este régimen especial protector de la familia cave enmarcarlo en el apartado x) del Preámbulo de la Convención, que dice así: «Convencidos de que la familia es la unidad colectiva natural y fundamental de la sociedad y tiene derecho a recibir protección de ésta y del Estado, y de que las personas con discapacidad y sus familiares deben recibir la protección y la asistencia necesarias para que las familias puedan contribuir a que las personas con discapacidad gocen de sus derechos plenamente y en igualdad de condiciones».

4. Necesidad de adecuar la regulación sobre «la persona incapaz y la incapacitada» a la Convención de Nueva York

Aquí, toda la Comisión, con mucho esfuerzo y con una mentalización lograda poco a poco, estuvo finalmente de acuerdo, no sólo en no hablar de «persona incapacitada» o «incapacitado», sino tampoco de «incapaz», «discapaz» o «discapacitado», y menos aún, aunque lo hacía hasta hace poco el art. 49 CE, de «disminuido». Pero comprender la nueva situación jurídica de las personas con discapacidad derivada de la inexistencia de incapacitación, costó mucho tiempo, muchas discusiones. El esfuerzo requerido para alcanzar acuerdos unánimes, ciertamente, ha sido grande; pero en casi todos los temas se ha conseguido la unanimidad.

La Sec. 1.ª del anterior Cap. II estaba dedicada a *la persona incapaz y la incapacitada,* integrada por tan sólo 7 artículos, de los cuales dos, el 38 y 39, trataban directamente de la *incapacitación* y de la capacidad del incapacitado, inaplicables en el nuevo sistema a diseñar: en el 38 se regulaba el régimen de la incapacitación, sus causas, la prodigalidad como circunstancia que no era siempre causa de incapacitación y la posibilidad de incapacitar al menor de edad; por su parte, el art. 39, muy útil en el sistema anterior, regulaba la *capacidad del incapacitado,* y lo hacía de manera ingeniosa, por asimilación a la capacidad del menor que no ha cumplido los 14 años en los casos de incapacitado menor de edad o mayor de edad sujeto a tutela o autoridad familiar), y por asimilación a la capacidad del menor mayor de esa edad para el incapacitado sujeto a curatela.

En la nueva regulación se ha optado por separar nítidamente la capacidad jurídica del menor de edad (y las correspondientes instituciones tutelares de menores) de la capacidad jurídica de las personas con discapacidad mayores de edad o emancipados (y las medidas de apoyo que puedan necesitar para el ejercicio de su capacidad jurídica). El trato como menores resultaba degradante y discriminatorio, y la asimilación genérica, en bloque, era contraria a los principios de la Convención, que exigen unas medidas individualizadas hechas a la medida de cada persona con discapacidad. No obstante, la regulación aragonesa anterior era un buen punto de partida para discurrir la nueva situación de las personas con discapacidad, sin posibilidad ya de ser incapacitadas.

En cambio, lo dicho en los originarios arts. 34, sobre la *presunción de capacidad*, 35, sobre la *intromisión en los derechos de la personalidad*, 36, sobre el *internamiento,* 37, sobre la *invalidez de los actos de la persona no incapacitada*, y 40, sobre el *patrimonio especial de las personas con discapacidad*, ha sido, con las adaptaciones necesarias, de gran utilidad para construir la nueva regulación.

De conformidad con la Constitución y la Convención de Nueva York, la nueva regulación ha partido de que la dignidad de la persona y la tutela de sus derechos fundamentales presuponen la capacidad jurídica de la persona con discapacidad para ser titular de derechos y obligaciones en igualdad de condiciones con las demás en todos los aspectos de la vida. Pero también de que la persona con discapacidad puede precisar apoyos para ejercer su capacidad jurídica, tomar decisiones personales o patrimoniales válidas, desarrollar plenamente su personalidad y desenvolverse jurídicamente en condiciones de igualdad.

5. Visión panorámica de la nueva regulación de la capacidad jurídica de las personas con discapacidad

La Convención de Nueva York obliga a reformar y replantear las medidas de apoyo a que se someten las personas mayores de edad o emancipadas con discapacidad y, previamente, a formular legalmente los nuevos principios y reglas generales sobre la capacidad jurídica y las medidas de apoyo que las personas con discapacidad pueden necesitar para su ejercicio.

La nueva regulación, que viene a sustituir a la Sec. 1.ª sobre *la persona incapaz y la incapacitada*, se halla, sobre todo, en el nuevo Cap. II titulado *Capacidad jurídica de las personas con discapacidad*, integrado por 20 artículos (del 34 al 45-9), divididos en cuatro Secciones: *Capacidad jurídica y medidas de apoyo* (1.ª: arts. 34 a 39), *Ejercicio de la capacidad jurídica* (2.ª: arts. 40 a 44), *Invalidez e ineficacia de actos y contratos* (3.ª: arts. 45 a 45-6) y, por último, *Otras normas generales* (4.ª: arts. 45-7 a 45-9).

Además, el Grupo de trabajo de parte general entendió desde el principio que para regular la capacidad jurídica de las personas con discapacidad había que discurrir y formular previa y adecuadamente el concepto general de *capacidad jurídica:* para ello consideró que el Título I del Libro I, que hablaba *De la capacidad y estado de las personas*, debía hablar de *Capacidad «jurídica» y estado de las personas*, e incluir un Cap. preliminar, titulado *Capacidad jurídica*.

El nuevo Capítulo está integrado por dos artículos (3-1 y 3-2 CDFA): uno, sobre la *igual dignidad, personalidad y capacidad jurídica* de todos los seres humanos, resalta que la personalidad y la capacidad jurídica se tienen desde el nacimiento hasta la muerte por la mera dignidad inherente a toda persona física; el otro contiene el concepto de *capacidad jurídica* de la persona humana adaptado a las características propias del Derecho aragonés: la capacidad jurídica para ser titular de derechos y obligaciones la tiene toda persona, sin que la discapacidad pueda servir para modificar esta regla universal; pero el *ejercicio de la capacidad jurídica* (se ha preferido prescindir del término «capacidad de obrar», como quiere la Convención) corresponde, por un lado, a toda persona mayor de edad por sí sola o con los apoyos que a tal fin pueda necesitar; y, por otro, corresponde también a los menores de edad por sí solos, conforme al apartado 1 del art. 7 (para ejercer los derechos de la personalidad, otorgar actos y contratos propios de la vida corriente del menor, llevar a cabo otros actos que las leyes les permita realizar sin necesidad de representación o asistencia), o con la representación legal o asistencia en su caso debidas.

Definida convenientemente la capacidad jurídica de mayores y menores de edad, se aborda con mayor seguridad el desarrollo de *la capacidad jurídica de las personas con discapacidad* y, en particular, la situación en la que necesitan *medidas de apoyo* para prestar válido consentimiento en la toma de decisiones (art. 34). Las *funciones* (art. 35) y los *principios generales de las medidas de apoyo* (art. 36), en particular el que obliga a atender a la *voluntad y preferencias* de la persona con discapacidad *en la adopción y prestación del apoyo* (art. 37), son los propios de la Convención (especialmente, art. 12, apartados 2 y 3), convenientemente reflejados de forma sintética en los tres artículos citados (35, 36 y 37); Del *menor mayor de catorce años con discapacidad* ya hemos hablado (art. 38); otra norma netamente aragonesa es la relativa a los *apoyos espontáneos e informales* (art. 39).

En la Sec. 4.ª hay tres normas generales más, con arraigo previo en el Código aragonés: el *patrimonio especial de las personas con discapacidad* (45-7), las *situaciones de necesidad urgente de apoyo y de riesgo o desamparo* (art. 45-8) y la amplia legitimación para la *intervención judicial* en cualquier procedimiento para evitar a la persona con discapacidad perjuicios o impedir los abusos en el ejercicio de las medidas de apoyo (art. 45-9; similar al art. 10 CDFA para los menores de edad).

El resto del Cap. II trata del *ejercicio de la capacidad jurídica* por las personas con discapacidad, parte de la presunción general de aptitud para realizar dicho ejercicio por sí sola (art. 40.2) y, por tanto, de la presunción general de *validez de los actos y contratos de la persona con discapacidad* (art. 41, a contrario). Las medidas de apoyo respecto de un acto concreto sólo son necesarias cuando la persona no tiene la suficiente aptitud para ejercer por sí sola su capacidad. Se añaden reglas especiales, inspiradas en las normas precedentes, para salvar la *oposición de intereses* y conseguir que el acto sea válido (art 42), para consentir o autorizar las *intromisiones en los derechos de la personalidad* de la persona con discapacidad (art. 43), y, en particular, para *internar* a una persona contra su voluntad en un establecimiento de salud mental que comporte privación de libertad (art. 44).

Pero, por otro lado, la falta de aptitud para el ejercicio de la capacidad jurídica por sí sola (art. 45), la falta de la necesaria intervención del curador o mandatario de apoyo (art. 45-1), así como los defectos en la prestación del apoyo (art. 45-2: por falta de la debida autorización o aprobación o por existir oposición de intereses entre quien presta el apoyo y la persona con discapacidad), pueden conducir a la invalidez del acto o contrato de la persona con discapacidad, invalidez ordinariamente del tipo anulabilidad, cuyo régimen (art. 45-4) y excepciones (art. 45-3) se regulan con claridad, también la excepción a la anulabilidad del pago (art. 45-5). Y, por último, si el acto fue válido o no se anuló, pero la otra parte se aprovechó de la situación de discapacidad para obtener una ventaja injusta, el contrato será, como novedad introducida por la reforma, rescindible (art. 45-6).

6. Orden de la exposición

De la parte relativa a la *invalidez e ineficacia de actos y contratos* de la persona con discapacidad hablará, en ausencia de Rafael Santacruz Blanco que, una vez jubilado, ha reunciado a la condición de vocal de la Comisión, se ocupará la Presidenta de la Comisión, Carmen Bayod López, que, en la fase preliminar del «folio en blanco», discurrió también sobre estas cuestiones al preparar la ponencia sobre la curatela.

Yo me centro ahora en comentar algo más lo relativo a los presupuestos para la validez de los actos de la persona con discapacidad, en particular cuando precisa para ello contar con las medidas de apoyo adecuadas.

II. Capacidad jurídica de toda persona humana para ser titular de derechos y obligaciones

1. Todo ser humano es sujeto de derechos, tiene personalidad jurídica

Nacer vivo es el primer presupuesto para ser sujeto de derechos y poder ser titular de derechos y obligaciones. Para poder ser titular de un derecho o una obligación hay que ser, previamente, sujeto de derechos, es decir, persona. Jurídicamente, persona equivale a sujeto de derechos y dentro del concepto de persona hay que distinguir entre la persona física (el ser humano) y las personas jurídicas (otros sujetos de derechos). De estas últimas, nada decimos aquí.

En nuestro ordenamiento todo ser humano es sujeto de derechos. Suprimidos la esclavitud y la muerte civil, todo hombre es persona y, en consecuencia, sujeto de derechos. Como dice el art. 6 de la Declaración Universal de Derechos Humanos (ONU, 1948) *todo ser humano tiene derecho, en todas partes, al reconocimiento de su personalidad jurídica* (a ser reconocido «como persona ante el Derecho»). El hombre constituye el centro de gravedad de todo el ordenamiento jurídico democrático. Todos los hombres son personas, y todas las personas son iguales. El art. 12 de la Convención, bajo el titulillo *Igual reconocimiento como persona ante la ley*, dispone en su primer apartado: *Los Estados Partes reafirman que las personas con discapacidad tienen derecho en todas partes al reconocimiento de su personalidad jurídica*.

La personalidad y capacidad jurídica, por ser consustanciales a la persona, se hallan sustraídas al comercio y a la disposición del propio sujeto, que no podría, por ejemplo, despojarse de la aptitud para recibir herencias (DELGADO) o venderse como esclavo (MARTÍNEZ DE AGUIRRE).

Con intención de enlazar con esta proclamación de la Declaración Universal de los Derechos Humanos y con los arts. 5, sobre *Igualdad y no discriminación*, y 12 de la Convención, la reforma aragonesa ha incluido como frontispicio del Tít. I del Libro I el siguiente artículo:

> Artículo 3-1. Igual dignidad, personalidad y capacidad jurídica.
>
> 1. Todos los seres humanos son iguales ante la ley.
>
> 2. Toda persona tiene, por su dignidad inherente, personalidad y capacidad jurídica desde el nacimiento hasta la muerte.
>
> 3. En todo caso, los efectos jurídicos que le sean favorables se adquieren desde la concepción siempre que llegue a nacer viva, una vez producido el entero desprendimiento del seno materno.

Artículo aprobado por la Comisión en la sesión de 7 de septiembre de 2022 (Acta 283), en términos muy similares a los de la Ponencia, con el añadido en el apartado 3 del inciso final «una vez producido el entero desprendimiento del seno materno» para hacerlo coincidir con el art. 30 Cc. El apartado 1 del Proyecto decía, como la Ponencia y el art. 5.1 Convención, que todos los seres humanos son «iguales ante la ley y en virtud de ella».

En la tramitación parlamentaria, en atención a sugerencias de las audiencias legislativas, la enmienda núm. 1 firmada por todos los Grupos Parlamentarios propuso y fue aprobada por unanimidad la supresión del inciso «y en virtud de ella», por considerarlo «más adecuado». La Comisión en su Informe a las Cortes, sobre la viabilidad de las propuestas presentadas en el trámite de audiencias legislativas, comunicó que, en base al art. 5.1 Convención, no se considera necesario eliminar la expresión «en virtud de ella». «Sin embargo, valoramos que podría suprimirse sin que ello produjera problemas» (Anexo al Acta 235).

Sólo la persona física goza de una dignidad inherente a su propia naturaleza humana. La propia Constitución, en su art. 10.1, considera que la dignidad de la persona [humana], los derechos inviolables que le son inherentes, el libre desarrollo de la personalidad, son, junto a otros valores y principios, fundamento del orden político y de la paz social.

El concebido, pero no nacido *(nasciturus)*, al que alude también el nuevo art. 3-1.3 CDFA, en los mismos términos que el art. 29 Cc., incluida su remisión al art. 30 Cc., no tiene personalidad, ni es persona, pero el ordenamiento cuenta con él ya por si llega a nacer, y será entonces cuando las cosas discurran como si hubiera sido persona en el momento en que su presencia era necesaria para adquirir el derecho. Su existencia produce ya ciertos efectos favorables, condicionados a que nazca vivo y una vez producido el entero desprendimiento del seno materno. Llegado ese momento, la adquisición del derecho se produce con efectos retroactivos al de la oferta o vocación. La protección se extiende a favor de todo concebido y respecto de cualesquiera derechos que le sean favorables, en especial los derechos sucesorios y las donaciones al concebido. Pero el precepto extiende su eficacia también al ámbito personal.

2. Toda persona física tiene capacidad jurídica para ser titular de derechos y obligaciones

El apartado 2 del art. 12 de la Convención, señala: *Los Estados Partes reconocerán que las personas con discapacidad tienen capacidad jurídica en igualdad de condiciones con las demás en todos los aspectos de la vida*.

El Legislador aragonés, como hemos visto, ha hecho este reconocimiento en el art. 3-1.2: *Toda persona tiene, por su dignidad inherente,* [...] *capacidad jurídica desde el nacimiento hasta la muerte.* La capacidad jurídica va unida de forma indisoluble a la personalidad jurídica, ambas se tienen desde el nacimiento (con vida y una vez producido el entero desprendimiento del seno materno: art. 3-1.3 CDFA; art. 30 Cc.) hasta la muerte. Lo reiteran el art. 3-2.1: *Toda persona tiene capacidad jurídica para ser titular de derechos y obligaciones. La capacidad jurídica no podrá modificarse por razón de discapacidad*; y, más específicamente, el 34.1 CDFA: *La persona con discapacidad tiene capacidad jurídica en igualdad de condiciones con las demás en todos los aspectos de la vida* (reconocimiento que cumple literalmente lo dispuesto en el art. 12.2 Convención).

El debate en el Pleno de la Comisión de los precedentes del art. 3-2, *Capacidad jurídica*, parte del art. 1 bis de la Ponencia, pero se prefiere la redacción de la enmienda presentada por Carmen Bayod López (Acta 283), que distingue mejor entre capacidad jurídica y ejercicio de la capacidad jurídica, si bien la redacción definitiva del precepto aún experimentará pequeños cambios de matiz o gramáticos en las revisiones finales (Actas 315, 320 y 330).

Las personas con discapacidad, para empezar, son personas humanas, personas físicas, y por ello tienen, como las demás, personalidad y capacidad jurídica, que incluye, de entrada, la facultad de ser titular de toda suerte de derechos y obligaciones, y puede incluir también la aptitud de ejercitar por sí sola esos derechos y obligaciones de los que sea titular, si su edad y aptitud natural de entender y querer se lo permiten (necesita para ello tener aptitud plena para el ejercicio de su capacidad jurídica).

La aptitud general para ser titular de derechos y obligaciones que tiene toda persona física por el hecho de existir, aunque sea menor o tenga discapacidad para la toma de decisiones, es la llamada *capacidad jurídica* en abstracto: mera posibilidad de ser *titular* de derechos y obligaciones, con independencia de las titularidades que se tengan en un momento concreto (siempre, como mínimo, los derechos de la personalidad ligados directamente a su dignidad como persona). La capacidad jurídica en abstracto permite ser titular y la titularidad supone que lo eres; la capacidad jurídica es un presupuesto de la titularidad y ambas del *ejercicio de la capacidad jurídica* por uno mismo: aptitud concreta de ejercitar o gobernar por sí solo los derechos y obligaciones de que una persona es titular. Capacidad jurídica y *aptitud para su ejercicio* (o capacidad de obrar) «ponen de manifiesto, respectivamente, el momento estático y dinámico de la capacidad o personalidad» (HUALDE SÁNCHEZ).

3. Distinción entre «capacidad jurídica» y «ejercicio de la capacidad jurídica»

La capacidad jurídica estándar o en abstracto corresponde a toda persona, comprende, en hipótesis, con la aptitud para ser, genéricamente, titular de derechos y deberes, el poder para ser parte en todos los actos o negocios, salvo aquellos que requieran una aptitud especial (casarse, testar, adoptar, etc.): poder que, faltándole aptitud para ejercitarlo por sí sola, podrá ejercer, en las incumbencias no personalísimas (como las citadas), con la asistencia o representación debidas (si es menor) o con los apoyos que necesite para ello (si es mayor de edad). La homogeneidad del concepto de capacidad jurídica no significa, por tanto, que todas las personas tengan *in actu* y en cada momento las mismas oportunidades y posibilidades en el campo del Derecho, y sí que a cada uno se le brinda en el momento de nacer un elenco exactamente igual de posibilidades abstractas de ser titular de bienes o derechos cuyo ejercicio será accesible a todos cumpliendo unas mismas condiciones.

Hay casos en los que la persona titular de bienes o derechos, por ser menor de edad o mayor o emancipada con discapacidad, no tiene la aptitud plena para ejercitarlos por sí sola (vender, arrendar, etc.) y, aunque pueda entender los actos por sí misma, le falta voluntad para decidir acometerlos sin la asistencia o el apoyo de un tercero; también, excepcionalmente, hay situaciones en las que el titular de los bienes ni puede actuar por sí solo, ni por sí mismo con asistencia, y precisa para actuar válidamente que otra persona le represente. En estos casos, el titular de los bienes o derechos, para poder ejercitarlos requiere contar con la asistencia, la representación o el apoyo adecuados.

No es cierto, por tanto, pese a que así ha sido defendido por muchos, que en la Convención de Nueva York haya desaparecido «la clásica distinción entre la capacidad jurídica y la capacidad de obrar»; lo cierto es que el art. 12.2 se refiere a la «capacidad jurídica» y el 12.3 al «ejercicio de la capacidad jurídica», para lo que se pueden necesitar apoyos. «Ejercicio de la capacidad jurídica» es lo mismo que «capacidad de obrar», que se puede tener plena, limitada o carecer totalmente de ella. En palabras de PAU PEDRÓN: «las personas con discapacidad tienen, naturalmente, plena capacidad jurídica. Pero pueden tener alguna dificultad para el ejercicio de esa capacidad jurídica: lo que tradicionalmente se ha llamado la capacidad de obrar». No obstante, preferimos usar la terminología de la Convención.

Sirva para aclarar esta distinción, un ejemplo tomado de MARTÍNEZ DE AGUIRRE: un recién nacido puede llegar a ser genéricamente sujeto de cualesquiera derechos y obligaciones (capacidad jurídica); si, además, al nacer hereda de su padre ya fallecido un piso, es titular del derecho de propiedad sobre el piso (titularidad); sin embargo, carece de la posibilidad natural —y jurídica— de ejercer su derecho de propiedad (vender, alquilar, donar, etc., el piso) por lo que ese piso será gestionado por su representante legal (falta de aptitud para ejercitar la capacidad jurídica por sí solo).

El apartado 2 del nuevo art. 3-2 CDFA referido al *ejercicio de la capacidad jurídica*, tanto de menores como de mayores con discapacidad, dispone así: *El ejercicio de la capacidad jurídica, tanto en aspectos personales como patrimoniales, a salvo las limitaciones o prohibiciones impuestas por la ley, corresponde:*

> a) A toda persona mayor de edad por sí sola o con los apoyos que a tal fin pueda necesitar.
>
> b) A los menores de edad por sí solos, conforme al art. 7.1 de este Código, o con la representación legal o asistencia en su caso debidas.

Aquí comentamos exclusivamente lo relativo al ejercicio de la capacidad jurídica de la persona mayor de edad.

III. Ejercicio de la capacidad jurídica de la persona mayor de edad, por sí sola

1. Aptitud para ejercitar la capacidad jurídica por sí sola

La *capacidad jurídica* en abstracto y la *titularidad* de derechos y obligaciones no bastan para afirmar que su titular tiene suficiente aptitud para realizar por sí solo un concreto acto o negocio relacionado con ellos. Para esto es preciso tener *aptitud para su ejercicio* (o «capacidad de obrar», en la terminología tradicional): posibilidad de actuar válida y eficazmente, sin necesidad de asistencia o representación de otra persona.

Según el art. 40.1 CDFA, *tiene aptitud para ejercitar la capacidad jurídica la persona que por sí sola puede comprender y valorar el significado y los efectos de un acto concreto en el contexto en que se produce y, en consecuencia, determinar su voluntad, expresarla y actuar conforme a ella*. En el momento de realizar el acto concreto, la persona que lo va a llevar a cabo ha de tener el entendimiento y voluntad que el acto requiera para prestar un consentimiento válido.

«A partir de este concepto de aptitud para el ejercicio de la capacidad jurídica —como indica el apartado III del Preámbulo de la Ley 3/2024—, se formulan, como hizo el artículo 34 del Código del Derecho Foral de Aragón, dos presunciones de aptitud para el ejercicio de la capacidad jurídica: a) una general, que no admite prueba alguna en contrario, pues desaparecida la incapacitación toda persona tiene capacidad jurídica desde el nacimiento hasta la muerte, lo que incluye la posibilidad de ejercitarla en abstracto por sí sola desde los catorce años, si bien, mientras no sea mayor de edad, quedará sujeta al régimen de asistencia (artículo 40.2); b) otra, para un acto concreto, que solo será eficaz si para dicho acto la persona no está sujeta a medidas de apoyo asistenciales o representativas y, en tal caso, mientras no se demuestre lo contrario de forma cumplida y adecuada (artículo 40.3)».

2. Presunción general de aptitud plena en la persona mayor de edad y menos plena en la menor mayor de catorce años

La aptitud general de ejercitar por sí sola la capacidad jurídica, tanto en aspectos personales como patrimoniales, se presume siempre, a salvo las limitaciones o prohibiciones impuestas por la ley, en la persona mayor de edad; es lo que afirma directamente el apartado 2 del art. 4 CDFA: *La persona mayor de edad puede realizar, en ejercicio de su capacidad jurídica, todos los actos personales y patrimoniales de la vida civil, salvo las excepciones establecidas en casos especiales por la ley* (*cfr.* arts. 246 Cc., 211-3.2 Cc. Cat. y ley 47 Comp. N.)

Es también lo que cabe deducir de lo dispuesto en el art. 40.2 CDFA, que dice más cosas: *La aptitud general de ejercitar por sí sola la capacidad jurídica se presume en la persona que ha cumplido los catorce años, si bien, mientras no sea mayor de edad, quedará sujeta al régimen de asistencia*.

En Aragón, la presunción general de aptitud está referida a toda persona mayor de catorce años, de manera coherente con la ausencia de representación legal a partir de esta edad y, por ello, con la posibilidad de realizar por sí misma desde los catorce años toda clase de actos y contratos, pero mientras sea menor de edad, con la asistencia en su caso debida. La aptitud general del menor mayor de catorce años no es plena, al estar sujeta al régimen de asistencia; podemos decir que es menos plena, pero siempre general: para toda clase de actos y contratos.

La aptitud general estará cercana a la plenitud desde la emancipación, porque en esta situación son muy pocos los actos que requieren asistencia.

Y la aptitud general sólo será plena desde la mayoría de edad, porque ya no se necesita asistencia.

El «por sí sola» tiene sentido exclusivamente para la persona mayor de edad, que es la única con aptitud general plena; la persona que ha cumplido los catorce años, mientras no sea mayor de edad, tiene aptitud general de ejercitar por sí misma la capacidad jurídica, pero con sujeción al régimen de asistencia, es decir, no por sí sola. La aptitud general del menor mayor de catorce años es general, pero menos plena.

En el Derecho anterior (art. 34.1 CDFA) se decía que «la capacidad de la persona que ha cumplido los catorce años y no ha sido incapacitada se presume siempre»; ahora, como no existe la incapacitación, la aptitud general plena de la persona mayor de edad y la aptitud general menos plena del menor mayor de catorce años, también se presumen siempre, sin que quepa prueba en contrario.

3. Presunción de aptitud para el ejercicio de un acto concreto

El ser mayor de edad y la presunción general de aptitud plena para el ejercicio de la capacidad jurídica no son suficientes para predicar la validez de un acto concreto, para ello se precisa reunir en el momento de la celebración del acto concreto los requisitos de entendimiento y voluntad expresados en el art. 40.1 CDFA.

Pero para evitar que al celebrar cada acto haya que probar que se tiene la aptitud requerida para realizarlo, dispone el art. 40.3 CDFA: *Se presume la aptitud para realizar un acto concreto siempre que para dicho acto la persona no esté sujeta a medidas de apoyo asistenciales o representativas, judiciales o voluntarias ya eficaces, y que no se demuestre lo contrario de forma cumplida y adecuada* (adaptación del anterior art. 34.2 CDFA; *cfr.* art. 246 Cc.). El acto concreto será válido, sin ninguna duda, si la persona con discapacidad que lo realiza no está sujeta para dicho acto a medidas de apoyo asistenciales o representativas, judiciales o notariales ya eficaces, y no se demuestra por los legitimados para anularlo, de forma cumplida y adecuada, que en el momento de la celebración carecía de la suficiente aptitud para realizarlo por sí sola.

La presunción de aptitud para realizar por sí sola un acto concreto decae cuando para dicho acto la persona está sujeta a medidas de apoyo asistenciales o representativas, tanto judiciales como voluntarias, éstas siempre que hayan iniciado ya su eficacia (sobre el inicio de eficacia del mandato de apoyo, art. 169-1; para el inicio de la eficacia del poder otorgado para cuando se precise apoyo, art. 169-8.3).

Nada se dice, si no hay mandatario de apoyo o curador, de la guarda de hecho, que no es una medida establecida por Juez o Notario, de manera que, en principio, la no intervención del guardador de hecho en un acto concreto que la requiriera para asistir o representar, no hace decaer la presunción de aptitud y de validez del acto. Pero, de ser un caso en el que el guardador ha solicitado y conseguido la autorización del Juez o Junta de Parientes para intervenir en el acto, su falta podría ser también causa de anulabilidad.

La presunción de aptitud del art. 40.3 decae por la falta de la necesaria intervención del curador, mandatario de apoyo o, en su caso, guardador de hecho autorizado por el Juez, para representar o prestar asistencia en el acto concreto realizado por la persona con discapacidad, con la consecuencia de que la falta de intervención es causa de anulabilidad del acto (art. 45-1 CDFA). Pero la posibilidad de anular tiene excepciones.

Por un lado, si el otro contratante es de buena fe, podrá oponerse a la acción de anulabilidad *ex* art 45-3.1 CDFA, probando que no conocía, ni razonablemente podía conocer, las causas en que se funda la acción de anulabilidad, en particular, que desconocía o no era razonable que conociera que el acto realizado con la persona con discapacidad requería la intervención del curador, mandatario, o guardador de hecho para asistirle o representarle.

Por otro lado, aunque el otro contratante sea de mala fe o no se oponga a la anulación, tampoco procederá ésta si el acto ha sido confirmado por quien podría impugnarlo (art. 45-3.2): a) la persona con discapacidad —con los apoyos que necesite para ello— o sus herederos en el tiempo que falte para la prescripción de la acción; b) El curador o mandatario de apoyo (y, cabría añadir, en su caso, el guardador de hecho autorizado judicialmente para intervenir en el acto).

Y, del sistema cabe deducir que, sin necesidad de confirmación, el acto ha de tenerse por válido, *aunque la persona con discapacidad haya prescindido del apoyo establecido para realizarlo, siempre que pruebe que en el momento de la celebración tenía suficiente aptitud para realizarlo por sí sola.* Así propuso decirlo expresamente la Ponencia de Parte general, pero hubo empate en la votación que se decidió por el voto de calidad del Presidente contrario a su aprobación. Pese a ello, el sistema es claro: la aptitud necesaria para la validez del acto es la del art. 40.1, si la persona con discapacidad la tiene en el momento de celebrar el acto, aunque sea en un intervalo lúcido, ha de poder oponerse a la anulabilidad del acto probando adecuadamente este hecho, y así destruir la presunción de anulabilidad en favor de la seguridad jurídica que, en realidad, es lo que contiene el art. 45-1. La carga de la prueba de la suficiente aptitud para realizar el acto por sí sola, le corresponde a la persona con discapacidad porque, al estar sujeta para ese acto a medidas asistenciales o representativas, no se presume su actitud ex art. 40.3.

La presunción del art. 40.3 de aptitud para realizar un acto concreto decae, en segundo lugar, si se demuestra de forma cumplida y adecuada por los legitimados para anularlo, que la persona con discapacidad carecía de la suficiente aptitud para realizarlo por sí sola en el momento de la celebración, con la consecuencia, en tal caso, de que el acto es anulable por falta de la suficiente aptitud (*ex* art. 45). Así que, esta presunción es *iuris tantum* (admite prueba en contrario). Si falta la suficiente aptitud y además se prescinde de las medidas de apoyo asistenciales o judiciales, el acto es anulable tanto por la causa del art. 45 como por la del art. 45-1. Éste último, sólo viene a aumentar la seguridad del tráfico jurídico permitiendo anular actos sólo presuntamente anulables.

Pero, es importante, tener presente que, en cualquiera de los supuestos de anulabilidad de los arts. 45, 45-1 y 45-2, *el otro contratante podrá oponerse a la acción de anulabilidad probando que no conocía, ni razonablemente podía conocer, las causas en que se funda la acción de anulabilidad* (art. 45-3.1).

Por otra parte, como excepciones a la aptitud general plena de la persona mayor de edad para ejercitar por sí sola la capacidad jurídica, en ocasiones la ley establece *limitaciones especiales*, requiriendo condiciones más graves, como la edad mínima de 25 años para adoptar (art. 175.1 Cc.), que es un requisito específico esencial para su validez.

Cosa diferente de estas limitaciones o capacidades especiales son las llamadas *prohibiciones legales* (o *incapacidades relativas*) de realizar ciertos actos a la persona que se halla en determinada situación, actos que, en otro caso, le estarían permitidos (p. ej., los del art. 475 CDFA. En el régimen del Código civil el tutor o quien desempeñe funciones de apoyo puede comprar cualesquiera bienes (capacidad general), salvo los de su pupilo o persona necesitada de apoyo (prohibición legal: art. 1459.1 Cc.); no es así en Aragón, donde es un acto que requiere autorización previa de la Junta de Parientes o del Juez: art. 16 CDFA, para los menores, y art. 169-24, para las personas con discapacidad. Por lo demás, no es posible establecer limitaciones o restricciones a la capacidad de ejercitar un acto que sean contrarias al principio de no discriminación por razón de nacimiento, raza, sexo, religión, opinión o cualquier otra condición o circunstancia personal o social (art. 14 CE).

El debate de los artículos de la Ponencia general de los que, junto a las enmiendas presentadas a ellos por Adolfo Calatayud, procede el decisivo nuevo art. 40 CDFA, puede seguirse en el Acta 288, si bien alguna modificación se introducirá en la revisión final (Acta 315) y en la tramitación parlamentaria (apartado 1, se añade «y valorar»; apartado 3, en lugar de «voluntarias ya eficaces o judiciales» se pone «judiciales o voluntarias ya eficaces»).

IV. Las medidas de apoyo a la persona con discapacidad para la toma de decisiones

1. Clases de medidas

El art. 12.3 Convención, dispone: *Los Estados Partes adoptarán las medidas pertinentes para proporcionar acceso a las personas con discapacidad al apoyo que puedan necesitar en el ejercicio de su capacidad jurídica*. En este sentido, el art. 34.3 CDFA establece que *Se garantizarán las medidas de apoyo que la persona con discapacidad pueda necesitar en el ejercicio de su capacidad jurídica*. La Comisión prefirió no configurar las medidas de apoyo como un derecho de la persona con discapacidad, su existencia se considera una obligación que Aragón debe garantizar (Acta 284).

En Aragón, es el nuevo art. 101 CDFA el que establece: *El apoyo que la persona mayor de edad o emancipada pueda necesitar para el ejercicio de la capacidad jurídica en condiciones de igualdad se realizará, en atención a las circunstancias concurrentes y a lo previsto en la ley, mediante:*

a) El mandato de apoyo.
b) La guarda de hecho.
c) La curatela.
d) El defensor judicial

Se suprimen, por tanto, la tutela y la prórroga o rehabilitación de la potestad de guarda, instituciones basadas en la sustitución de la voluntad de la persona con discapacidad por la de su representante y, por tanto, contrarias a la Convención. Las medidas de apoyo a personas con discapacidad tienen su desarrollo en los nuevos Títulos III (normas comunes a las relaciones tutelares de menores) y V del Libro I del CDFA (normas específicas).

Además, el apoyo preciso para un acto concreto puede prestarlo cualquier persona que, sin necesidad de ser guardador de hecho, intervenga espontánea e informalmente y con intención benévola, en los términos previstos en el art. 39 CDFA; pero estos *apoyos espontáneos e informales* con los medios ordinarios que suministra el Derecho civil no entran en la categoría de medidas de apoyo (Actas de la CADC 287 y 288).

2. Funciones de las medidas de apoyo

«En atención a las circunstancias concurrentes, las funciones de los apoyos podrán consistir —como indica el apartado II del Preámbulo de la Ley 3/2024 a partir de lo dicho por el art. 35.1—, en la ayuda *en la comunicación, la consideración de opciones y la comprensión de los actos jurídicos y sus consecuencias, así como en la asistencia o, en última instancia, en la representación en la toma de decisiones*» (Acta 284, de la sesión de la CADC de 14 septiembre 2022).

Hay, por tanto, tres niveles de apoyo posibles, de menor a mayor intervención en la toma de decisiones de la persona con discapacidad: con el apoyo tipo a) la persona con discapacidad decide por sí sola; con el apoyo tipo b) la persona de apoyo da su asistencia, su visto bueno, a la decisión que toma por sí misma la persona con discapacidad, de modo que sin la asistencia el acto sería anulable; con el apoyo tipo c), que sólo procede en última instancia para los casos de discapacidad más severa, la persona de apoyo representa a la persona con discapacidad en la toma de decisiones.

No obstante, *quien preste apoyos representativos a la persona con discapacidad no podrá, en nombre de ésta, llevar a cabo aquellos actos para los que la ley exija una actuación estrictamente personal* (art. 35.2: introducido a propuesta de Adolfo Calatayud aprobada en la sesión de 12 abril 2023, Acta 305), como, por ejemplo, contraer matrimonio, reconocer a un hijo no matrimonial, hacer testamento, pacto sucesorio, capitulaciones matrimoniales, etc. Son actos personalísimos que la ley sólo permite realizar a la persona con discapacidad cuando, con los apoyos que haya precisado para ello, pueda prestar consentimiento válido en el momento de la celebración. No obstante, el art. 476 bis ha regulado la sustitución ejemplar.

Desde la reforma, por LO 2/2018, de 5 de diciembre, del Régimen Electoral General, para su adaptación a la Convención de UN sobre los Derechos de las Personas con Discapacidad, *Toda persona podrá ejercer su derecho de sufragio activo, consciente, libre y voluntariamente, cualquiera que sea su forma de comunicarlo y con los medios de apoyo que requiera* (art. 3.2). Los problemas interpretativos que suscita la nueva redacción del apartado 2 del artículo 3 han sido resueltos por la Instrucción 7/2019, de 18 de marzo, de la Junta Electoral Central (BOE de 21 de marzo de 2019).

3. Principios generales de las medidas de apoyo

«De manera sintética pero completa —**dice el apartado II de Preámbulo**— se recogen los principios generales que, de conformidad con la Convención, deben regir la adopción y la prestación de las medidas de apoyo».

El artículo 12.4 Convención establece que *Los Estados Partes asegurarán que en todas las medidas relativas al ejercicio de la capacidad jurídica se proporcionen salvaguardias adecuadas y efectivas para impedir los abusos de conformidad con el derecho internacional en materia de derechos humanos. Esas salvaguardias asegurarán que las medidas relativas al ejercicio de la capacidad jurídica respeten los derechos, la voluntad y las preferencias de la persona, que no haya conflicto de intereses ni influencia indebida, que sean proporcionales y adaptadas a las circunstancias de la persona, que se apliquen en el plazo más corto posible y que estén sujetas a exámenes periódicos por parte de una autoridad o un órgano judicial competente, independiente e imparcial. Las salvaguardias serán proporcionales al grado en que dichas medidas afecten a los derechos e intereses de las personas*.

A partir de este confuso apartado 4 del art. 12 Convención, el legislador aragonés regula los principios generales de las medidas de apoyo en los arts. 36 y 37, debatidos en las sesiones de la Comisión de 28 septiembre 2022

(Acta 285) y 7 de junio de 2023 (Acta 315). La redacción final de los apartados 2 y 6 del art. 36 es la dada en la tramitación parlamentaria.

Artículo 36. *Principios generales de las medidas de apoyo.*

1. Las medidas de apoyo deben respetar los derechos y la dignidad de la persona con discapacidad, limitarse a las estrictamente necesarias, ser proporcionales y estar adaptadas a sus circunstancias.
2. Las medidas de apoyo establecidas se aplicarán durante el plazo más corto posible, deberán estar sujetas a revisiones periódicas y se interpretarán de manera restrictiva.
3. Para el ejercicio de las medidas de apoyo se establecerán salvaguardias adecuadas y efectivas para impedir los abusos y garantizar que no haya conflicto de intereses ni influencia indebida. Las salvaguardias serán proporcionales al grado en que dichas medidas afecten a los derechos e intereses de la persona.
4. La persona que preste el apoyo deberá actuar en beneficio de la persona apoyada y hacer todo lo que, según la naturaleza del negocio, haría una persona razonable, actuando, como mínimo, con la misma diligencia que emplea en sus propios asuntos.

4. Voluntad y preferencias en la adopción y prestación del apoyo

El principio general de las medidas de apoyo de mayor importancia es el recogido, de forma separada y con título propio, en el art. 37:

1. Tanto en la adopción como en la prestación del apoyo al ejercicio de la capacidad jurídica, las decisiones de los jueces y otras autoridades, así como las acciones de quienes presten el apoyo, respetarán la autonomía e independencia de la persona con discapacidad, con atención a su voluntad y preferencias, incluida la libertad de tomar sus propias decisiones, siempre que sea posible.
2. Cuando la voluntad y preferencias de la persona con discapacidad no puedan conocerse, su cumplimiento resulte imposible o extraordinariamente difícil o puedan suponer un peligro significativo para su bienestar o el de las personas a su cargo o graves perjuicios a terceros, se actuará en función de lo que objetivamente sea mejor para la dignidad, los derechos e intereses de la persona afectada.

Mientras sea posible, la mejor manera de respetar la dignidad, los derechos e intereses de la persona con discapacidad es que las decisiones de jueces y otras autoridades en la adopción de medidas de apoyo (así como en su revisión, vigilancia y control) y las acciones de quienes le presten el apoyo, respeten su autonomía e independencia personal, atiendan a su voluntad y preferencias, incluida la liberta de tomar sus propias decisiones.

Ahora bien, el legislador aragonés es consciente de que esto no siempre será posible, y pone ejemplos: Cuando la voluntad y preferencias de la persona con discapacidad —presentes o pretéritas— no puedan conocerse, su cumplimiento resulte imposible o extraordinariamente difícil —por falta de recursos económicos, frecuentemente— o puedan suponer un peligro significativo para su bienestar o el de las personas a su cargo o graves perjuicios a terceros. En estos casos en particular, y en cualesquiera otros en los que las circunstancias del caso hagan imposible atender a la voluntad y preferencias de la persona con discapacidad, se actuará en función de lo que objetivamente sea mejor para ella.

V. Ejercicio de la capacidad jurídica de la persona con discapacidad, con los apoyos que precise para ello

1. El cambio de paradigma

Como indica el Preámbulo de la Ley 3/2024, de 13 de junio, «El Capítulo II del Título I del Libro Primero del Código del Derecho Foral de Aragón aborda la capacidad jurídica de las personas con discapacidad y su ejercicio. La titularidad es igual que en las demás personas, pero en razón de su discapacidad, pueden necesitar medidas de apoyo en su ejercicio, cuando la situación de discapacidad, previsiblemente permanente, impide [o dificulta] a la persona comprender, valorar o expresar por sí sola el consentimiento en la toma de decisiones; en tal caso, se le deben garantizar las medidas de apoyo que pueda necesitar en el ejercicio de su capacidad jurídica (artículo 34), alguna de las previstas en los nuevos Títulos III y V del Libro Primero, pero sin descartar los apoyos espontáneos e informales que le puede prestar cualquier persona con intención benévola».

Ya no existe el estado civil de incapacitado, nadie puede ser privado de su capacidad jurídica ni de la aptitud que tenga para su ejercicio, ni siendo mayor de edad o emancipado ser sometido a tutela (o a prorroga o rehabilitación de la potestad de guarda), y las meras privaciones de derechos, o de su ejercicio, quedan sin efecto desde el 15 de junio de 2024, fecha de entrada en vigor de la Ley aragonesa 3/2024, de 13 de junio (DT 1.ª). Las personas constituidas por sentencia judicial en estado civil de incapacitado antes de la entrada en vigor de esta reforma recuperan su capacidad jurídica, que deberá ser ejercitada, en su caso, con las medidas de apoyo que correspondan conforme a lo previsto en esta ley (DT 2.ª).

La ley aragonesa regirá la *capacidad y el estado civil* de las personas de vecindad civil aragonesa (arts. 16.1 y 9.1 Cc.). *La ley aplicable a las medidas de apoyo para personas con discapacidad será la de su residencia habitual. En el caso de cambio de residencia a otro Estado, se aplicará la ley de la nueva residencia habitual, sin perjuicio del reconocimiento en España de las medidas de apoyo acordadas en otros Estados. Será de aplicación, sin embargo, la ley española para la adopción de medidas de apoyo provisionales o urgentes* (art. 9.6.2 Cc.).

2. La discapacidad que conlleva necesidad de apoyos para tomar la decisión

Según el párrafo segundo del art. 1 de la Convención, «las personas con discapacidad incluyen a aquellas que tengan *deficiencias físicas, mentales, intelectuales o sensoriales a largo plazo* que, al interactuar con diversas barreras, puedan impedir su participación plena y efectiva en la sociedad, en igualdad de condiciones con las demás».

Pero, pensando en la regulación del ejercicio de la capacidad jurídica, pareció necesario reducir mucho el concepto de discapacidad: *A los efectos de este Código se entiende por discapacidad aquella situación, previsiblemente permanente, que impide o dificulta a la persona comprender, valorar o expresar por sí sola el consentimiento en la toma de decisiones, tanto en aspectos personales como patrimoniales* (art. 34.2 CDFA). El debate de la Comisión sobre las propuestas de la Ponencia general y las enmiendas que se presentan a ellas tiene lugar en las sesiones de 7 y 14 de septiembre de 2022 (Actas 283 y 284). En el apartado 2 del art 34, el inciso «o dificulta» procede de la tramitación parlamentaria.

Hemos de situarnos principalmente en el ámbito de las deficiencias mentales o intelectuales a largo plazo. A estas personas con discapacidad psíquica, y a cualquier otra cuya discapacidad le impida o dificulte tomar decisiones por sí sola de modo persistente, es a las que la ley garantiza las medidas de apoyo que puedan necesitar en el ejercicio de su capacidad jurídica (art. 34.3 CDFA). Cuando la situación de discapacidad no impide, pero sí dificulta, la toma de decisiones, puede ser suficiente un apoyo en la comunicación, la consideración de opciones y la comprensión del acto jurídico y sus consecuencias.

Situaciones de discapacidad relevantes a estos efectos que pueden ser muy variadas, desde el alcoholismo o las toxicomanías graves y habituales, pasando por las enfermedades o deficiencias mentales e incluyendo también algunas deficiencias físicas (p. ej., prolongado coma profundo, hemiplejía), siempre que unas y otras sean previsiblemente permanentes o persistentes. Jurídicamente y a efectos de la provisión de apoyos, es indiferente el origen de la enfermedad o deficiencia y la manera en que sean calificadas, clasificadas o, eventualmente, curadas por la ciencia médica.

La *persistencia o permanencia* de la discapacidad psíquica está relacionada con la posibilidad cierta de que se prolongue en el futuro, a pesar de que puedan darse en la misma intervalos de lucidez. No es necesario que sea incurable. Una enfermedad mental con fases cíclicas y crisis graves, se puede considerar como persistente si, en esas fases, impide o dificulta a la persona gobernarse por sí misma.

3. Personas en las que es relevante este tipo de discapacidad

El art. 3-2.2 CDFA distingue entre el ejercicio de la capacidad jurídica que corresponde a toda persona mayor de edad y el que corresponde a los menores de edad; el ejercicio de la capacidad jurídica de las personas por razón de edad tiene regulación propia en el Cap. I del Tít. I, arts. 4 a 33, mientras que el ejercicio de la capacidad jurídica de las personas mayores de edad, especialmente, de las que tienen discapacidad, se regula en el Cap. II del Tít I, arts. 34 a 45-9.

Pero la distinción no es del todo nítida, porque, por un lado, al menor emancipado que tenga una discapacidad de este tipo le son de aplicación las medidas de apoyo previstas para el mayor de edad con discapacidad (art. 38.4 CDFA), y, por otro, porque, como ya sabemos, hay un régimen especial de apoyos para el menor mayor de catorce años con discapacidad en el art. 38.2.

No será frecuente que un menor emancipado sea persona con una discapacidad que le impida o dificulte tomar decisiones por sí solo, o por sí mismo en los actos para los que precisa asistencia (art. 33), pero puede haber casos. En tales casos, para los actos que su discapacidad le impida o dificulte realizar, hay que acudir al régimen de las medidas de apoyo para el mayor de edad (art. 38.4).

> «Las medidas de apoyo están pensadas —**como dice el apartado II del Preámbulo Ley 3/2024**— para las personas mayores o emancipadas con discapacidad; de los menores de catorce años se ocupan sus representantes legales, pero el régimen legal de asistencia al menor mayor de catorce años puede ser insuficiente para proporcionarle los apoyos representativos que por su discapacidad pueda necesitar. Para este supuesto se articula el procedimiento para que el Juez pueda establecer a favor de los titulares de la potestad de guarda las facultades de representación que necesiten. Del mismo modo, cuando se prevea razonablemente en los dos años anteriores a la mayoría de edad que un menor sujeto a autoridad familiar o a tutela pueda, después de alcanzada aquella, precisar de apoyo en el ejercicio de su capacidad jurídica, la autoridad judicial podrá acordar, si lo estima necesario, la procedencia de la adopción de la medida de apoyo que corresponda para cuando concluya la minoría de edad, debiendo tener en cuenta, en su caso, las disposiciones voluntarias establecidas a tal fin (artículo 38)».

El menor mayor de catorce años con discapacidad puede necesitar apoyos representativos para determinados actos, y el Juez puede establecerlos a favor de los padres o el tutor. Si el menor no necesita apoyos representativos, pero se prevé que alcanzada la mayoría de edad seguirá precisando apoyos asistenciales o de acompañamiento para el ejercicio de su capacidad jurídica, el Juez puede dejarlos acordados para cuando concluya la minoría de edad y evitar así que haya un tiempo en que estará sin los apoyos necesarios (mientras se tramita su establecimiento).

Por otra parte, también algunas personas pródigas pueden necesitar apoyos. En la actualidad, tanto en el Código civil, tras la reforma de 2021, como en el Derecho civil aragonés, desde la Ley de Derecho de la persona de 2006, la prodigalidad no tiene otro efecto jurídico que el de permitir el establecimiento de medidas de apoyo cuando reúna los requisitos exigidos para tener derecho a ellas. Los casos en que la prodigalidad provenga de una enfermedad mental o de una adicción que le impida o dificulte comprender, valorar o expresar por sí sola el consentimiento en la toma de decisiones, podrán ser tratados como casos de discapacidad; pero no los restantes. La Comisión no fue partidaria de hacer una referencia expresa a la prodigalidad (Acta 284).

4. Validez de los actos jurídicos de la persona con discapacidad que utiliza los apoyos precisos para ello

Dispone el art. 41 CDFA: «*La persona que no tiene la suficiente aptitud para ejercer su capacidad jurídica respecto de un acto concreto [ex art. 40] puede realizarlo válidamente con las medidas de apoyo adecuadas conforme a lo establecido en este Código*». Si se dota de las medidas de apoyo adecuadas y éstas se prestan como es debido (sin defectos: falta de la necesaria autorización o aprobación exigida por el acto o existencia de oposición de intereses: art. 45-2), no hay duda de que el acto de la persona con discapacidad es válido.

La situación de la persona con una discapacidad que le impide o dificulta realizar un acto concreto por sí sola es muy variada desde que deja de estar sujeta a autoridad familiar o tutela por alcanzar la mayoría de edad. Algunas de ellas simplemente necesitan medidas de apoyo para la comunicación, la consideración de opciones y la comprensión de los actos jurídicos y sus consecuencias. En estos casos, contando con los apoyos adecuados de un guardador de hecho, un mandatario de apoyo o un curador, la persona con discapacidad puede conseguir tomar la decisión por sí sola.

En otras situaciones, la persona con discapacidad, aunque puede actuar por sí misma, no alcanza a tomar la decisión por sí sola: precisa para que el acto valga que otra persona (guardador de hecho, mandatario de apoyo, curador asistencial, etc.) complete su capacidad con *la asistencia*. Su situación es similar a la del menor emancipado, que requiere asistencia para algunos actos, o a la del menor aragonés mayor de catorce años, que la requiere en muchos casos.

Excepcionalmente, cuando la *falta de aptitud de una persona con discapacidad para ejercitar un acto* no puede solucionarse tampoco con la asistencia, actúa por ella la persona que puede prestarle un apoyo representativo (guardador de hecho, mandatario de apoyo, curador con facultades representativas, etc.). La persona sin aptitud para ejercitar un acto ni por sí sola ni por sí misma sigue siendo titular de derechos y obligaciones, pero por ella actúa la persona que pueda representarle en dicho acto.

No obstante, aunque la persona con discapacidad haya prescindido del apoyo establecido para realizar el acto, éste, aunque sea anulable *ex* art. 45-1 por razones de seguridad jurídica, deberá declararse válido siempre que pruebe, pese a la dificultad que ello puede conllevar, que en el momento de la celebración tenía suficiente aptitud para realizarlo por sí sola, como ya hemos comentado.

El debate de la Comisión sobre este precepto comienza en la sesión de 26 de octubre de 2022 (acta 288), pero se suspende por falta de acuerdo y se pospone también el debate de los artículos sobre invalidez de actos y contratos hasta debatir las otras Ponencias. El debate de la validez e invalidez continuará tiempo después, Actas 313, 314 y 315.

VI. El ejercicio de la capacidad jurídica en casos específicos

1. Oposición de intereses

Hasta la reforma de 2024, lo dispuesto en los arts. 13 y 28 CDFA sobre la *oposición de intereses* entre el menor que no ha cumplido 14 años y quienes le representen (art. 13) o entre el menor mayor de catorce años y quienes hayan de prestarle la asistencia (art. 28), era de aplicación también a las personas con discapacidad («incapacitadas», decía) por las remisiones contenidas en el art. 39 CDFA: al «incapacitado» menor de edad, así como al mayor sujeto a tutela o autoridad familiar (prorrogada o rehabilitada), se le aplicaban las reglas sobre capacidad del menor que no ha cumplido los catorce años; y, al «incapacitado» sujeto a curatela, se le aplicaban las reglas sobre capacidad del menor que ya ha cumplido los catorce años.

En la actualidad, al no existir ya posibilidad de incapacitar a nadie, se ha preferido redactar un nuevo precepto para recoger las reglas aplicables a la *oposición de intereses* entre la persona con discapacidad y quienes hayan de prestarle apoyo asistencial o representativo. Estas reglas, contenidas en un solo precepto (el art. 42), son la suma de las de los arts. 13 y 28 CDFA, artículos que ahora han pasado a ser de aplicación exclusivamente a menores de edad (Actas 288 y 307 de la Comisión).

2. Intromisión en los derechos de la personalidad

De acuerdo con las leyes generales de contenido orgánico, el consentimiento del interesado válida, libre, consciente y expresamente emitido puede legitimar la intromisión de terceros en sus derechos de la personalidad, aunque no siempre. Por ejemplo, conforme al art. 156 Cpen., *No obstante lo dispuesto en el artículo anterior, el consentimiento válida, libre, consciente y expresamente emitido exime de responsabilidad penal en los supuestos de trasplante de órganos efectuado con arreglo a lo dispuesto en la ley, esterilizaciones y cirugía transexual realizadas por facultativo, salvo que el consentimiento se haya obtenido viciadamente, o mediante precio o recompensa, o el otorgante sea menor de edad o carezca absolutamente de aptitud para prestarlo, en cuyo caso no será válido el prestado por éstos ni por sus representantes legales*.

En los casos permitidos por las leyes, tener la suficiente aptitud para tomar la decisión por sí solo, como dato de hecho, es presupuesto imprescindible para que el consentimiento sea válido y legitime la intromisión de un tercero en los derechos de la personalidad (*cfr.*, entre otros, art. 155.II Cp., art. 3 L.O. 1/1982, de 5 de mayo, de protección civil del derecho al honor, intimidad personal y familiar y propia imagen).

Por ello, en el apartado 1 del art. 43 CDFA se ha dispuesto: *Siempre que con arreglo a las leyes la voluntad del sujeto decida sobre la intromisión en sus derechos de la personalidad, la intromisión en los de la persona mayor de edad* [o emancipada: 38.4] *con discapacidad que esté en condiciones de decidirla por sí sola dependerá de su exclusiva voluntad*.

¿Qué pasa cuando la persona mayor de edad o emancipada con discapacidad no se halla en condiciones de decidir por sí sola la intromisión de terceros en sus derechos de la personalidad? El apartado 2 del art. 43, adaptando lo dicho en el anterior art. 35 CDFA a la nueva situación de la persona con discapacidad necesitada de apoyo para el ejercicio de su capacidad jurídica, dispone: *Si no puede decidir la intromisión por sí sola, se estará a lo que haya podido prever voluntariamente al respecto. En su defecto, la intromisión sólo será posible cuando lo exija el interés de la persona con discapacidad apreciado por quien le viene prestando apoyo y a falta, imposibilidad o negativa de este, por el Juez (Actas 288, 302 y 303 de la Comisión).*

3. Internamiento involuntario

El TC en sus sentencias 131/2010 y 132/2010, de 2 de diciembre, declaró que la decisión de internamiento no voluntario constituye una privación de libertad personal garantizada por el art. 17 CE y, en cuanto tal, solo puede regularse mediante Ley Orgánica, si bien el TC avala, en cuanto al fondo, la solución de que sea autorizada judicialmente.

El internamiento que supone una privación de libertad debe realizarse con el previo consentimiento de la persona. En alguna ocasión, sin embargo, y como forma de tratamiento sanitario, resulta necesario el internamiento de personas que, por razón de trastorno psíquico, o bien no están en condiciones de consentirlo o bien se oponen a él. Para estos supuestos, en el ámbito estatal el art. 763 Lec. exige que el internamiento se lleve a cabo con autorización judicial. Este artículo sustituye y deroga al art. 211 Cc. procedente de la reforma de 1983 (ligeramente reformado en 1996). El art. 763 Lec. mejora la redacción del art. 211 Cc., completa algunos extremos y añade más garantías sobre la prolongación del internamiento. Ambos fueron declarados inconstitucionales en algunos párrafos, aunque no nulos, por las SSTC citadas al no tener rango de Ley Orgánica; deficiencia que ya ha sido subsanada en 2015. La regulación catalana la contienen los arts. 212-4 a 212-6 Cc. Cat. La regulación estatal es mucho más extensa y completa que la aragonesa (también la catalana), siendo de aplicación supletoria en todo lo necesario.

La regulación aragonesa anterior era la contenida en el art. 36 CDFA. Para evitar la posible inconstitucionalidad por tratarse de materia propia de ley orgánica, en el nuevo art. 44 CDFA se comienza diciendo que, *En los términos previstos en las Leyes orgánicas reguladoras del internamiento involuntario, [...]* y, seguidamente, se añade un texto algo más corto que el vigente: *para internar a una persona contra su voluntad en un establecimiento de salud mental que comporte privación de libertad, se necesita autorización judicial. Nadie podrá ser obligado a permanecer internado, salvo si media autorización judicial en tal sentido*. Se ha considerado oportuno no decir nada del internamiento no voluntario en un establecimiento de «educación o formación especial o en un centro residencial», porque es materia pendiente de regular por el Estado, no siempre comportará privación de libertad y no siempre ha de exigir autorización judicial (Actas, 288 y 325).

Hay otros actos específicos, contemplados en los libros I, II y III del CDFA, para los que, cuando interviene una persona con discapacidad, el legislador ha tenido que readaptar su regulación a lo dicho de modo general en este capítulo. Por ejemplo, en el art. 73.2, progenitor mayor de edad o emancipado con discapacidad y ejercicio de la autoridad familiar sobre los hijos; art. 199, capacidad para consentir estipulaciones capitulares; art. 346, capacidad de las personas físicas para aceptar o repudiar una herencia; art. 367, la partición de una herencia con personas con discapacidad; art. 408, capacidad para testar.

VII. Otras normas generales

1. Patrimonio especial de las personas con discapacidad

La Ley estatal 41/2003, de 18 de noviembre, de protección patrimonial de las personas con discapacidad ..., modificada por la Ley 8/2021, de 2 de junio, se aplica en Aragón en lo necesario —pues buena parte de su contenido de Derecho civil era ya posible en Aragón en virtud del principio *standum est chartae*— y así preveía el anterior artículo 40 CDFA que siguiera siendo en adelante, con pequeñas adaptaciones.

El nuevo art. 45-7 CDFA reproduce la norma anterior, pero introduce a propuesta de Adolfo Calatayud Sierra algunos cambios a la vista de las negativas modificaciones introducidas en 2021 en la Ley 41/2003: por un lado, los padres dejan de tener legitimación especial, de tal manera que si son meros guardadores de hecho van a necesitar autorización judicial para constituir el patrimonio protegido a favor de sus hijos con discapacidad; y, por otro lado, a los padres se les dispensa el mismo trato que al resto de los administradores, teniendo, por consiguiente, que rendir cuentas de su gestión (Acta 289).

Para evitar estas indeseables consecuencias, dispone ahora el art. 45-7: *Patrimonio especial de las personas con discapacidad.*

1. La regulación del patrimonio protegido de las personas con discapacidad, incluyendo las reglas previstas en este precepto, será de aplicación preferente a lo dispuesto en este Código.

2. También podrán constituir un patrimonio protegido, cuando la persona con discapacidad no tenga aptitud suficiente para el ejercicio de la capacidad jurídica, sus progenitores y quienes, sin serlo, ostenten la autoridad familiar.

3. La autorización de la Junta de Parientes tendrá el mismo valor que la judicial en los casos en que esta fuera precisa.

4. La obligación de rendición periódica de cuentas no será exigible cuando el administrador del patrimonio protegido sea la propia persona con discapacidad beneficiaria del patrimonio o sus progenitores.

2. Situaciones de necesidad urgente, de riesgo o desamparo

La reforma elimina la delación legal o automática a favor de la Administración de la tutela de las personas incapacitadas en situación de desamparo, y elimina también a las personas incapacitadas del régimen de la guarda administrativa y el acogimiento, sin que ocupen su lugar las personas con discapacidad que precisan apoyo para el ejercicio de la capacidad jurídica, de modo que toda esta protección administrativa ha quedado referida exclusivamente a los menores de edad. En la reforma del Código civil de 2021 tampoco se ha extendido esta protección administrativa a las personas con discapacidad.

No obstante, se puede recurrir a la entidad pública, de modo provisional, en situaciones de urgente necesidad, en los mismos términos previstos en el art. 253 Cc., cuyo texto, salvo en la duración del plazo para dar conocimiento de la situación al Ministerio Fiscal, ha pasado al apartado 1 del art. 45-8. En el apartado 2 del art. 45-8 se da entrada también a la entidad pública en las situaciones de riesgo o desamparo, y por el contexto parece que también de modo provisional (Actas 289 y 316 Comisión)

3. Intervención judicial

Como norma de cierre del Capítulo II, a imitación de la norma general del art. 10 CDFA para los menores de edad, pero que, por la remisión del anterior art. 39 CDFA a las normas de los menores, se aplicaba también a las personas con discapacidad, se ha construido otra norma general, el art. 45-9, con amplia legitimación para que el Juez, en cualquier procedimiento, pueda evitar a la persona con discapacidad cualquier perjuicio o impedir los abusos en el ejercicio de las medidas de apoyo (Acta 289 Comisión).

INVALIDEZ E INEFICACIA DE ACTOS Y CONTRATOS

Carmen Bayod López
Catedrática de Derecho civil
Presidenta de la Comisión Aragonesa de Derecho civil

3.2. Excepción a la anulabilidad del pago: art. 45-5 CDFA. 4. Régimen jurídico de la invalidez: la anulabilidad como regla. 4.1. La necesidad de esta norma dentro del sistema. 4.2. El art. 45-4 CDFA: Régimen de la anulación. A) Regulación. B) Legitimación, plazo y naturaleza: *dies a quo*. C) Límites a la restitución. D) La pérdida de la prestación. 5. Rescisión por la obtención de una ventaja injusta. 5.1. Algunas cuestiones previas. 5.2. La rescisión en caso de ventaja injusta. A) Consideraciones generales. B) El supuesto de hecho: la obtención de una ventaja injusta. C) Legitimación. D) Plazo.

I. Cuestiones previas

1. Regulación. Los trabajos de la Comisión

1.1. Ubicación sistemática

Los arts. 45 a 45-6 CDFA se integran en la Sección 3.ª, *Invalidez e ineficacia de actos y contratos,* del Capítulo II, *Capacidad jurídica de las personas con discapacidad*; capítulo que se incluye en Título I, *Capacidad jurídica y estado de las personas*, del Libro I, *Derecho de la Persona*, del CDFA.

Esta ubicación sistemática no es baladí y fue objeto de reflexión en el seno de la CADC, como luego referiré. Ciertamente, el que esta materia, la Invalidez e Ineficacia de Actos y Contratos, figure como una sección del Capítulo II, cuyo objeto es regular la Capacidad jurídica de las personas con discapacidad, permite extraer las siguientes consecuencias:

Primero, que estamos ante *normas de carácter general* aplicables a todas las actuaciones jurídicas de las personas con discapacidad afirmando que el acto será invalido si *en el momento de su celebración, carezca de la suficiente aptitud para ejercitar su capacidad jurídica y no cuente con las medidas de apoyo que procedan para suplir esa insuficiencia* (art. 45.1 CDFA); premisa de la que parte esta regulación, como luego veremos.

Segundo, que estas *normas forman parte de la regulación de la capacidad de la persona*, materia de competencia exclusiva de la Comunidad autónoma aragonesa (art. 149.1.8.ª CE y 71.2 EA de Aragón) y, por lo tanto, aplicables a las personas de vecindad civil aragonesa (art. 9.1 en relación con el art. 16.1 Cc.), con independencia, en su caso, de la legislación competente para establecer las medidas de apoyo (art. 9.6.2 en relación con el art. 16.1 Cc.)[1].

1 El art. 9.6.2 Cc., en la redacción dada por la ley 8/2021, no goza tampoco del favor de la doctrina haciéndose acreedor de sonadas críticas. *Vid.*, entre otros, Goñi Urriza, N.: «La reforma del Derecho internacional privado», en *Reformas legislativas para el Apoyo a las Personas con Discapacidad. Estudio sistemático de la Ley 8/2021, de 2 de junio, al año de su entrada en vigor*, ed. Dykinson, Madrid, 2022, pp. 137-167; Diago Diago, P.:, «La nueva regulación de la protección de adultos en España en situaciones transfronterizas e internas», *La Ley,* n.º 9779, 2021, pp. 1-22; Bayod López, C.: «Efectos de la reforma en

Tercero. Evitar el defectuoso régimen de invalidez regulado en los arts. 1300 y ss. del Cc., precedidos en esta materia por el art. 1263 Cc., en el que no se menciona a las personas con discapacidad, arrastrando con ello una serie de consecuencias jurídicas para las personas con discapacidad sujetas a la regulación del Código civil. Régimen de la invalidez ampliamente criticado por la doctrina civil[2].

1.2. Los trabajos de la Comisión: la parte final del «folio en blanco»

Antes de abordar los comentarios a la regulación vigente sobre invalidez e ineficacia de actos y contratos me parece espacialmente relevante relatar cómo se encaró esta materia por la Comisión. Al estar integrada en la Parte General, el debate sobre estas cuestiones debiera haberse hecho en las primeras reuniones de la Comisión, a partir de septiembre de 2022, pero la Comisión, con buen criterio, detectó la importancia de este tema y la necesidad de llevar el debate al final de todos los trabajos y estudios ya realizados, cuando cada una de las piezas del sistema ya estuvieran reguladas y debidamente debatidas. Este relato, creo que llevará al lector a ir deduciendo los principios del sistema a los que también me referiré antes de comentar, brevemente, los arts. 45 a 45-6 CDFA.

A) La ponencia sobre Parte General: posposición de los debates en materia de invalidez e ineficacia

La Comisión en su sesión de 6 de abril de 2022 acordó un reparto de ponencias entre los diversos miembros de la CADC para abordar la regulación de la situación jurídica de las personas con discapacidad como si fuera una ley extravagante respecto del Código foral, lo que dimos en llamar «folio en blanco». Cada una de las ponencias se ocuparía de las siguientes materias: Parte General, Medidas de apoyo voluntarias y Medidas de apoyo judiciales, incluyéndose en éstas, la guarda de hecho. En cada una de estas ponencias habría un miembro de la Comisión perteneciente a la universidad.

---

materia de discapacidad en relación con los Derechos civiles territoriales», en *Un nuevo orden jurídico para las personas con discapacidad*, dirigido Guillermo Cerdeira Bravo de Mansilla y Manuel García Mayo, Bosch, Madrid, 2021, pp. 144-167; Mayor del Hoyo, M.ª V.:, «El Derecho civil aragonés antes la Convención de Naciones Unidas para los derechos de las personas con discapacidad: ¿Una adaptación condicionada por la reforma del ordenamiento jurídico privado estatal?», en *Vigesimonovenos Encuentros de Foro de Derecho aragonés,* ed. El Justicia de Aragón, Zaragoza, 2020, págs. 191 a 231.

2 Sobre estas cuestiones pueden verse los comentarios de Álvarez Latas, N., a los arts. 1263 y 1300 y ss. Cc. en *Comentarios a la Ley 8/2021, por la que se reforma la legislación civil y procesal en materia de discapacidad*, dirigido por Cristina Guilarte Martín-Calero, ed. Thomson-Aranzadi, Cizur Menor, Navarra, 2021 pp. 988 y ss. y 1005 y ss.; Egusquiza Balmaseda, M. A.: «La reforma del régimen de la anulabilidad» en *Reformas legislativas para el Apoyo a las Personas con Discapacidad. Estudio sistemático de la Ley 8/2021, de 2 de junio, al año de su entrada en vigor*, ed. Dykinson, Madrid, 2022, pp. 1152-1180.

El grupo de Parte General lo formaron los vocales Serrano García, Santacruz Blanco y Sancho Arroyo, si bien, este último, por razones de salud, no pudo colaborar. Los miembros de esta ponencia presentaron un texto articulado fechado el 27 de mayo de 2022 que constaba de 22 preceptos (del 1 al 23) agrupados en Título Preliminar (de ahí saldrían los vigentes arts. 3-1 y 3-2 CDFA); un Título I *Capacidad Jurídica de las personas con discapacidad*, compuesto de varios capítulos, y en lo que aquí nos interesa, un Capítulo III, *Invalidez de actos y contratos*, integrado por cinco preceptos, los arts. 15 a 19 en el texto de la ponencia, cuyas significativas rúbricas eran las siguientes: *Invalidez por falta de aptitud de entender y querer (art. 15); Invalidez por defectos en la prestación del apoyo (art. 16); Excepción a la obligación de restitución (art. 17); Excepción a la extinción de la acción de anulabilidad por pérdida de la cosa (art. 18); Excepción a la anulabilidad del pago (art. 19).*

El debate de estos preceptos, que debería haberse tratado en las primeras reuniones de la Comisión celebradas a partir de septiembre de 2022, se pospondría para más adelante, tal y como se acordó en la sesión de 26 de octubre de 2022 (Acta 288), las razones que se alegaron pueden leerse en el Acta de dicha sesión que creo poder resumir en dos:

Por un lado, una razón de fondo, que requería de mayor reflexión por parte de los miembros de la Comisión, y que llegará al texto vigente (arts. 40.1, 45.1 y 45-3 CDFA), cuyo origen en la Ponencia de Parte general se contemplaba en los apartados 5 y 6 del art. 11, rubricado, *Validez de los actos jurídicos de la persona con discapacidad*, que disponía:

> «5. No obstante, aunque haya prescindido del apoyo establecido para realizar el acto, éste será válido siempre que pruebe que en el momento de la celebración tenía suficiente aptitud de entenderlo y quererlo por sí sola.
>
> 6. En todo caso, aunque haya actuado sin la suficiente aptitud, sin el apoyo necesario o con una defectuosa prestación del apoyo, el acto será válido si el otro contratante no conocía o debía conocer estas circunstancias».

Como se observa, la norma admite la validez de los actos llevados a cabo por cualquier persona, aun cuando tenga discapacidad y prescinda de las medidas de apoyo, ya que la discapacidad no puede ser la causa de la invalidez del acto (es lo que propugna la CDPD de 2006); la invalidez no tiene como causa la discapacidad, sino la imposibilidad de emitir un consentimiento consciente y libre en relación con el acto o negocio concreto que vaya a realizar.

Por otro lado, y también como cuestión de fondo, tomando como premisa *la lealtad que todas las partes se deben prestar en la contratación*, se apuesta por la validez de acto o negocio, aun cuando una de las partes haya actuado sin la aptitud o apoyo suficiente, si la otra parte no pudo conocer esta circunstancia[3].

3 Transcribo una parte del debate sobre estas cuestiones, que llevarían al presidente a posponer la discusión de todo el capítulo referido a la invalidez para más adelante. En concre-

Junto a estas dos razones de fondo, especialmente relevantes, hay otras formales, sobre todo porque al trabajar cada grupo de ponencia por separado, puede haber discordancias entre esta regulación general y lo abordado en las ponencias específicas; en concreto, en sede curatela, la Ponencia de medidas judiciales regula las consecuencias de los actos y negocios llevado a cabo por las personas con discapacidad sin contar con las medidas de apoyo previstas para esos actos por la autoridad judicial.

Así las cosas, «el Presidente propone y así se acuerda por unanimidad, suspender el examen de las disposiciones generales y pasar a abordar las medidas de apoyo concretas, en línea con la propuesta de Doña Carmen Bayod López. Queda así, pendiente para más adelante la aprobación del artículo 10 (art. 11 de la Ponencia general). Se adopta la misma solución en relación al Capítulo III relativo a Invalidez de actos y contratos de la Ponencia general que incluye los arts. 15 a 19 (nuevos arts. 14 a 18). Don Adolfo Calatayud Sierra propone que en la siguiente reunión se comience por el estudio medidas voluntarias, lo que se acepta por todos los miembros de la Comisión»[4].

B) La regulación de la invalidez en sede de curatela

La Ponencia de medidas judiciales, integrada por el Presidente de la Comisión, don Fernando García Vicente y los vocales Arbues y Bayod, abordaron la regulación de la curatela, repartida entre la vocal Bayod (Disposiciones Generales y régimen jurídico)[5]; Arbues (nombramiento, excusa y remoción); y la figura del Defensor judicial, a cargo de García Vicente. El informe de la Ponencia, fechado el 22 de mayo de 2022, se comenzó a debatir en la sesión de 15 de febrero de 2023 (Acta 299).

---

to, Don Adolfo Calatayud Sierra manifestó «su preocupación en relación con lo dispuesto en los apdos. 5 y 6 del precepto ahora discutido. De este modo, respecto a la validez de los actos, entiende que la persona con discapacidad no merece menos protección que el menor, y que el Código Civil le otorga menos protección, algo que ha criticado, entre otros, R. Bercovitz. Siguiendo esta argumentación, afirma que discrepa con lo previsto en los apartados 5.° y, sobre todo, con el 6.°. Además, reitera que si una persona tiene que actuar con determinados apoyos y no los cumple es muy difícil demostrar que ese acto pueda ser válido porque sabía lo que estaba haciendo en ese momento. Doña Carmen Bayod López manifiesta que esto es lo mismo que ocurre con el testamento en intervalo lucido, de manera que, si tiene capacidad en ese momento, el acto será válido y aun cuando haya problemas de prueba. Don Rafael Santacruz Blanco responde que, si bien es cierto que la prueba va a resultar efectivamente muy complicada, no por ello se puede afirmar que el acto tiene que ser necesariamente inválido. A su juicio, si se consigue probar que esa persona podía conocer las consecuencias de ese acto y de determinar su voluntad en consecuencia, parece que el acto tiene que ser válido». *Cfr. Acta 288, sesión de 22 de octubre de 2022*. El debate de esta materia comenzaría en la sesión de 14 de junio de 2023 (Acta 313) y se alargaría dos sesiones más.

4 *Cfr. Acta 288, sesión de 22 de octubre de 2022*.

5 La guarda de hecho también se abordó en esta ponencia y estuvo a cargo de la vocal Bayod.

En lo que atañe al régimen jurídico de la curatela, en el que se regulaban tres modalidades de curatela que, tras los debates de la Comisión, se recogen en los arts. 169-19 a 169-23, se regulaban las consecuencias de la falta de apoyo en lo que fueron los arts. 13, *Efectos de la falta de prestación de apoyo asistencial*; 18, *Falta de autorización o aprobación* y 19, *Ineficacia de actos de la persona asistida*.

La ponente en esta regulación, Sra. Bayod, presenta una regulación de corte clásico que fundamenta en su informe de la siguiente manera:

«El curador designado judicialmente como medida de apoyo de la persona con discapacidad intelectual procurará actuar teniendo en cuenta los derechos, voluntades y preferencias de la persona concernida.

Se trata, por lo tanto, de conseguir que el curador ayude a la persona que requiera su apoyo en la toma de decisiones garantizando con ello su libertad civil, reflejada en nuestro Derecho a través del Strandum est chartae, cuyos únicos límites, son lo imposible, la Constitución y las normas imperativas aragonesas.

Ello significa que si la persona concernida tiene habilidad intelectual de comprender el acto o negocio al que se enfrenta tanto en aspectos personales como patrimoniales ella decidirá. Son casos de personas que presentan parálisis cerebral o graves defectos de comunicación con terceros que les impide exteriorizar su consentimiento que, sin duda tienen. El apoyo que presta el curador consiste en expresar la voluntad y preferencia de la persona concernida, salvaguardando con ello sus derechos en el ejercicio de su capacidad jurídica.

En aquellos casos en los que la persona con discapacidad intelectual presente en su desarrollo mental algunas cadencias que le impidan conocer la trascendencia de ciertos actos, por ejemplo, llevar a cabo actos de disposición que sobrepasen determinadas cantidades de dinero; poder administrar un negocio; decidir acerca de tratamientos médicos, etc., el curador prestará apoyo y asistirá a la persona a su cargo para que pueda tomar la decisión negocial o personal: escuchando a la persona concernida y explicándole la trascendencia del acto a realizar para que pueda formar su voluntad.

El juez determinará los actos que requieren de dicha asistencia, tanto en aspectos personales como patrimoniales.

La falta de asistencia, cuando sea precisa, hará que el acto sea anulable mientras no sea confirmado por quienes puedan anularlo.

Por último, en aquellos casos en los que la persona concernida presente una discapacidad intelectual que le impida comprender la trascendencia de los actos y negocios en aspectos personales y patrimoniales, el curador sustituirá su voluntad en la toma de decisiones. Estas decisiones, si fuera posible, se llevarán a cabo por el curador teniendo en cuenta los voluntad y preferencias de la persona concernida; cuando ello no sea posible, en la toma de decisiones se ponderen los derechos de la persona concernida y se actuará en atención a su mejor interés.

En estos casos, igualmente, el Juez determinará aquellos actos o negocios que requieren la representación del curador en la toma de decisiones, tanto en aspectos personales como patrimoniales. Estos actos podrá llevarlos a cabo el curador por sí mismo salvo que el Juez haya requerido la necesidad de autorización previa de la Junta de parientes o del Juez. En todo caso, requerirán autorización previa de la Junta o del Juez los actos a que se refieren los arts. 14, 15 y 16 CDFA.

Los actos celebrados por los curadores sin la debida autorización o aprobación serán anulables. Si los hubiera celebrado la persona discapacitada también podrán ser anulados a instancia del curador en el plazo de cuatro años desde que se llevó a cabo el acto o negocio».

C) El debate de la invalidez en sede de curatela y reintegración a la Parte General

En la sesión de 29 de marzo de 2023 se llegó al debate de los arts. 13 y ss. de la Ponencia de curatela en los que se abordaba la invalidez de los actos llevados a cabo por las personas con discapacidad cuando para los mismos se hubiera previsto una medida de apoyo judicial.

Antes de iniciar con la discusión de fondo, Doña Carmen Bayod López indica que los miembros de la Comisión deben valorar dónde desean ubicarlo; esto es, si debe emplazarse en el título de Disposiciones generales o es apropiado que se mantenga en el de Disposiciones judiciales[6]. Siguiendo con la ubicación del precepto debatido, Don José Antonio Serrano García comparte que es mejor situar estos artículos en la Parte general, respetando la estructura del Código de Derecho Foral vigente. De esta forma, también consiguen que pueda extenderse la aplicación de estas disposiciones a las medidas de apoyo de carácter voluntario, o, en su caso, a la guarda de hecho[7].

---

6 *Cfr.* Acta 304 (29 de marzo de 2023). Seguidamente, la referida vocal recuerda: «Descendiendo al tema concreto, Doña Carmen Bayod López comenta que, en relaciona la actuación de las personas con discapacidad, se inclina por seguir un modelo que califica de clásico, de tal forma que, una vez fijado judicialmente el correspondiente sistema de apoyos, los actos realizados por la persona sin esos apoyos, cuando se requieran, adolecerán de anulabilidad (...). Respecto a los plazos para oponer la anulabilidad del acto, explica que igualmente ha seguido un planteamiento tradicional. Sopesa si merecía la pena contemplar la posibilidad, en los casos de apoyo asistencial, de que la propia persona con discapacidad, de mejorar o cambiar su situación, pudiera actuar por sí misma, pero, pese a sus dudas, se inclina más por la solución dada por el Código Civil y la legislación catalana. Frente a este enfoque, menciona el de la Observación General 1 (2014) del Comité UN sobre las personas con discapacidad, que parte como regla general de la validez de los actos llevados a cabo por las personas con discapacidad. No obstante, en principio descarta esta opción por las posibles consecuencias negativas que podrían inferirse de ella».

7 *Cfr.* Acta 304 (29 de marzo de 2023).

Con todo en esta sesión y en las sucesivas son aprobados los diversos preceptos referidos a la invalidez cuando no se cuenta con las medidas de apoyo establecidas, así el art. 13, remunerado como 12 se aprueba con el siguiente texto:

Artículo 12. *Anulabilidad por falta de asistencia*.

1. La falta de asistencia en los actos para los que la autoridad judicial la hubiera establecido hará que el acto realizado sea anulable mientras no sea confirmado por quienes puedan anularlo.

2. El acto será anulable:

a) A petición del curador.

b) A petición de la persona con discapacidad o, una vez fallecida, a sus herederos[8].

3. La acción prescribirá a los cuatro años desde la celebración del acto.

El art. 18, pasa a ser el 16 y se aprueba con el siguiente texto: [Sesión de 19 de abril de 2023, Acta 306]

Artículo 16. *Falta de autorización o aprobación*.

1. Serán anulables los actos realizados sin la debida autorización o aprobación:

a) A petición de la persona con discapacidad o, una vez fallecida, de sus herederos.

b) Si fuesen varios los curadores, a petición del que no intervino en el acto.

c) A instancia del Ministerio fiscal.

2. La acción prescribirá a los cuatro años desde la celebración del acto.

El art. 19, que pasa al 17, se aprueba con el siguiente texto [Sesión de 12 de abril de 2023, Acta 305]

Artículo 17. *Anulabilidad por falta de representación*.

1. Los actos realizados por la persona con discapacidad para los que la autoridad judicial hubiera atribuido al curador facultades representativas son anulables mientras no sean confirmados por éste.

2. Podrán instar la anulabilidad:

a) El curador

b) La persona con discapacidad o, una vez fallecida, de sus herederos.

3. La acción prescribirá a los cuatro años desde la celebración del acto.

El 14 de junio de 2023 (Acta 313) se retoma el debate sobre la Ponencia de Parte General en los preceptos relativos a validez e invalidez y será en la siguiente sesión, 21 de junio de 2023 (Acta 314), en la que se aprobarán los

8 La referencia a los herederos se introduce, a instancias del vocal Calatayud, aceptado por el resto de los miembros de la Comisión, en la sesión de 19 de abril de 2023 (Acta 306).

preceptos que son norma vigente y se contienen en los arts. 45 a 45-6 Cc. Si bien una relevante discusión en lo que atañe al art. 45-4 se produce en la sesión de 5 de julio de 2023 (Acta 315), a la que en su momento me referiré.

La regulación vigente va a conjugar las reglas precisas para mantener la seguridad del tráfico jurídico, la autotomía de la voluntad de la persona con discapacidad, y la protección del contratante de buena fe.

2. Los principios de la reforma: Seguridad jurídica, autonomía de la voluntad y buena fe y lealtad en la contratación

2.1. Las sesiones de 14 junio y 21 de junio de 2023, Actas 313 y 314

Los preceptos que ahora son normas vigentes en Aragón se cocieron a fuego lento, y fueron objeto de una profunda reflexión. En la sesión de 14 de junio de 2023, los Ponentes, Serrano y Santacruz, aportaron un nuevo texto articulado, que revisa los primitivos preceptos de su ponencia, y tiene en cuenta las reflexiones vertidas a lo largo de sendas sesiones de debate e incluyen, además, una norma de cierre del sistema: la rescisión, que pasará al vigente art. 45-6 CDFA[9]. También Adolfo Calatayud aporta para su debate en esta sesión un texto de fecha 11 de junio de 2023, que tiene en cuenta las normas aprobadas en sede de curatela, lo que provocará, como ya he indicado, que todo ello pase a la Parte General, con los efectos ya señalados en el epígrafe 1 de este comentario. Los textos se debatirán en la siguiente sesión, la de 21 de marzo.

9 La ventaja injusta y su aparición en este precepto no es una casualidad, durante los debates de la Comisión la referencia a la misma, tomada del Derecho anglosajón, y regulada en sede de rescisión en Cataluña, fue objeto de largas conversaciones. Para mí, como dije varias veces en la Comisión y he dicho por escrito, está regulación hubiera sido la más coherente con el sistema de la Convención de Nueva York, pero los cambios, para ser eficaces, requieren de tiempo y de ir acomodándose a la sociedad. De esta opinión es también el profesor Delgado, al señalar que «En consecuencia, la intervención judicial a posteriori (para anular o deshacer actos otorgados por personas son discapacidad) debe pensarse como algo excepcional, cuyo cauce ordinario sería el del art. 45-6. Rescisión por obtención de una ventaja injusta, "cuando el otro contratante se haya aprovechado de la situación de discapacidad para obtener una ventaja injusta"» *Cfr.* Delgado Echeverría, J.: «Invalidez e ineficacia de actos y contratos» en *Actualidad Jurídica en Aragón*, núm. 55, 2024. Sobre la rescisión y la discapacidad puede verse una pequeña reflexión en mi trabajo sobre «Rescisión por lesión en los contratos celebrados por tutores y curadores» en *Reformas legislativas para el Apoyo a las Personas con Discapacidad. Estudio sistemático de la Ley 8/2021, de 2 de junio, al año de su entrada en vigor*, ed. Dykinson, Madrid, 2022, pp. 1134 a 1150.

La Sesión de 14 de junio comienza con una reflexión del Presidente en la que se abre el debate y creo que merece la pena transcribir:

«Con carácter previo al inicio del debate sobre la redacción actualizada de los artículos de la Ponencia general relativos a la validez e invalidez de los actos realizados por la persona con discapacidad (arts. 10 y 15 a 19 del Borrador), el Presidente de la Comisión expone que nos encontramos ante un problema más sociológico que jurídico. Por ello, quiere conocer la opinión de todos los miembros de la Comisión, respecto a si se desea mantener la protección que hasta ahora tenían las personas con discapacidad, o bien se pretende ampliarla a supuestos no contemplados hasta la fecha o, por el contrario, reducirla en aras de la dignidad de la persona.

En primer lugar, toma la palabra Don José Antonio Serrano García para resaltar que la labor que está realizando la Comisión es la de ajustar el Código foral a la Convención de Nueva York y que ese es el marco en el que se encuadra el trabajo que se está llevando a cabo. Por otra parte, desea destacar que no se puede proteger a quien no lo necesita.

A continuación, Doña Carmen Bayod López explica que no se trata de buscar un enfrentamiento entre mayor o menor protección, sino que la Convención de Nueva York permite conjugar la inexistencia de incapacitación y la seguridad del tráfico jurídico, sin desmerecer la dignidad de la persona. En este sentido, afirma que el trabajo de la Comisión está consiguiendo un equilibrio adecuado para garantizar el respeto de ambos principios.

Don David Arbués Aísa, por su parte, reconoce su evolución en el seno de la Comisión de una posición más conservadora a otra favorable al nuevo tratamiento de la discapacidad resultante de la Convención UN 2006. En este sentido, señala que no se trata de mantener, reducir o ampliar la protección hasta ahora dispensada a las personas con discapacidad en Derecho aragonés, sino de buscar la debida adecuación a las exigencias de la Convención y al modelo de discapacidad (el modelo psicosocial, que no ya el médico) en que se inspira. En este sentido, considera que es importante conocer la voluntad de la persona con discapacidad y no acudir exclusivamente a criterios médicos que pueden convertir a una persona en un "muerto civil". Ahora bien, la posición que aquí propugna, a su entender, no es incompatible con la protección de la persona con discapacidad, en cuanto respetar la voluntad de una persona también es protegerla. En definitiva, reconoce que, aunque personalmente se considera más proteccionista que aperturista, existe un Convenio internacional que vincula a la Comisión a la hora de abordar la reforma del Código foral.

Doña Aurora López Azcona comparte los argumentos esgrimidos por estos Vocales y, a más, considera necesario partir de la premisa de que existe una gran variedad de discapacidades y dentro de cada variedad existen, a su vez, múltiples grados. Por lo demás, considera que la reforma que está llevando a cabo la Comisión resulta muy ponderada y en esa línea deben seguir trabajando.

Don Joaquín Oria Almudí expone que pueden existir temas más delicados, como el que les corresponde abordar en esta sesión y que, precisamente, por esa variedad inabarcable de supuestos, quizás sería necesario distinguir aquellas personas con discapacidad que cuentan con medidas de apoyo formales de las que no. Entiende que el que tiene esas medidas de apoyo formales supuestamente ha pasado un filtro en el Juzgado y requiere una mayor protección que aquel que solo tiene unas medidas informales, que puede no requerir apoyos más que para cosas concretas.

Para Don Adolfo Calatayud Sierra, la cuestión clave es determinar si una persona sujeta a medidas de apoyo judiciales puede llevar a cabo actos jurídicos libremente, siendo necesario decidir si el criterio a adoptar a la hora de calificar de válido o inválido un acto llevado a cabo por una persona con discapacidad sujeta a medidas judiciales va a ser el del suficiente juicio o el de la ausencia de prestación de apoyo. En este sentido afirma que últimamente está cobrando fuerza en algunos ámbitos jurídicos la opinión según la cual la persona con discapacidad puede hacer prácticamente lo que quiera con unos apoyos mínimos y que, además. las medidas de apoyo son renunciables. Don Adolfo Calatayud Sierra discrepa de este planteamiento por considerar que cuando un Juez, tras la tramitación del oportuno procedimiento, llega a la conclusión que una persona necesita una medida de apoyo concreta, a posteriori un Notario no puede contradecir esa decisión judicial con base exclusivamente en el criterio del suficiente juicio, por cuanto que su capacidad para juzgar a las personas que concurren en su presencia resulta muy limitada. Así pues, defiende la necesidad distinguir, por un lado, las medidas de apoyo judiciales, las cuales deben cumplirse y, de no ser así, el acto debe ser invalido; y, por otro lado, el resto de las medidas de apoyo, en las que la validez del acto sí que dependerá de la aptitud que tuviera la persona con discapacidad en el momento de realizar cada acto.

Cierra el turno de intervenciones Don Rafael Santacruz Blanco para señalar que, se quiera o no, la sociedad ha cambiado en su percepción de la discapacidad y en las decisiones judiciales ya se puede apreciar el nuevo paradigma de la Convención de Nueva York, en el sentido de que ya no hay incapaces, sino personas que necesitan apoyo. Se impone así adaptar el Código foral a esa nueva concepción. Respecto a la cuestión que planteaba Don Adolfo Calatayud Sierra, entiende que no está de acuerdo en establecer tajantemente que, si hay una medida de apoyo judicial, la falta de prestación de tal apoyo implique necesariamente la invalidez del acto. A su entender, lo normal será que ese acto sea inválido, salvo que se pruebe lo contrario.

Escuchadas las opiniones de todos los miembros, el Presidente comparte el criterio de Don Adolfo Calatayud Sierra acerca de la invalidez de los actos realizados sin apoyo, cuando la persona esté sujeta a medida judicial. Por ello, considera que sería necesario matizar la propuesta de redacción de los artículos de la Ponencia general sobre validez e invalidez de los actos, presentada por Don José Antonio Serrano García y Don Rafael Santacruz Blanco con fecha de 13 junio 2023 (...) En concreto, discrepa del tenor del apartado 2, [No obstante, aunque haya prescindido del apoyo establecido para realizar el acto, éste será válido siempre que pruebe que en el momento de la celebración tenía suficiente aptitud para hacerlo por sí sola] por entender que con esta previsión se está dispensando una menor protección a la persona con discapacidad de la prevista en el régimen aragonés todavía vigente.

Doña Carmen Bayod López y Doña Aurora López Azcona consideran que realmente la Convención de Nueva York tampoco introduce, en este sentido, un cambio tan radical porque existen muchos actos de relevancia jurídica que se está permitiendo realizar a las personas con discapacidad, por tratarse de actos personalísimos; piénsese p.e. en el matrimonio o el testamento en «intervalo lúcido». El Presidente contraargumenta que el testamento en «intervalo lúcido» está muy desprestigiado por parte de los psiquiatras.

Don José Antonio Serrano García reconoce que su propuesta la realiza con ciertas reservas y que va dirigida fundamentalmente a la propia persona con discapacidad que quiera probar que tenía aptitud en el momento de celebrar el acto. Recuerda, asimismo, que la redacción que den al precepto ahora debatido habrá de ser coherente con el ya aprobado artículo 9.1 de la Parte general, cuyo tenor es el siguiente: «Tiene aptitud para ejercitar la capacidad jurídica la persona que por sí sola puede comprender el significado y los efectos de un acto concreto en el contexto en que se produce y, en consecuencia, determinar su voluntad, expresarla y actuar conforme a ella». A su juicio, se cumplen los requisitos que establece el artículo 9.1, la persona con discapacidad puede realizar un acto que sea válido, pese a estar sujeto a medidas de apoyo judiciales.

Doña Carmen Bayod López advierte que en la redacción propuesta por Don José Antonio Serrano García y Don Rafael Santacruz Blanco se parte de la premisa de que el acto realizado sin el apoyo necesario es un acto inválido; esa es la regla. La excepción será la validez y solo se dará cuando se pruebe que la persona realmente tenía aptitud en ese momento y, en la práctica, no van a surgir apenas pleitos sobre esta cuestión porque realmente es muy difícil que esto ocurra. No obstante, sí que cree necesario que se prevea esta posibilidad porque determinar que siempre dicho acto sea inválido es ir en contra de la Convención de Nueva York.

Don Adolfo Calatayud Sierra afirma que si se opta porque cada acto concreto será válido en función de si la persona tenía suficiente aptitud en ese momento para ejercer su capacidad jurídica, entonces resulta irrelevante que existan medidas judiciales o no.

Don Joaquín Oria Almudí también considera fundamental distinguir a quien tenga medidas judiciales de apoyo de quienes no, porque no están en la misma situación.

Don David Arbués Aísa afirma que, a la hora de defender que un concreto acto realizado por una persona con discapacidad, la Comisión debe decidir si opta por priorizar la seguridad jurídica o el respeto a la voluntad de la persona. A partir de ahí, el Vocal se muestra proclive a la posición defendida por el Presidente y Don Adolfo Calatayud Sierra, en aras de la seguridad del tráfico jurídico, esencial desde su perspectiva de aplicador del Derecho.

Llegados a este punto en el debate y ante la imposibilidad de llegar a un acuerdo entre todos los miembros de la Comisión, el Presidente dispone que sometan a votación el siguiente punto: tratándose de una persona sujeta a medida judicial, si van a calificar de inválido el acto realizado sin apoyo necesario o, por el contrario, van admitir que el acto se puede considerar válido en caso de probarse que la persona tenía aptitud suficiente en el momento de su otorgamiento.

El Presidente, Don Adolfo Calatayud Sierra, Don Joaquín Oria Almudí y Don David Arbués Aísa votan a favor de que el acto se considere inválido, en todo caso, si se realiza prescindiendo de los apoyos establecidos en una medida judicial. El resto de los vocales (Doña Carmen Bayod López, Doña Aurora López Azcona, Don José Antonio Serrano García y Don Rafael Santacruz Blanco) apoyan la postura de la ponencia. Ante el empate de la votación, dirime el resultado el voto de calidad del Presidente. Por tanto, se acuerda que sólo, cuando existan medidas de apoyo no judiciales, se admita la validez del acto realizado por la persona con discapacidad con base exclusivamente en el criterio de la suficiente aptitud, aun prescindiendo de los apoyos.

El Sr. Presidente toma la palabra y recuerda que, en la sesión anterior, en atención a la propuesta de articulado presentada por los vocales señores Serrano García y Santacruz Blanco, a quienes agradeció su trabajo y buen hacer, se acordó suprimir los párrafos 2 y 3 del art. 15 presentado en la Ponencia (se adjunta como Anexo I) al haberse decido tras votación, en la que fue de aplicación el voto de calidad del Presidente, que en relación al binomio protección de la persona con discapacidad y autonomía personal de la misma, la balanza debía de inclinarse a favor de su protección en detrimento de su voluntad y preferencias.

Recuerda esto, porque en el texto presentado por don Adolfo Calatayud, se adjunta como Anexo II, el art. 17 de los propuestos contiene una norma de protección del cocontratante que, a su juicio, desprotege a la persona con discapacidad y, manifiesta ya, que dada su labor ingente como fiscal cuya misión ha sido la protección de los más débiles, considera que esta misma postura debe mantener en esta Comisión, señalando ya que, si llega el caso, votará en contra de dicha previsión normativa.

Dicho esto, don José Antonio Serrano García manifiesta su conformidad, sin perjuicio de algunas cuestiones que deberán ser tratadas en el desarrollo de la sesión, con el texto propuesto por don Adolfo Calatayud; si bien cree que las consecuencias de la invalidez de los actos jurídicos llevados a cabo por la persona con discapacidad sin la intervención del curador, cuando esta hubiera sido prescrita en la resolución judicial, debería mantenerse en sede de curatela. Esta misma opinión manifiesta doña Carmen Bayod.

En razón de ello, toma la palabra don Adolfo Calatayud e indica que se debe decidir si todas las cuestiones relativas a la invalidez e ineficacia de los actos jurídicos se tratan en un Título *ad hoc*, tal y como presentaron en su ponencia los señores Serrano y Santacruz, o no. Manifiesta su opinión, bien fundada, en que sería más correcto darle un tratamiento conjunto a todo ello. De la misma opinión es don Joaquín Oria y el Presidente. El resto de vocales presentes se suman a esta consideración.

Doña Carmen Bayod, en su función de secretaria accidental, indica que, dados estos acuerdos se proceda a debatir, y en su caso a aprobar con las modificaciones que sean acordadas, el texto presentado por don Adolfo Calatayud. En atención a lo acordado, se procede a debatir el texto que se adjunta como Anexo I a esta acta».

Los debates dieron como resultado los vigentes artículos 45 a 45-6 CDFA que se incluyen en la llamada Parte General, ahora el capítulo II del Título I del Libro I del CDFA, pero esta transcripción de las actas de la Comisión vislumbra los problemas a tratar: cómo conciliar tres principios básicos de la contratación privada, la seguridad, la voluntad y la lealtad en la contratación. Creo, que la reforma consigue un justo equilibrio entre todos ellos, nada fácil de conciliar[10].

2.2. Seguridad jurídica, autonomía de la voluntad y buena fe y lealtad en la contratación

A) La búsqueda del justo equilibrio

La regulación de la invalidez e ineficacia de actos y contratos llevados a cabo por la persona con discapacidad, como he querido reseñar en el punto anterior al transcribir los debates en el seno de la Comisión, tuvieron en cuenta tres principios: *la seguridad del tráfico jurídico*, que exige anudar el sistema de invalidez a la falta de medidas de apoyo cuando estas se hayan establecido; *el respeto a la autonomía de la voluntad de la persona con discapacidad*, que debe poder contratar siempre que pueda manifestar un consentimiento consciente y libre, esté o no sujeta a medidas de apoyo y, también, apostar por la validez del contrato cuando el otro contratante no conocía, ni razonablemente podía conocer, las causas en que se funda la acción de anulabilidad: *buena fe y lealtad en la contratación*.

Estos tres principios, básicos en la contratación privada, no son fáciles de conciliar, si bien la reforma ha tratado de hacerlo, si lo ha conseguido, solo la práctica forense lo dirá en futuro no muy lejano.

Para alcanzar dicho objetivo se parte de una presunción: si hay medidas de apoyo judiciales o voluntarias previstas para llevar a cabo un acto concreto, su falta provoca la invalidez del acto; si bien excepcionalmente el acto o contrato puede ser válido, si se demuestra la posibilidad de prestar un válido consentimiento por parte de la persona con discapacidad, o bien si la otra parte contratante no pudo conocer las causas de la anulabilidad.

10 En este sentido el maestro DELGADO afirma lo siguiente: «El reto que ha afrontado el legislador es el de compaginar adecuadamente, de una parte, la declarada capacidad y libertad de todas las personas, cualesquiera que sean sus dificultades cognitivas y volitivas; y, de otra, las prudentes intervenciones judiciales a posteriori para la protección de sus derechos e intereses, junto a la de su libertad y voluntad. Es el gran reto de toda regulación civil sobre la materia, que el legislador aragonés, en mi opinión, ha abordado con criterios razonables. Espero que la recepción social de la ley (en cuya elaboración han participado muchos de los actores sociales y jurídicos más relevantes), mostrada por la práctica judicial y extrajudicial, confirme este juicio positivo». *Cfr.* DELGADO ECHEVERRÍA, J.: «Invalidez ...», *op. cit.*

B) La regla general: la invalidez del acto contrato celebrado sin contar con la prestación de apoyo

En los debates de la Comisión sobre cómo abordar esta regulación se va a partir de una postura clásica[11]: la invalidez del acto llevado a cabo sin contar con medidas de apoyo cuando estas se hubieran establecido judicialmente; tal y como se propuso en la Ponencia sobre curatela añadiendo también la misma respuesta si la persona está sujeta a medidas de apoyo voluntarias[12].

Por lo tanto, cuando la persona con discapacidad cuente con medidas de apoyo ordenadas por la autoridad judicial estableciendo una curatela asistencial o representativa o bien cuando exista un mandato de apoyo que hubiera iniciado su eficacia y que requiera la actuación con carácter asistencial o representativa del mandatario, el acto llevado a cabo por la persona con discapacidad será anulable, si prescindió de las mismas (art. 45-1.1.2 CDFA).

Esta es la regla general y que está al servicio de la seguridad del tráfico jurídico, si hay medida de apoyo en vigor, la contratación sin la misma permite instar la anulabilidad del acto o contrato, bien a instancia de la persona con discapacidad o sus herederos, bien a instancia del curador o mandatario de apoyo (art. 45-1.3 CDFA).

C) La excepción: aptitud y lealtad en la contratación

La validez de los actos y contratos requieren la emisión de un consentimiento consciente y libre, a ello se refiere el art. 40.1 CDFA: *Tiene aptitud para ejercitar la capacidad jurídica la persona que por sí sola puede comprender y valorar el significado y los efectos de un acto concreto en el contexto en que se produce y, en consecuencia, determinar su voluntad, expresarla y actuar conforme a ella*.

Esta aptitud *Se presume (...) para realizar un acto concreto siempre que para dicho acto la persona no esté sujeta a medidas de apoyo asistenciales o representativas, judiciales o voluntarias ya eficaces*, tal y como expresa el art. 40.3 CDFA.

Todo ello significa que, cuando la persona con discapacidad está sujeta a medidas de apoyo judiciales o voluntarias ya eficaces, la presunción es la contraria: se presume que carece aptitud para emitir un válido consentimiento por sí sola, siendo, por ello, el acto contrato susceptible de impugnación (art. 45.1 CDFA).

---

11 Así la califica la vocal Bayod y se sigue por la mayoría de los miembros de la Comisión, y será la que resulte aprobada. *Cfr.* Acta 304, de 23 de marzo de 2023.

12 En el Acta 304 se aborda esta situación, el vocal Calatayud se refería tan sólo a medidas judiciales, la vocal López considera que igualmente deben está las medidas voluntarias ya en vigor.

Ahora bien, ello es así salvo que: *no se demuestre lo contrario de forma cumplida y adecuada* (art. 40.3 *in fine* CDFA).

En efecto, si la persona con discapacidad y sujeta a medidas de apoyo tuviera aptitud suficiente para llevar a cabo el acto o contrato el mismo será válido (art. 45 CDFA *a sensu contrario*); si bien, la carga de la prueba recaería en la persona con discapacidad. Es evidente que no será fácil tal prueba, máxime si insta la anulabilidad el curador o mandatario de apoyo. No obstante, esta posibilidad permite reafirmar «la autonomía e independencia de la persona con discapacidad, con atención a su voluntad y preferencias, incluida la libertad de tomar sus propias decisiones» (art. 37) y dejar en manos de los jueces, en los que siempre confía el sistema, la averiguación, en su caso, de la aptitud para emitir un válido consentimiento. Creo que esta posibilidad debe formar parte del sistema y, aun remota en la práctica, no debe ser desconocida, ya que la discapacidad no es por si sola causa de invalidez de los actos y contratos, sólo debe serlo la falta de aptitud para emitir un consentimiento consciente y libre, aun cuando este no se presuma si la persona cuenta con medidas de apoyo judiciales o voluntarias vigentes[13].

Por otro lado, y en atención al principio de buena fe y lealtad en la contracción, el legislador aragonés apuesta por la validez del acto o contrato cuando *el otro contratante (...) no conocía, ni razonablemente podía conocer, las causas en que se funda la acción de anulabilidad* (art. 45-3 CDFA), en palabras de Delgado «Al menos tendencialmente, todo lo que aparece (aparenta ser) una declaración de voluntad vale como declaración de voluntad para quien confió de buena fe en esa declaración»[14]. Esta norma, a juicio de la Comisión, debía formar parte también del sistema, en particular por la dificultad para comprobar si la persona con discapacidad está o no sujeta a medidas de apoyo (arts. 83 y 84 LRc.)

13 Creo que esto es lo que se deduce correctamente del sistema civil aragonés, ahora bien, conviene recordar que esto fue objeto de severo debate en el seno de la CADC y tras una votación decidida por el voto de calidad del Presidente, en la que se somete a votación «el siguiente punto: tratándose de una persona sujeta a medida judicial, si van a calificar de inválido el acto realizado sin apoyo necesario o, por el contrario, van admitir que el acto se puede considerar válido en caso de probarse que la persona tenía aptitud suficiente en el momento de su otorgamiento», se acuerda «que sólo, cuando existan medidas de apoyo no judiciales, se admita la validez del acto realizado por la persona con discapacidad con base exclusivamente en el criterio de la suficiente aptitud, aun prescindiendo de los apoyos». *Cfr.* Acta 313 de 14 de junio de 2023.

14 Delgado Echeverría, J.: «Invalidez ...», *op. cit.*

II. El régimen jurídico de la invalidez e ineficacia de actos y contratos llevados a cabo por personas con discapacidad. Exégesis de los preceptos

1. Validez e invalidez de los actos o contratos de la persona con discapacidad

1.1. El punto de partida: el art. 40 CDFA

Los arts. 41 y 45 del CDFA presentan la cara y la cruz, en lo que atañe al régimen jurídico de la Validez/Invalidez, de los actos y contratos llevados a cabo por las personas con discapacidad sujetas a la ley aragonesa.

El punto de partida en ambos preceptos es previo, y viene señalado por el art. 40.1 CDFA, *Tiene aptitud para ejercitar la capacidad jurídica la persona que por sí sola pueda comprender y valorar el significado y los efectos de un acto concreto en el contexto en que se produce y, en consecuencia, determinar su voluntad, expresarla y actuar conforme a ella*. Esta aptitud se presume *siempre que para dicho acto la persona no esté sujeta a medidas de apoyo asistenciales o representativas, judiciales o voluntarias ya eficaces, y que no se demuestre lo contrario de forma cumplida y adecuada* (art. 40.3 CDFA).

Este precepto establece las bases del sistema: para ejercitar válidamente cualquier actividad con relevancia jurídica, tanto en aspectos personales como patrimoniales, se requiere tener aptitud para comprender y valorar, por uno mismo, el significado y efectos del acto que se va a realizar en un determinado contexto y, conforme a ello, manifestar la voluntad y actuar conforme a ella. [Obsérvese que esta es la aptitud que se exige a cualquier sujeto, tenga o no discapacidad]

Esta aptitud se presume en la persona aragonesa que ha cumplido 14 años, si bien, hasta que llegue a la mayor edad, requerirá, en su caso, de la asistencia prevista en el art. 23 CDFA y, desde luego, en la persona mayor de edad no sujeta a medidas de apoyo, ya que, si cuenta con ellas, la presunción es la contraria, como ya he señalado.

1.2. La validez de los actos jurídicos

Validez e invalidez, como el yin y el yang, establecen el equilibrio en las actuaciones jurídicas de los sujetos; si bien, regulando la norma cuándo un acto es inválido, el intérprete es capaz de deducir, *a sensu contrario*, su validez. De hecho, en la CADC se discutió sobre la necesidad o no de incluir un precepto referido a la validez de los actos jurídicos de la persona con discapacidad, habida cuenta de la regulación de la invalidez; tras votación, se admite mantener un precepto dedicado a la validez (el art. 10 en la Ponencia)[15], y posiblemente ello fuera especialmente clarificador.

En efecto, la aptitud para contratar por sí solo se presume en la persona mayor de edad no sujeta a medias de apoyo, por lo tanto, cuando la persona mayor de edad cuenta con medias apoyo respecto de un acto concreto decae dicha presunción, y, por ello, *La persona que no tiene la suficiente aptitud para ejercer por sí sola su capacidad jurídica respecto de un acto concreto puede realizarlo válidamente con las medidas de apoyo adecuadas conforme a lo establecido en este Código*, tal y como establece el art. 41 CDFA.

Dicho esto, es evidente que cuando la persona no tenga aptitud suficiente para ejercitar su capacidad jurídica y no cuente con medidas de apoyo para realizar el acto concreto, éste debe ser inválido. A ello se refiere el art. 45 CDFA que, a lo creo, puede elevarse a norma general que regula la validez e invalidez de actos y contratos de cualquier persona sujeta al CDFA.

1.3. La invalidez de los actos de la persona sin aptitud para realizarlo

A) La regla general: falta de aptitud y medidas de apoyo

El art. 45 CDFA regula con carácter general la invalidez de los actos y contratos realizados por las personas que carecen de aptitud para realizar un acto concreto en consonancia con lo previsto en el art. 41 CDFA. Por ello, el art. 45, *Invalidez del acto de la persona sin aptitud para realizarlo*, dispone en su apartado 1 que: *Será inválido el acto realizado por quien, en el momento de su celebración, carezca de la suficiente aptitud para ejercitar su capacidad jurídica y no cuente con las medidas de apoyo que procedan para suplir esa insuficiencia*.

Como vengo indicando la invalidez se hace depender de la falta de aptitud para ejercitar por si sola la capacidad jurídica (art. 40.1 CDFA) referida a un momento concreto, y no teniéndola, no cuente tampoco con las medidas de apoyo que puedan suplir esta insuficiencia. La razón puede estar en que todavía no cuanta con ningún tipo de medidas previstas en el art. 101 CDFA o, teniéndolas, ha prescindido de ellas. Si bien, la intervención del curador y mandatario de apoyo, cuentan con una regulación específica.

Ciertamente, esta norma, está ubicada en el Capítulo II, *Capacidad jurídica de las personas con discapacidad*, pero creo que es una norma susceptible de ser aplicada a cualesquiera situaciones en las que la persona concernida

15 Acta 313 de 14 de junio de 2023. Votaron a favor los ponentes, Serrano y Santacruz, junto con los vocales, Bayod, López y Oria; votaron en contra el Presidente y el vocal Calatayud; se abstuvo el vocal Arbués.

no tenga aptitud para manifestar su voluntad en los términos expresados en el art. 40.1 CDFA, tal y como lo fue el derogado art. 37 CDFA, del que el art. 45, recibe su inspiración, al no haber ahora incapacitación.

B) Efectos: la anulabilidad como norma general

Cuando la persona no tiene aptitud para ejercitar su capacidad jurídica y no cuenta con la medida de apoyo adecuada, el acto es inválido, y el régimen jurídico previsto es la anulabilidad, siguiendo con ello los principios del sistema aragonés ya contemplados en el derogado art. 37 CDFA y, por lo tanto, contando con un plazo de prescripción, no de caducidad, tal y como es propio de la regulación aragonesa. Todo un acierto en palabras del profesor Delgado[16]. El régimen jurídico de la anulabilidad se regula en el art. 45-4 CDFA, al que luego me referiré.

Excepcionalmente, el acto será nulo *si vulnera leyes que exigen una capacidad específica, salvo que en ellas se establezca un efecto distinto* (art. 45.3 CDFA), tal y como igualmente disponía el apartado 3 del art. 37 del CDFA derogado por esta reforma (Disposición Derogatoria Única).

C) Legitimación

A ello se refiere el apartado 2 del art. 45: *El acto realizado será anulable a instancias de: a) El propio interesado o sus herederos. b) La persona cuya asistencia o representación habría evitado la invalidez.*

Siendo invalido el acto realizado en las circunstancias previstas en el apartado 1 de este mismo precepto, el acto podrá ser impugnado desde su celebración en un plazo de cuatro años (art. 45-4 CDFA).

La legitimación corresponde, por un lado, a la persona concernida: El propio interesado (la persona con discapacidad, pero creo que también cualquier persona, discapacitada o no que no tenga en ese momento aptitud para prestar un válido consentimiento) o sus herederos.

Por otro lado, puede impugnar el acto, *La persona cuya asistencia o representación habría evitado la invalidez*. ¿Quiénes son estas personas? Estas personas no pueden ser otras que las previstas en el art. 101 CDFA, el mandatario de apoyo, el guardador de hecho, el curador y el defensor judicial.

Dada la dicción del precepto, y también teniendo en cuenta el derogado art. 37 CDFA, podemos suponer que la persona concernida, que actúo sin la suficiente aptitud para ejercitar su capacidad jurídica, no contaba en ese momento con ninguna medida de apoyo en vigor. Por ello, el precepto legitima a la persona que con posterioridad ejerza el apoyo que, en su caso, hubiera evitado la invalidez. Son supuestos en los que la persona no cuente con un guardador de hecho, y haya actuado sin aptitud suficiente,

16 Delgado Echeverría, J.: «Invalidez ...», *op. cit.*

(de tenerla, el acto sería válido); y una vez nombrado el curador, bien sea asistencial o representativo, podrá impugnar el acto concreto realizado por el sujeto sin aptitud suficiente y que hubiera requerido de su actuación para suplir dicha insuficiencia. También el defensor judicial en los supuestos regulados en el art. 129 CDFA, señaladamente en los casos de las letras b) y c), que pueden dar lugar a estas intervenciones de la persona concernida sin aptitud para realizar el acto concreto y sin contar con medidas de apoyo.

Ahora bien, creo que en esta letra b) del art. 45.2 CDFA debemos incluir también al guardador de hecho. Como señalo en el comentario a la guarda de hecho estamos ante una medida de apoyo que asiste o representa en determinadas actuaciones a la persona con discapacidad, por ello, cuando su actuación es necesaria para que la persona concernida pueda formar su voluntad su ausencia determina la invalidez del acto y la posibilidad de impugnación, siempre que la otra parte contratante no esté en la situación prevista en el art. 45-3 CDFA.

2. Invalidez por falta de intervención del curador o mandatario de apoyo o por defectos en la prestación de apoyos: art. 45-1 y 45-2 CDFA

2.1. Invalidez por falta de intervención del curador o mandatario de apoyo: art. 45-1 CDFA

Siguiendo la doctrina clásica, y en aras a la seguridad del tráfico jurídico, cuando la persona con discapacidad contara con medidas de apoyo judiciales o voluntarias que ya hubieran iniciado su eficacia para llevar a cabo determinadas actuaciones jurídicas, la actuación por si sola y sin contar con la medida de apoyo prevista permite instar la anulabilidad de la actuación llevada a cabo, tanto por la persona con discapacidad o sus herederos o como por el curador o mandatario de apoyo preterido.

A estos efectos, el art. 45-1 CDFA dispone:

> 1. El acto para el que la autoridad judicial hubiera establecido curatela asistencial o representativa que sea realizado por la persona con discapacidad sin la intervención del curador será anulable.
>
> 2. También será anulable el acto para el que se hubiera establecido un mandato de apoyo que hubiera iniciado su eficacia y que requiera la actuación con carácter asistencial o representativa del mandatario, cuando sea realizado por la persona con discapacidad sin su intervención.
>
> 3. Podrán instar la anulabilidad:
>
> a) La persona con discapacidad o sus herederos.
>
> b) El curador o mandatario de apoyo.
>
> 4.2. Invalidez por defectos en la prestación de apoyos: art. 45-2 CDFA.

2.2. Invalidez por defectos en la prestación de apoyos: art. 45-2 CDFA

El art. 45-2 bajo la rúbrica de *Invalidez por defectos en la prestación de apoyos*, regula dos situaciones diversas.

A) Medidas de apoyo representativas que requieran autorización o aprobación

En el apartado 1 del art. 45-2 CDFA se indica que *Será anulable el acto realizado en representación de la persona con discapacidad sin la debida autorización o aprobación cuando el acto la requiera*.

El precepto se refiere a los actos del curador representativo previstos en el art. 169-24, *Actos que requieren autorización o aprobación*, CDFA: *1. El curador que ejerza funciones de representación necesita autorización previa de la Junta de Parientes o del Juez para llevar a cabo los actos o negocios que determine la resolución y, en todo caso, para los enumerados en los artículos 14, 15 y 16 de este Código. 2. La división de un patrimonio o cosa común no necesita autorización previa, pero debe ser aprobada por la Junta de Parientes o el Juez cuando haya sido practicada en representación de la persona con discapacidad: a) Por el curador, salvo si ha actuado con autorización de la Junta de Parientes o del Juez. b) Por la Junta de Parientes o un defensor judicial, si en el nombramiento de este así se ha dispuesto. Cuando intervenga la Junta de Parientes, la aprobación será necesariamente judicial*.

Pero también, aun cuando no será lo habitual, a los actos otorgados por el defensor judicial, si así lo ha dispuesto el Juez (art. 129-2.2 CDFA) o por el guardador de hecho en el supuesto del art. 169-12.6 CDFA. Igualmente, será aplicable a los supuestos del mandatario de apoyo que no hubiera cumplido las condiciones de ejercicio del art. 169-4 CDFA.

B) Oposición de intereses

Por su parte, en apartado 2 del art. 45-2, siguiendo el señalado principio de lealtad y buena fe, establece que: *También será anulable el acto realizado con apoyo asistencial o representativo cuando exista oposición de intereses entre quien presta el apoyo y la persona con discapacidad*.

El art. 42 CDFA se refiere con carácter general a los supuestos de oposición de intereses entre la persona con discapacidad y quien le preste el apoyo, indicando como actuar válidamente, cuando no se actué en dicha forma, habrá un defecto en la prestación de los apoyos que permite anular dicha intervención.

C) Legitimación

A ello se refiere el apartado 3 del art. 45-2: P*odrán instar la anulabilidad: a) La persona con discapacidad o sus herederos. b) Si fuesen varias las personas designadas para prestar apoyo, las que no hayan intervenido en el acto*.

3. Excepciones a la anulación

3.1. Con carácter general: el art. 45-3 CDFA

El párrafo 1 del art. 45-3 CDFA regula una excepción a la acción de anulabilidad ejercida por los legitimados para instarla en los artículos anteriores [el propio interesado, la persona con discapacidad, los herederos de uno y otro; la persona cuya asistencia o representación habría evitado la invalidez; El curador o mandatario de apoyo; las que no hayan intervenido en el acto (arts. 45.3, 45-1.3 y 45-2-3 CDFA)] en favor de la otra parte contratante: *En los casos regulados en los artículos anteriores, el otro contratante podrá oponerse a la acción de anulabilidad probando que no conocía, ni razonablemente podía conocer, las causas en que se funda la acción de anulabilidad*.

Esta norma responde a la salvaguarda del principio de buena fe y lealtad en toda actuación jurídica, nada nuevo en los principios vigentes en nuestro ordenamiento foral[17], y toma como premisa dos circunstancias:

1. El cambio de paradigma que trae consigo la CDPD: no hay procedimiento de incapacitación y sí una presunción de aptitud para el ejercicio de la capacidad jurídica en las condiciones del art. 40 CDFA.
2. El desconocimiento de la existencia o no de medidas de apoyo de la persona con discapacidad requeridas para determinadas actuaciones jurídicas, desde el momento en que ha quedado tan restringida la publicidad sobre las mismas.

Junto a lo anterior, esta norma también evita el recurso a una posible aplicación supletoria del nada riguroso art. 1302.3 en su párrafo segundo[18].

Como ya he señalado anteriormente esta norma fue objeto de espacial debate y contó con el voto en contra y motivado del Presidente de la Comisión[19].

17 A estos efectos podemos recordar el art. 428 CDFA, Límites en el ejercicio de la acción, que, en sede de *Invalidez e ineficacia de los testamentos*, dispone: *No puede ejercitar las correspondientes acciones quien, conociendo la causa de nulidad o anulabilidad del testamento o de cualquiera de sus disposiciones, le ha dado voluntaria ejecución o ha renunciado a la acción*. En el Acta 315, sesión de 5 de julio, se recuerda que el CDFA contiene diferentes preceptos de protección de los terceros.

18 Este fue uno de los argumentos esgrimidos en los debates de la Comisión: «Don Rafael Santacruz Blanco defiende la necesidad de incorporarlo, ya no solo porque comparta su contenido, sino so riesgo que, en caso de no introducirlo, se aplique supletoriamente la solución del Código civil, que ni a él particularmente le convence, porque solo permite instar la anulabilidad al curador que no ha intervenido en el acto cuando acredite la mala fe de la otra parte, no así, en cambio, sorprendentemente a los herederos (art. 1302 Cc)».

19 En la sesión de 21 de junio de 2023 (Acta 314) en la que yo misma actué como secretaria accidental de la Comisión se dice: «Como ya se ha indicado el Presidente no está

La norma se debatió ampliamente en la sesión de la Comisión de 5 de julio de 2023 (Acta 315) la misma se aprueba con cuatro votos a favor (Don Carmen Bayod López, Doña Aurora López Azcona, Don José Antonio Serrano García y Don Rafael Santacruz Blanco), dos abstenciones (Don David Arbués Aisa y Don Adolfo Calatayud Sierra) y un voto en contra (Presidente).

El objeto de esta norma no es otro, como se justificó por parte alguno de los miembros de la Comisión[20] seguido por los que votaron a favor, que la necesidad de equilibrar los intereses en juego de todas las partes contratantes para defender la validez del acuerdo cuando, una de ellas, no pudo conocer las causas en las que se funda la anulabilidad.

Las causas en las que se funda la anulabilidad serían la falta de aptitud para prestar el consentimiento, no la discapacidad de la persona, evidentemente, así como un defecto en la prestación de apoyos o la falta de contar con los apoyos precisos cuando estos fueran necesarios[21].

---

de acuerdo con este precepto, y manifiesta que, de haber votación, lo hará en contra a su aprobación; considera, además, que este precepto será objeto de conflicto para su aprobación, en su momento, por las Cortes de Aragón. En concreto el Excmo. Sr. Presidente me pasa por escrito el siguiente texto que transcribo: "Interesó la supresión de esta excepción porque no está contenida en la Convención de Nueva York; no está recogida en la tradición jurídica aragonesa; porque queriendo proteger al tercero, disminuye la protección del discapacitado; pongo en duda su eficacia, porque la prueba del conocimiento es complicada y difícil de hacer, porque ciertos datos de las personas están protegidos, además es previsible que pueda suscitar conflictos y pleitos. Al ser parte general de la norma afecta a toda ella, de ahí su trascendencia". (...) Llegados a este punto el Presidente propone que, en la siguiente sesión, que será el 5 de julio, se siga debatiendo este precepto». Previamente, habían manifestado su conformidad con el mismo (recordemos que es el texto de la Ponencia a cargo de los vocales Serrano y Santacruz) los vocales Bayod y Oria, principalmente por las dos razones aducidas: la CDPD y la falta de publicidad de las medidas de apoyo en el Registro civil.

20 En concreto «Doña Carmen Bayod López defiende, en cambio, la necesidad de incluir una norma dirigida a proteger a los terceros de buena fe, ya no sólo porque el CDFA contiene diferentes preceptos en esta línea, sino porque la Convención UN 2006 ha cambiado las reglas del juego en el tratamiento de la discapacidad. De ello resulta, a su entender, la necesidad de equilibrar los intereses en juego: los de la persona con discapacidad, pero también los de la persona que contrata con ella desconociendo tal circunstancia y más desde el momento en que ha quedado tan restringida la publicidad sobre medidas de apoyo. (...) Doña Aurora López Azcona sigue el criterio de la mayoría, adhiriéndose a las razones expuestas, especialmente a la relativa a la necesidad de equilibrar los intereses en juego en una situación harto diferente que la anterior, pero también como herramienta para garantizar la entrada en el tráfico jurídico y económico a las personas con discapacidad, tal y como exige la Convención. Si no se protege al tercero, con las nuevas reglas de juego, muy pocas personas van a querer contratar con una persona con discapacidad». *Cfr.* Acta 315, Sesión de 5 de julio de 2023.

21 Así se señala por uno de los autores de la Ponencia: «En cuanto a esa referencia a las circunstancias en que se funda la anulabilidad, Don José Antonio Serrano García clarifica que no se refiere tanto a la discapacidad, sino que hay un defecto en la prestación del

Por último, el apartado 2 del art. 45-3 CDFA, en coherencia con el régimen jurídico de la anulabilidad: el acto es invalido, pero susceptible de confirmación, no podrá ser anulado *si (...) ha sido confirmado por quien podría impugnarlo*.

3.2. Excepción a la anulabilidad del pago: art. 45-5 CDFA

La Ponencia General en materia de Validez e Invalidez, como ya he indicado, presenta para su debate una propuesta actualizada el 14 de junio de 2023 que incluye en su texto originario un art. 19 destinado a la *Excepción a la anulabilidad del pago*. La propuesta se hace a instancia de don José Antonio Serrano García, quien había contentado para un tratado de ámbito nacional, los defectos del art. 1163 Cc. tras la reforma operada por la ley 8/2021[22]. Este precepto es objeto de debate en la sesión el 21 de junio de 2023, Acta 314, que resulta aprobado sin ninguna modificación y es ahora Derecho vigente.

En concreto el art. 45-5 dispone: *1. El pago a una persona mayor de edad que, en el momento de recibirlo, carezca de aptitud para administrar los bienes que recibe, hecho por quien conocía o debía conocer tal situación, será anulable, salvo en cuanto se hubiere convertido en utilidad de aquella. 2. Esta regla se aplica también al pago hecho a quien aparentemente presta apoyo a la persona con discapacidad si carece de título para ello y quien lo realizó lo conocía o debía conocerlo*.

Como se indica en los debates de la Comisión «los diversos vocales recuerdan que esta norma procede del art. 1163 Cc., que, con cambios, y no muy adecuados, ha mantenido la reforma 8/2021. En este texto, se recoge el sentir tradicional de la validez del pago hecho a una persona falta de aptitud en ese momento si el mismo le ha sido de utilidad». Señala también el texto de la ponencia que «la excepción a la anulabilidad del pago se aplica también al hecho a un apoyo aparente cuando el que hace el pago conoce la falsedad». (*Cfr.*, todo ello, en el Acta 314 y sus Anexos).

4. Régimen jurídico de la invalidez: la anulabilidad como regla

4.1. La necesidad de esta norma dentro del sistema

Como ya he indicado, el legislador aragonés, siguiendo la excelente regulación de la Ley 13/2006, de 27 de diciembre, refundida en el Código del

---

apoyo o la falta de alguno de los requisitos que ya han regulado previamente (p.e. la falta de prestación de apoyo o la falta de autorización cuando la necesite el curador)». *Cfr.* Acta 315, sesión de 5 de julio de 2023

22 Serrano García, J. A.: «Eficacia del pago a menores y discapacitados: art. 1163 CC» en *Reforma legislativa para el apoyo a las personas con discapacidad. Comentario a la Ley 8/2021, de 2 de junio*, ed. Dykinson, Madrid, 2022, págs. 1089 a 1116.

Derecho foral de Aragón por Decreto legislativo 1/2011, de 22 de marzo, reguló ya entonces la consecuencia de la falta de aptitud para prestar el consentimiento, entonces ligada a la modificación de la capacidad de obrar, como un supuesto de invalidez del tipo denominado anulabilidad. Acción meramente declarativa, que permite ser opuesta como excepción, sin que la misma, por su naturaleza declarativa, ni prescriba ni caduque, pero contando la acción restitutoria de la prestación con un plazo, de cuatro años en nuestra ley, de prescripción. Esta acción, además, solo legitima a una de las partes contratantes, en este caso a la persona que no tenga la aptitud suficiente para ejercitar su capacidad jurídica y no cuente tampoco con las medidas de apoyo que suplirían dicha insuficiencia.

La anulabilidad es la consecuencia que en situaciones semejantes (edad, sucesiones) establece el legislador aragonés en todos sus textos vigentes (*vgr.* arts. 19, 22, 29, 33, 423.2, 424.2, 427 CDFA) así como el derogado art. 37 CDFA. Por ello, esta consecuencia es la que en esta sede demandan el sistema.

Esta regulación, y la fijación de su contenido, incorporando también los supuestos de perdida de la prestación, así como la restitución limitada al enriquecimiento por parte de la persona con discapacidad, eran exigidos por la estructura del ordenamiento jurídico civil español (principios de competencia, preferencia y supletoriedad), ya que la falta de precisión en la regulación aragonesa podía dar lugar a la aplicación supletoria del Código civil (arts. 1302, 1303, 1304, 1314, etc. Cc.); textos reformados por la ley 8/2021 que, por lo demás, no gozan del favor de la doctrina, y responden, ahora, a una naturaleza distinta: la acción de anulabilidad, en el Código civil, está sujeta a un plazo de caducidad, y ello revela importantes cambios en su naturaleza jurídica difíciles de conciliar con nuestro sistema civil foral.

4.2. El art. 45-4 CDFA: Régimen de la anulación

A) Regulación

El Artículo 45-4. *Régimen de la anulación*, dispone:

> 1. La acción prescribirá a los cuatro años desde la celebración del acto.
> 2. Anulado el contrato por alguna de las causas contempladas en los artículos anteriores, la persona con discapacidad no estará obligada a restituir sino en cuanto se haya enriquecido con la cosa o precio que haya recibido.
> 3. La pérdida de la prestación recibida por la persona con discapacidad no extinguirá la acción, a menos que hubiese ocurrido por dolo o culpa de esta después de haber recuperado la aptitud para ejercer su capacidad jurídica.
> La pérdida de la prestación por culpa o dolo de la persona que ejerce el apoyo extingue la acción de anulabilidad.

Este texto parte de la Ponencia general, y se contemplaba en dos preceptos, que se agruparon bajo uno sólo, tal y como ha quedado en la redacción vigente, a propuesta del vocal don Adolfo Calatayud. Sin discusiones en el seno de la Comisión, fue aprobado en la sesión 23 de junio de 2023.

Como se señala en la Motivación llevada a cabo por los Ponentes «Con estos artículos se trata de mantener para el Derecho aragonés la redacción que tenían los arts. 1304, 1314 y (...) antes de la reforma de 2021, pero se han añadido unos apartados referidos, (...) a la persona que presta el apoyo y pierde por su culpa o dolo la prestación recibida, para indicar que en tal caso sí se extingue la acción de anulabilidad (complemento al texto del viejo art. 1314 Cc.)». (Anexo del Acta 314)

B) Legitimación, plazo y naturaleza: *dies a quo*

Como ya he indicado, la acción de anulabilidad corresponde ejercitarla a los legitimados para ello en los artículos anteriores, estando sujeta a un plazo de prescripción de cuatro años, cuyo *dies a quo*, para pedir la restitución de las prestaciones, comienza desde la celebración del contrato. Como acción meramente declarativa, su ejercicio como excepción ni prescribe ni caduca (*vgr.* pasados los cuatro años desde la celebración del contrato, si el mismo no fue ejecutado, *no es posible ejercitar la acción al haber prescrito, pero*, si la otra parte contratante exige la entrega de la cosa, los legitimados para instar la anulabilidad pueden hacerla valer como excepción para no cumplir, ya que el contrato es inválido).

C) Límites a la restitución

La declaración de invalidez del contrato destruye el vínculo obligacional, de manera que, si hubo transmisión de prestaciones, éstas carecen de causa que las justifique; en razón de ello, surge la acción restitutoria que permite a las partes contratantes exigir la retransmisión del objeto del contrato con sus incrementos o intereses.

Ahora bien, el ordenamiento jurídico puede limitar los efectos de la restitución tan sólo al enriquecimiento que la misma haya producido cuando una de las partes puede resultar vulnerable respecto de la otra, que pudo haber conocido dicha situación, desconociendo el deber de lealtad entre las partes de una relación jurídica.

A estos efectos, el apartado 2 del art. 45-5 CDFA dispone: *Anulado el contrato por alguna de las causas contempladas en los artículos anteriores, la persona con discapacidad no estará obligada a restituir sino en cuanto se haya enriquecido con la cosa o precio que haya recibido*.

Esta norma es coherente con la previsión del art. 45-3.1 CDFA, ya que el otro contratante, si prueba que no conocía, ni razonablemente podía conocer, las causas en que se funda la acción de anulabilidad, podrá oponerse a la misma defendiendo la validez del contrato.

D) La pérdida de la prestación

Se trata de determinar quién sufre el riesgo de la perdida de la prestación cuando el contrato es declarado inválido, a estos efectos y respondiendo a la misma filosofía ya señalada, el apartado 3 del art. 45-4 dispone: *La pérdida de la prestación recibida por la persona con discapacidad no extinguirá la acción, a menos que hubiese ocurrido por dolo o culpa de esta después de haber recuperado la aptitud para ejercer su capacidad jurídica*. Por el contrario, sí extingue la acción *La pérdida de la prestación por culpa o dolo de la persona que ejerce el apoyo extingue la acción de anulabilidad* (art. 45-4. 3 in fine CDFA).

5. Rescisión por la obtención de una ventaja injusta

5.1. Algunas cuestiones previas

A lo largo de las diversas sesiones en las que se reunió la Comisión sobrevoló la referencia a «la ventaja injusta», expresión traída del mundo anglosajón, regulada como causa de rescisión de la compraventa en Cataluña (art. 621-45) e incorporada al Código civil en sede de anulabilidad en la contratación con personas con discapacidad (art. 1302.3.2.º Cc.)

Todo ello, nos hacía pensar que, de alguna manera, debíamos referirnos a ello, puesto que la regulación del Código civil no nos parecía la más adecuada, pero sí en el contexto social actual dónde hay personas, tengan o no discapacidad, que se hayan en situaciones de vulnerabilidad, es necesario buscar una solución, que no pasa por la anulabilidad: hay voluntad para contratar; pero sí, para rescindir el contrato, cuando la otra parte contratante, prevaliéndose de dicha situación, ha obtenido un beneficio mayor al que correspondería en una transacción del mismo tipo.

Este fue, al menos mi planteamiento[23], tal vez abocado por el estudio que realicé sobre esta materia con ocasión de unos comentarios al Código civil, tras la reforma operada por la Ley 8/2021[24].

En atención a todo este debate a lo largo de muchas sesiones sobre ventaja injusta, la Ponencia General, revisada y presentada en lo que atañe a la invalidez, el 13 de junio de 2023, por los vocales Serrano y Santacruz, incorpora esta norma que no se contenía en la Ponencia interna sobre Parte

23 Como se indica en el Acta 314 de la sesión de 21 de junio de 2023: «Este precepto introduce en nuestro Derecho la rescisión por la obtención de una ventaja injusta tomada del Derecho civil de Cataluña, si bien solo en parte y para los supuestos de personas con discapacidad. Doña Carmen Bayod expresa su conformidad con la norma e incluso, indica, que es una buena solución para cualesquiera personas en situación de vulnerabilidad o abuso y que sería su "deseo y voluntad" el regularlo de manera más general, no obstante, comprende que en este momento es mejor una regulación más ajustada a la discapacidad, así lo ven, en este último sentido, el resto de los miembros de la Comisión».

24 Bayod López, C.: «Rescisión por lesión de los contratos celebrados por tutores y curadores -arts.1291.1 y 1299 CC», en *Reforma legislativa para el apoyo a las personas con discapacidad. Comentario a la Ley 8/2021, de 2 de junio*, ed. Dykinson, Madrid, 2022, pp. 1133 a 1150.

General de 27 de mayo de 2022, como el art. 19 bis. *Rescisión por obtención de una ventaja injusta*, cuyo texto es el siguiente: «1. Será rescindible el contrato de una persona con discapacidad, tanto si ha sido celebrado por sí sola como con alguna medida de apoyo, cuando el otro contratante se haya aprovechado de la situación de discapacidad para obtener una ventaja injusta. 2. El contrato podrá ser rescindido, a petición: a) Del propio interesado o sus herederos. b) De un apoyo que no haya intervenido en el acto. 3. La acción para pedir la rescisión caducará a los cuatro años desde la celebración del contrato».

La Motivación que ofrece la Ponencia es la siguiente: «Aunque no estaba en la Ponencia, para intentar cerrar el círculo y dar respuesta a los abusos de la situación de discapacidad por parte del otro contratante, nos ha parecido adecuado proponer esta acción de rescisión». (Anexo II, Acta 314 de 21 de junio de 2023)

La norma es bien acogida por todos los miembros de Comisión y se aprueba con el único cambio que mejora su redacción en la letra b) del apartado 2 que dirá: «b) De la persona que tenga atribuida la prestación de apoyo y no haya intervenido en el acto».

5.2. La rescisión en caso de ventaja injusta

A) Consideraciones generales

De manera breve merece la pena comentar como en estas dos Comunidades, Cataluña de manera amplia y general, en el art. 621-45 Cc. Cat., y Aragón sólo en relación con las personas con discapacidad, art. 45-6 CDFA, regulan la posibilidad de rescisión del contrato cuando una de las partes, prevaliéndose de la situación de vulnerabilidad, necesidad o discapacidad de la otra parte, obtiene un beneficio injusto (un incremento patrimonial que no se corresponde con el lucro de la contraparte que hubiera podido obtener en iguales circunstancias un ciudadano razonable) en razón del contrato celebrado.

Obsérvese que, si hablamos de rescisión, el contrato es válido, hay consentimiento, objeto y causa, pero produce un lucro injusto para una parte con el consiguiente empobrecimiento de la otra en razón de su situación de vulnerabilidad. Como el contrato es válido, la acción sólo le corresponde a la parte débil y sujeta a caducidad. No hay restitución de las prestaciones sino reposición del enriquecimiento injusto, y sólo si así lo demanda la parte contratante vulnerable.

Cuando el Código civil habla de «ventaja injusta» lo hace en sede de anulabilidad y respecto a las personas con discapacidad. Ello conlleva la invalidez del contrato y la restitución de las prestaciones, si bien, la persona con discapacidad limitadamente.

Como dije en otro lugar, la reforma del Código civil ha descartado la consideración de la rescisión como sanción general de ineficacia en los contratos realizados por la persona con discapacidad de los que pudiera resultar una lesión para esa persona; esta opción, según afirma DE SALAS MURILLO[25], supondría una discriminación positiva para la persona con discapacidad.

A mi juicio, optar por la rescisión, en vez de por la anulabilidad como ha hecho —y no con mucho acierto— el legislador de 2021, para los actos que lleve a cabo la persona con discapacidad cuando actúe en el tráfico jurídico por sí, y sin contar con apoyos, responde a los principios proclamados en la CDPD, presumiendo la validez del acto concreto llevado a cabo por estas personas y permitiendo que los mismos puedan ser rescindidos si la contraparte actuó prevaliéndose de su falta de conocimiento para prever las consecuencias de sus actos, debido a su ignorancia o a su falta de experiencia, obteniendo por ello un beneficio excesivo o una ventaja manifiestamente injusta que produce un claro desequilibrio en la base del negocio, siempre que sea conocedor de estas circunstancias que afectan a la otra parte contratante. Como igualmente afirma ÁLVAREZ LATA[26], en opinión que comparto, hubiera sido probablemente una buena decisión para evitar las incongruencias del sistema a las que conduce la regulación de la nueva anulabilidad.

Creo que no comparte esta opinión GARCÍA RUBIO[27], para quien la pérdida de una oportunidad pasaría por haber reservado la rescisión por lesión tan solo para los menores de edad y no para las personas con discapacidad. La razón es la excepcionalidad de la curatela representativa, junto al hecho de que dicha representación, en ningún caso consiste en sustituir la voluntad de la persona concernida, ni siquiera en su mejor interés. Por ello, no ve la razón para que el contrato celebrado pueda ser rescindido, pues de conformidad con los principios y reglas de la nueva regulación, ese contrato sería precisamente, el que, de haber podido, hubiera celebrado la persona con discapacidad. (BAYOD)[28].

---

25 DE SALAS MURILLO, S.: «La reforma de la legislación civil para el apoyo de las personas con discapacidad en materia de obligaciones y contratos», *Diario La Ley*, núm. 9841, mayo 2021, p. 9

26 ÁLVAREZ LATA, N.: «Comentario a los arts. 1290.1 y 1299» en *Comentarios a la ley 8/2021 por la que se reforma la legislación civil y procesal en materia de discapacidad*, dirigidos por Cristina GUILARTE MARTÍN-CALERO. Ed. Thomson-Aranzadi, Pamplona, págs. [Plataforma Proview]

27 GARCÍA RUBIO, M. P.: «Comentario a los artículos 1291.1 y 1299 CC» en *Comentario articulado a la reforma civil y procesal en materia de discapacidad*, dirigido por María PAZ GARCÍA RUBIO y María JESÚS MORO ALMARAZ, coordinado por Ignacio VARELA CASTRO, ed. Civitas. Thomson Reuters, Cizur Menor, 2022, p. 633.

28 BAYOD LÓPEZ, C.: «Rescisión ...», *op. cit.* p. 1141

Pues bien, en Aragón, y para las personas con discapacidad (mejor hubiera sido incluir a cualquier persona vulnerable, como el Cc. Cat.) recoge esta tesis y regula la ventaja injusta en sede de rescisión:

Artículo 45-6. *Rescisión por obtención de una ventaja injusta.*

1. Será rescindible el contrato de una persona con discapacidad, tanto si ha sido celebrado por sí sola como con alguna medida de apoyo, cuando el otro contratante se haya aprovechado de la situación de discapacidad para obtener una ventaja injusta.

2. El contrato podrá ser rescindido a petición:

a) Del propio interesado o sus herederos.

b) De la persona que tenga atribuida la prestación de apoyo y no haya intervenido en el acto.

3. La acción para pedir la rescisión caducará a los cuatro años desde la celebración del contrato.

B) El supuesto de hecho: la objeción de una ventaja injusta

Tal y como señala el apartado 1 del art. 45-6, para que el contrato sea rescindible es necesario que medie entre una persona con discapacidad, actuando por sí sola o con alguna medida de apoyo, y que el otro contratante, en razón de la situación de vulnerabilidad de la otra parte, haya obtenido una ventaja injusta.

Por ventaja injusta podemos entender, como ya he indicado, la obtención de un incremento patrimonial que no se corresponde con el lucro de la contraparte que hubiera podido obtener en iguales circunstancias un ciudadano razonable.

Esta norma solo está prevista en los casos en los que en la contratación intervengan una persona con discapacidad y, ciertamente, una materia como es la rescisión no goza del favor de una aplicación analógica, pero puede ser un primer paso para discurrir en este sentido situaciones en las que intervienen personas vulnérales, bien por su edad, su economía, su grado de formación, etc., y la otra parte, en razón de tal circunstancia, aun cuando no medie mala fe, obtenga un lucro que no se corresponde con el derivado de esa negociación con un ciudadano razonable.

C) Legitimación

A ello se refiere el apartado 2 del art. 45-6 CDFA, señalando, por un lado, al propio interesado o sus herederos, y éstos por el plazo que reste; o bien de la persona que debería prestar el apoyo y no haya intervenido en el acto llevado a cabo. De haber intervenido, la legitimación sólo les corresponde a las personas nominadas en la letra a).

D) Plazo

Como indica el apartado 3 de art. 45-6 CDFA: *La acción para pedir la rescisión caducará a los cuatro años desde la celebración del contrato.*

DISPOSICIONES VOLUNTARIAS SOBRE LA TUTELA O LA CURATELA. PRIORIDAD ENTRE MEDIDAS DE APOYO Y SU PUBLICIDAD

Joaquín Oria Almudí
Registrador de la Propiedad y Mercantil
Vocal de la CADC

I. Disposiciones voluntarias unilaterales hechas por uno mismo o por los titulares de la autoridad familiar

Tal y como se regulaba esta materia en el CDFA antes de su reforma, se pretende que los propios interesados y los titulares de la autoridad familiar, puedan disponer de forma unilateral de cómo habrán de ser las medidas de apoyo futuras, sobre la tutela y/o la curatela futura.

La regulación no ha variado sustancialmente, pero se ha procurado mejorar su redacción adaptándola a la de la nueva Ley, concretar las personas que pueden realizar las disposiciones; su posible contenido; y establecer unas medidas complementarias, bien interpretativas para los casos forma de actuación en caso de pluralidad de designados, o bien de prevalencia entre la designación de varios cargos tutelares realizados por diferentes personas sean éstos o no compatibles entre sí...

Debe tenerse en cuenta que las disposiciones voluntarias de las que aquí se trata, no son medidas de apoyo en sí mismas, sino que son normas sobre la futura tutela o curatela, cuyo establecimiento corresponderá en su momento a la autoridad judicial que las establezca. La única medida de apoyo voluntaria en sentido estricto es el mandato de apoyo, que se trata en otro estudio.

También debe tenerse presente lo que se expondrá seguidamente sobre la preferencia de las normas contenidas en estas disposiciones sobre las medidas establecidas judicialmente, así como la posibilidad de que en casos especiales pueda ser declara su no aplicación conforme al art. 119 CDFA.

1. Disposiciones voluntarias hechas por el propio interesado

Las disposiciones sobre la TUTELA, que sólo resulta aplicable hasta la mayoría de edad o la emancipación, pueden ser otorgadas por los mayores de catorce años y con aptitud suficiente, si bien el no emancipado necesita de la debida asistencia.

Las relativas a la CURATELA pueden ser establecidas, como norma general por cualquier persona mayor de edad, con aptitud suficiente. Pero además podrán también acordarlas el menor mayor de catorce años con la debida asistencia, si bien no serán eficaces hasta su mayoría de edad o su emancipación; y también por el mayor de edad que estuviera sujeto a una curatela no representativa, que, con asistencia de su curador podrá establecer normas sobre su propia curatela representativa futura, para el caso de que fuera necesario su establecimiento como medida de apoyo.

Ambas deben ser otorgadas en escritura pública.

2. Disposiciones realizadas por los titulares de la autoridad familiar

En cuanto a la TUTELA de los menores, los titulares de la autoridad familiar pueden establecer normas sobre la futura tutela para cuando llegue el día en el que no puedan ocuparse de los menores a su cargo y éstos deban quedar sujetos a tutela. Es decir, para regular la tutela hasta la mayoría de edad.

No obstante, si los que ejercen la autoridad familiar no son los progenitores, debe tenerse en cuenta que su autoridad familiar no se extiende a los bienes del menor (88.3 CDF) por lo que el art. 130 restringe para los tutores por ellos designados su actuación a los aspectos personales, siendo necesario el nombramiento de tutor real para la administración de los bienes que carezcan de administrador designado por el transmitente a título gratuito que regula el 112.

Las disposiciones de los titulares de la autoridad familiar deben ser otorgadas también en instrumento notarial, pero pueden serlo en testamento o en escritura. Las testamentarias serán eficaces en el momento del fallecimiento del disponente salvo que en ese momento estuviese privado del ejercicio de la autoridad familiar por su culpa. Las hechas en escritura serán también eficaces en el caso de que el titular de la autoridad familiar disponente no pueda ejercer la autoridad familiar en por causa no culpable.

En cuanto a la CURATELA sólo los titulares de la autoridad familiar que sean progenitores de la persona necesitada de apoyos podrán establecer en escritura pública normas sobre la curatela para cuando los que están a su cargo lleguen a la mayoría de edad y ninguno de los titulares pueda ocuparse de ellos.

Alcanzada la mayoría de edad del hijo o hijos a cargo, si los progenitores hubieran sido designados curadores con facultades representativas, podrán también disponer sobre la futura curatela del hijo para cuando dejen de ser curadores por causa distinta a su remoción en el cargo.

3. Contenido de las disposiciones

Tanto las disposiciones hechas por uno mismo como las realizadas por los titulares de la autoridad familiar, pueden contener normas sobre aspectos personales y patrimoniales.

En cuando a quien ejercerá la función tutelar es posible designar a las personas que la ejercerán; a sus sustitutos; excluir a determinadas personas; incluso excluir de las causas de inhabilidad conforma al art. 124.2, siempre que quien haga la designación conociera su concurrencia y salvo que el Juez la considere no vinculante. Pueden establecer los requisitos que deben reunir el tutor o curador, así como delegar en otra persona su elección entre los que se hubieran relacionado o entre los que reúnan los requisitos.

Puede también establecer instrucciones sobre su vida personal.

Igualmente dictar reglas sobre la administración y disposición de los bienes, incluso eximir al tutor o curador representativo de la necesaria autorización o aprobación de la Junta de Parientes o del Juez en los casos en los que es necesaria, excepto los de carácter gratuito.

Puede también regular órganos para la fiscalización de la actuación del tutor o curador que considere convenientes, y designar a las personas que los deben integrar o los requisitos que debe reunir, o encomendar esa gestión a la Junta de Parientes.

Por último, pueden establecer una retribución para el que desempeñe el cargo y excluirle de prestar fianza.

NO PUEDEN, por el contrario, establecer disposiciones sobre los asuntos a que se refiere el art. 114.2 CDFA que son: excluir la vigilancia y control del Juez y del Ministerio Fiscal; liberar al tutor o curador de su obligación de formar inventario y de rendir cuentas; ni de su responsabilidad por daños y perjuicios; ni dejar sin efecto las causas legales de remoción; ni excluir la actuación de la Junta de Parientes o del defensor judicial si hubiera oposición de intereses.

4. Pluralidad de designados. Art. 117 CDFA

Además de una norma general de que toda persona designada voluntariamente para prestar apoyos que no se configure como mandatario tendrá la consideración de curador, la nueva norma que regula el supuesto de pluralidad de designados amplía la regulación anterior contemplando además de que se pueda designar a una o a dos personas para que actúen simultáneamente solidaria o conjuntamente, el caso de que no se especificara su forma de actuación, en cuyo caso actuaran conjuntamente; así como la posibilidad de designar un tutor o curador para el ámbito personal y otro para el patrimonial, y, por último, la posible designación de un número indefinido de designaciones para el caso de actuaciones sucesivas.

A destacar el límite que el artículo establece para la designación de tutores o curadores, «...una o dos personas...», contrariamente a lo establecido para los mandatarios de apoyo en al artículo 168 CDFA que se refiere a «...una o varias personas...».

5. Disposiciones incompatibles. Art. 118 CDFA

Se mantiene la regulación anterior con alguna novedad y alguna reforma.

La prevalencia de la disposición posterior sobre las anteriores en casos de disposiciones sucesivas hechas por la misma persona en cuanto sean incompatibles no ha variado, ya constaba así en el anterior artículo 113 del CDFA

El punto 2 es nuevo y trata también el supuesto de varias designaciones sucesivas, sin concretar su orden, estableciendo que si fueron realizadas en distintos documentos prevalezca la posterior; y si lo fueron en el mismo documento, prevalezca el propuesto en primer lugar.

Por último, los puntos 2 y 3 se refieren, al igual que en la regulación anterior, a los casos de existencia de disposiciones realizadas por diferentes personas para el mismo menor o para la misma persona con discapacidad. Es cierto que en la mayoría de los casos en los que se produce esta situación serán supuestos que los que los padres se encuentran separados o divorciados y con discrepancias sobre cómo organizar la futura tutela o curatela del hijo común, y por ello, en la anterior redacción del antiguo artículo 113 CDFA se hacía referencia a que las disposiciones fueran realizadas por los titulares de la autoridad familiar.

En la reforma se ha ampliado el ámbito de aplicación del supuesto al hacer referencia, en general a que «varias personas» hubiesen realizado disposiciones, sin limitarlas a los titulares de la autoridad familiar.

La solución a las cuestiones planteadas es la misma que ya estaba regulada con anterioridad, a saber:

Si las disposiciones son compatibles se aplicarán unas y otras conjuntamente.

Si no son compatibles, la Junta de Parientes o el Juez adoptará la que considere más conveniente para la persona necesitada de apoyos.

Y en el caso de que se hubiesen designado personas distintas para el ejercicio de la tutela o de la curatela, la Junta de Parientes o el Juez elegirán al designado o designados por uno de los disponentes, si bien a los no elegidos les corresponderá la administración y disposición de los bienes que quien les designó hubiera atribuido a título gratuito al menos o a la persona con discapacidad.

II. Prioridad de las disposiciones voluntarias y entre medidas de apoyo. Su publicidad

1. Principios generales

Uno de los principios principales de la nueva Ley de reforma del CDFA es mantener la preferencia de la aplicación de las disposiciones voluntarias hechas por uno mismo o por los titulares de la autoridad familiar sobre las posibles medidas judiciales, sin perjuicio de la posible intervención judicial en casos concretos si se dan unas circunstancias especiales, pues todas las funciones tutelares y las medidas de apoyo se ejercen bajo el principio general de vigilancia del Ministerio Fiscal (art. 105.3 CDFA), manteniendo el tradicional sistema de «tutela de autoridad» que ya existía en el CDFA con anterioridad a la reforma ahora efectuada, principio que se extiende a las disposiciones voluntarias establecidas por uno mismo o por los titulares de la autoridad familiar.

Ello significa que la norma general es que esas disposiciones voluntarias vincularán al Juez, (art. 119 CDFA) quien antes de tramitar un procedimiento de provisión de apoyos a un menor o a personas con discapacidad y conforme al artículo 758 de la LEC, solicitará del registro civil certificación de la hoja de la persona afectada para comprobar si existen o no inscripciones relativas al otorgamiento de disposiciones voluntarias sobre la tutela o curatela cuya constitución se tramita. Esta preferencia se pone también de manifiesto en los artículos iniciales de la regulación de la delación dativa, así el 120 CDFA hace referencia a que «En defecto, total o parcial, de disposición voluntaria válida y eficaz...» Y el 121 CDFA que establece el orden de designación de tutores y curadores, empieza, tanto en su punto 1 como en el 3 con la expresión: «A falta de designación voluntaria válida y eficaz». La validez, supone que el otorgamiento de las disposiciones voluntarias ha sido otorgado por persona con capacidad para hacerlo, en escritura pública, y cuyo contenido no vulnere normas imperativas; y la eficacia, supone que el disponente se encuentra ya en una situación en la que es necesario el establecimiento de medidas de apoyo.

Como excepción, el mismo artículo señala que por resolución motivada, el Juez podrá en todo o en parte separase de las disposiciones voluntarias si aprecia que ha habido una alteración sustancial de las circunstancias existentes desde la constitución de las medidas voluntarias hasta el momento de su eficacia, o en el caso de que concurrieran hechos relevantes no tenidos en cuenta por el disponente. Se trata de supuestos en los que esas circunstancias o esos hechos relevantes aconsejen, en interés del menor o de la persona con discapacidad, no aplicar o hacerlo de forma parcial, las medidas previstas en las disposiciones voluntarias.

Además de los supuestos anteriores, la existencia de disposiciones voluntarias, una vez se acuerda judicialmente la constitución de la tutela o la curatela y su aplicación efectiva, no impide la posible aplicación de las medidas de control establecidas en interés del menor o de la persona con discapacidad en los supuestos previstos en el artículo 105 del CDFA para los casos en los que no se hubieran previsto por el disponente medidas de vigilancia y control, o en los que el Juez o el Ministerio Fiscal considere insuficientes las establecidas. Si sucede ésta circunstancia en la resolución en la que se constituya la tutela o curatela, sea por procedimiento de jurisdicción voluntaria o por juicio verbal contencioso, se establecerán las medidas oportunas para evitar abusos y conflictos de intereses en su ejercicio, e igualmente el Juez, de oficio o a instancia del Ministerio Fiscal o de cualquier interesado, puede imponer al tutor o al curador, así como al mandatario o guardador de hecho, que les informe sobre la situación de la persona y bienes de quien recibe sus apoyos, así como una información periódica, a fin de garantizar el buen funcionamiento de la institución tutelar.

Lógicamente las disposiciones voluntarias sobre la tutela y la curatela vinculan también al tutor o curador que ejerce el cargo, si bien se establece la excepción de que su cumplimento le resulte imposible o extraordinariamente difícil. (art. 119.2 CDFA). En estos supuestos, lo que procede es que quien ostenta el cargo de tutor o curador y considera imposible ejercerlo conforme a las disposiciones establecidas de forma voluntaria, inste ante la autoridad judicial el establecimiento de nuevas medidas que reemplacen a las de imposible realización, para lo que se le legitima de forma expresa el art. 119.1 CDFA.

2. Normas sobre la prioridad entre medidas de apoyo

Previamente parece conveniente hacer constar que ni los supuestos del administrador de bienes designado por el que los ha trasmitido al menor o a la persona con discapacidad ni los de los apoderados a virtud de un poder preventivo con subsistencia o con vigencia a partir de la necesidad de medidas de apoyo, son de medidas de apoyo y que aunque tienen o pueden tener relación con las medidas de apoyo, no son consideradas como tales, por lo que no se tienen en cuenta a los efectos de la preferencia o prioridad entre las diversas medidas.

A los poderes preventivos se hará una referencia al tratar de la publicidad de las medidas de apoyo, ya que su análisis específico será realizado en otro trabajo.

En lo que respecta al administrador de bienes concretos (art. 112 CDFA), se trata del supuesto de que existe una disposición de bienes a título gratuito, es decir, por donación herencia o legado, a favor de un menor o de una persona con discapacidad. El disponente puede establecer reglas sobre la gestión de los bienes, nombrar o excluir al quien administrará los bienes transmitidos, y excluir la necesidad de autorización de la Junta de Parientes o del Juez para los actos relativos a esos bienes que en otro caso la necesitarían. La relación con las instituciones tutelares o con la persona que preste los apoyos, se limitará a las funciones que no hubieran sido conferidas al administrador, —incluida la prestación de asistencia— que corresponderán a los padres, al tutor o a quien presta los apoyos, y a los supuestos en los que el administrador no puede actuar por cualquier causa, en cuyo supuesto, a falta de administrador sustituto designado, ejercitarán la administración también los padres, el tutor o la persona que preste los apoyos, salvo que fuera otra la voluntad del disponente, en cuyo caso se procederá a designar un tutor real para el menor de edad, o un defensor judicial para la persona necesitada de apoyos.

Entrando ya en la regulación de la preferencia las disposiciones voluntarias y las diversas medidas de apoyo, pueden resumirse en las siguientes normas: (Artículos 119; 115.3; 116.4; 169-7; 169-10.1 y 2 CDFA).

1.ª- Las medidas adoptadas por disposición voluntaria prevalecen sobre las demás

Dentro de éstas las hechas por el propio interesado prevalecen sobre las realizadas por los titulares de la autoridad familiar. Así en el art. 115.3 CFDA se establece claramente que, si hubiera disposiciones del menor sobre su tutela, éstas prevalecerán sobre las disposiciones de los titulares de la autoridad familiar en cuanto sean incompatibles. El igual sentido se expresa el art. 116.4 CDFA para la curatela haciendo prevalecer las de autocuratela sobre las establecidas por los progenitores en cuanto sean incompatibles.

En cuanto al mandato de apoyo su formalización y entrada en vigor excluye a las demás salvo para apoyos no comprendidos en el mandato. Para éstos el artículo 169-7 CDFA permite que la autoridad judicial adopte medidas de apoyo complementarias o supletorias cuando el mandato resulta insuficiente, inadecuado o no se esté ejecutando eficazmente. También podrá ser complementado el mandato de apoyo, respecto los apoyos no comprendidos en él por un guardador de hecho, según el artículo 169-10 CDFA.

2.ª- Las medidas judiciales se aplican en defecto o como complementarias de las medidas establecidas por disposiciones voluntarias.

3.ª- La guarda de hecho no es compatible con la curatela ni con el mandato de apoyo, si bien, como se ha dicho, puede complementar lo no comprendido en el mandato. También podrá existir la curatela con un guardador de hecho si la persona con discapacidad se encuentra en situación de desamparo. (art. 169-10.2 CDFA).

El problema de la guarda de hecho y su incompatibilidad con la curatela y con el mandato de apoyo es que se trata de una medida de apoyo no formal, es decir que no precisa de una constitución expresa, y, por tanto, no siempre será fácil conocer si la persona a quien el guardador de hecho presta apoyo ha otorgado previamente un mandato de apoyo, o incluso si tiene o no otorgadas disposiciones sobre su futura curatela de apoyo en cualquiera de sus grados o modalidades.

Por eso, el propio guardador de hecho debe tomar las precauciones necesarias para no incurrir en una actuación incorrecta, procurando conocer si a quien presta su apoyo como guardador ha realizado disposiciones voluntarias para adaptarse a ellas; y además, entiendo que la autoridad judicial cuando el guardador precise de autorización previa o aprobación posterior para determinados actos, debería confirmar a través del certificado del Registro Civil que no hay disposiciones voluntarias inscritas incompatibles con la guarda de hecho, y así evitar una actuación improcedente del guardador de hecho.

Si la autorización o la aprobación la realiza la Junta de Parientes, deberán ser sus componentes los que tomen también la precaución de realizar la comprobación y debería también el Notario bien al autorizar la transmisión, o bien al otorgar el acta de acreditación de la condición de guardador de hecho, a que se refiere el artículo 169-13 del CDFA, tomar las medidas necesarias para realizar esas comprobaciones, fundamentalmente a través de la consulta al Registro Civil, evitando una actuación que pudiera resultar inválida.

3. Publicidad de la existencia de las medidas de apoyo

Como se ha indicado con anterioridad el correcto funcionamiento de la prioridad en el establecimiento de las medidas de apoyo, requiere que pueda conocerse la existencia de disposiciones voluntarias para que el Juez —o cualquier otro legitimado—, pueda no sólo conocer si existen o no, sino también para valorar si son suficientes y adecuadas o si por el contrario decidir que es necesaria una resolución complementaria para complementarlas.

El sistema de publicidad no podía ser otro que el la constancia en el registro civil, como registro de las personas —en contraposición a los registros de bienes o patrimoniales— al que los autorizantes de las medidas de apoyo voluntarias deben remitir el hecho del otorgamiento y los datos del documento, y al que en los procedimientos judiciales de provisión de medidas de apoyo, se debe remitir un requerimiento previo a la provisión judicial de las medidas para obtener un certificado que acredite su existencia o su ausencia.

El CDFA ha regulado de forma general este aspecto en el nuevo artículo 111.1 en el que dispone que:

> «Las resoluciones judiciales o administrativas y los documentos públicos notariales sobre instituciones tutelares de menores, incluida la guarda administrativa, o sobre medidas de apoyo a mayores con discapacidad, así como los poderes preventivos sin mandato, se inscribirán en el registro individual del menor o de la persona con discapacidad en el Registro Civil. La inscripción expresará la extensión y límites de las medidas judiciales de apoyo».

El artículo no contiene ninguna novedad en relación a la normativa estatal, tanto la del Código Civil, como, sobre todo, la de la Ley del Registro civil, como, por otro lado, no podía ser de otra manera, al ser de competencia estatal las normas sobre el funcionamiento de los registros públicos (art. 149 CE) Así puede verse con un simple cotejo con el artículo 72 de la LRC.

El artículo 111.1 especifica lo que debe ser remitido al registro civil para su toma de razón y hace referencia expresa a las resoluciones judiciales, a las administrativas, a los documentos notariales sobre instituciones tutelares; a los relativos a la disposición de medidas de apoyo, y a los poderes preventivos.

Al hacer referencia genérica a que se traten «sobre instituciones tutelares de menores ... o sobre medidas de apoyo» comprende no sólo los documentos en los que se constituyan o establezcan, sino también a los que las dejen sin efecto, o las modifiquen entre las que se deberán incluir las que determinen el comienzo de su eficacia si fueron dispuestas para el futuro.

La referencia a que la inscripción, expresará la extensión y límites de las medidas judiciales de apoyo, se limita a reiterar lo dispuesto en la LRC pero con la intención de hacer saber cuál debe ser el contenido de la comunicación.

Pero no toda la publicidad en el registro civil tiene como objetivo asegurar el cumplimiento de la aplicación preferente de unas disposiciones sobre otras, sino que la finalidad es diferente según los casos:

- Así, la toma de razón de las disposiciones voluntarias hechas por uno mismo o por los titulares de la autoridad familiar, tiene por finalidad evidente la de respetar el orden de aplicación de las disposiciones voluntarias o entre las propias medidas de apoyo, pues su constancia o la ausencia de ella será decisiva para la correcta aplicación de la prioridad legalmente establecida.

  Por el contrario, es la oponibilidad frente a terceros la finalidad principal de la obligada comunicación al registro civil de las resoluciones judiciales que declaran la tutela y la curatela, pues si no ha habido disposiciones voluntarias previas se publican con su remisión al registro Civil la existencia de la tutela o de las medidas de apoyo y su efectividad inmediata.
- En el caso de que hubiera disposiciones voluntarias anteriores la resolución judicial de constitución de la tutela o de la curatela, esa resolución las declarará aplicables en todo o en parte, pero esa decisión no se inscribe tampoco para obtener o mantener su prioritaria aplicación, sino para la constancia de la entrada en vigor de las medidas tomadas a virtud de las disposiciones voluntarias, y para su oponibilidad. En el caso del mandato de apoyo, será el notario el que deberá realizar una comunicación del acta notarial acreditativa del inicio de la eficacia del mandato y cuyo otorgamiento fue previamente inscrito, para obtener el mismo efecto.
- Muy diferente es la finalidad de la obligada remisión al registro civil del otorgamiento de los poderes preventivos. Evidentemente su publicidad no persigue ni salvaguardar la prioridad en la aplicación de las medidas de apoyo, porque no lo es, ni la oponibilidad del poder, porque, en el caso más frecuente de poderes con subsistencia, su eficacia es inmediata desde el otorgamiento como ocurre con cualquier otro apoderamiento. Su finalidad es dar conocimiento de su existencia a la autoridad judicial para el caso de que se fuera a constituirse medidas de apoyo pueda, si lo considera conveniente, tomar alguna de las medidas que le permite el artículo 169-8 del CDFA y que son analizadas junto con el mandato de apoyo.

III. La toma de razón de las medidas de apoyo en los registros patrimoniales

A esta cuestión se refiere el punto 2 del art. 111 de la Ley, que dispone que:

2.- Quien preste apoyos de carácter patrimonial a una persona con discapacidad o ejerza la tutela de un menor, procurara:

a) Solicitar la inscripción de los bienes o derechos del menor o de la persona con discapacidad en el registro que corresponda;

b) Hacer constar la existencia de la medida de apoyo en vigor, en los registros públicos de bienes y derechos que corresponda de acuerdo con su correspondiente normativa

1. Contenido general del artículo

El texto va dirigido a quienes presten apoyos de carácter patrimonial a personas con discapacidad, y a los tutores. Consecuentemente no se aplica a los tutores con funciones personales ni a quien preste apoyo a una persona con discapacidad en el ámbito puramente personal, y, por el contario sí sería de aplicación al tutor real.

Para los dos supuestos que contiene el artículo se dice que esa persona «procurará», con la idea de dejar claro que no es una obligación, sino más bien un consejo o una indicación destinada a defender el patrimonio del tutelado o el de persona con discapacidad.

2. La inscripción de los bienes a favor de la persona a quien se presta apoyo. Art. 111.2.a CDFA

Hace referencia a solicitar la inscripción de la titularidad de los bienes en el registro correspondiente. La redacción permite entender que se hace referencia no sólo a los registros jurídicos de bienes muebles e inmuebles, sino también a otro tipo de registro administrativos en los que la inscripción en los mismos permite acreditar la titularidad de bienes o derechos, como por ejemplo el registro de la Oficina Española de Patentes y Marcas, o en el registro de Propiedad Intelectual, que acreditan la titularidad de propiedad intelectual de obras artísticas, literarias, programas informáticos o cinematográficas o audiovisuales.

Es evidente que si el menor o la persona con discapacidad, es titular —por ejemplo, a título de herencia— de determinados derechos de autor resulta muy conveniente que el tutor o la persona que preste los apoyos formalice de forma indubitada la titularidad a su favor, que puede suponer una fuente de ingresos.

En el ámbito más frecuente de los bienes inmuebles, su inscripción en el Registro de la Propiedad a favor de su titular, le concede, como a todos los titulares de derechos reales sobre inmuebles, la protección registral a través de los distintos principios registrales que no deben ser objeto de exposición aquí, y que son por todos conocidos, pero la falta de inscripción también puede producir unos efectos perjudiciales para el titular no inscrito que pueden incluso ocasionar la pérdida de la propiedad del inmueble, como serían, por ejemplo, el supuesto de doble venta, o el de ejecución forzosa contra el titular registral que vendió pero que sigue apareciendo como dueño. La responsabilidad del tutor o de la persona que presta apoyos patrimoniales sería muy difícil de excluir si como consecuencia de la no inscripción el tutelado o la persona con discapacidad sufre un perjuicio patrimonial.

Por otro lado, la norma no es una novedad en el CDFA, ya que existe una similar en el artículo 95 relativo a las obligaciones de los padres en relación a la gestión de los bienes de los hijos, en el que tras señalar que la gestión se hará con la misma diligencia que con los bienes propios, y que cumplirán con las obligaciones generales de todo administrador, añade: «...e inscribirán sus bienes inmuebles en el registro de la propiedad».

El artículo 95 se expresa de forma más imperativo que el 111.2 («inscribirán» frente a «procurarán»), pero no puede entenderse que la finalidad sea diferente, ni mucho menos que el término «inscribirán» no sea más que una obligación subjetiva sin que se intente convertir la inscripción en obligatoria cuestión que, por otro lado, queda fuera del ámbito de competencia de la legislación autonómica.

3. La toma de razón de la existencia de medidas de apoyo. Art. 111.2.b CDFA

El extenso comentario a este apartado se va a constreñir a la toma de razón de las medidas de apoyo en los registros jurídicos, pues es donde puede tener una mayor importancia motivada por los efectos que produce la inscripción o la falta de ella, sin perjuicio de que en los de carácter administrativo pueda también tener interés su constancia en determinados casos.

Es una cuestión poco conocida y poco analizada, y en la que, como resulta del propio texto del art. 111.2 b del CDFA, la regulación de la constancia se regirá y se practicará de acuerdo con su correspondiente normativa, por lo que se trata de una materia de competencia legislativa estatal que será la que la regula, de forma que en la reforma del CDFA se ha querido dejar claro que no se regula nada diferente en relación a este asunto.

En el Registro de la Propiedad, que será el caso más frecuente, el legislador hipotecario ha tenido desde siempre especial preocupación por las repercusiones que puede tener el hecho de que una persona, titular registral de bienes, con sus facultades dispositivas limitas o restringidas, pueda vender sin tenerlas en cuenta, provocando una situación anómala que puede ocasionar un negocio anulable pero inatacable a pesar de su anulabilidad por resultar el adquirente protegido por el principio de fe pública registral, en el caso de que se cumplan los requisitos del artículo 34 de la Ley Hipotecaria.

A) Breve evolución histórica

Históricamente pueden diferenciarse varias fases en la regulación

La LH de 1861 ya incluía en su artículo 2.º como inscribibles: «Las ejecutorias en que se declare la incapacidad legal para administrar, o la presunción de muerte de las personas ausentes; se imponga la pena de interdicción o cualquier otra por la que se modifique la capacidad civil de las personas en cuanto a la libre disposición de sus bienes», y el reglamento de 21 de junio de 1861 añadía que las sentencias que deben inscribirse no son sólo las que expresamente declaren la incapacidad de alguna persona para administrar sus bienes o modifiquen la capacidad civil, sino también todas aquéllas que produzcan legalmente una u otra incapacidad aunque no la declaren de modo terminante. La constancia se hacía en la misma inscripción en la que se registraba el negocio traslativo en el que había intervenido la persona incapacitada. Con ello, se conseguía que el posterior acto dispositivo por ella realizado se pudiera calificar de forma completa comprobando los requisitos legales necesarios para la enajenación del inmueble, y evitar la aparición de un tercero protegido.

Pero en esa primera Ley Hipotecaria sólo se preveía la inscripción en el libro ordinario de inscripciones, o lo que es lo mismo, en el historial de los inmuebles que la persona afectada tuviera inscritos a su nombre, lo que impedía el control de los actos dispositivos en los inmuebles que constan inscritos a favor de la persona implicada, con anterioridad al establecimiento de las limitaciones dispositivas.

El artículo de la Ley llega casi con igual redacción hasta la Ley 8/2021, adecuando su terminología y eliminando en 1984 la referencia a la interdicción que fue introducida por la ley de 1946. Su redacción hasta la reforma de la Ley 8/2021 quedó en los siguientes términos: «las resoluciones judiciales en que se declare la incapacidad legal para administrar, la ausencia, el fallecimiento, y cualesquiera otras por las que se modifique la capacidad civil de las personas».

Fue el reglamento el que tuvo una mayor evolución.

Así en el Reglamento de 1947, se crea el «Libro de Incapacitados», en el que se extenderán los asientos relativos a las resoluciones judiciales a que se refiere el número 41 del artículo 2.° de la Ley y el artículo 10 del Reglamento, artículo que hacía referencia además de a las resoluciones de declaración de incapacidad, a todas las resoluciones que produzcan incapacidad. Con la reforma el sistema mejoró, ya que se permitía una toma de razón en un libro especial que no se lleva por fincas sino por personas, y sin perjuicio de su inscripción en el libro de inscripciones de los inmuebles, pero aún no era suficientemente eficaz, pues sólo se controlaban y de forma bastante rudimentaria, las fincas del registro en el que constaba la inscripción de la restricción, pero no en los demás.

Por ello, una instrucción de la DGRN de 29 de octubre de 1996 (BOE de 9 de noviembre) ya señalaba que «Es conveniente abordar la centralización informatizada de los datos del Libro de Incapacitados para conocer la posible restricción de la capacidad de los titulares de bienes y derechos en sintonía con las recomendaciones del parlamento Europeo contenidas en la resolución de 14 de septiembre de 1989...» Estableciendo el 31 de diciembre de 1997 como fecha límite en la que deberá estar centralizada por vía informática, en el servicio de índices del Colegio de Registradores la situación de incapacitación de los titulares de fincas o de cualquier persona que conste en el libro de Incapacitados. De esta forma desde el 1 de enero de 1998 la existencia de asientos practicados en el libro de incapacitados —no su contenido— constan de forma centralizada en los índices informatizados de titulares registrales, y la consulta en dichos índices del titular afectado generaba un aviso relativo a la existencia de limitaciones dispositivas en cualquier registro de la propiedad, mercantil o de bienes muebles de España.

En el RD 1867/1998 ya se modifica la denominación del libro que pasa a llamarse «Libro de alteraciones en las facultades de administración y disposición». Pero no porque se quisiera con una reforma visionaria eliminar la referencia a la incapacidad, sino, según su exposición de motivos, «... para que se reflejen en él no sólo las situaciones de incapacitación, sino también cualesquiera otras alteraciones en las facultades dispositivas...» citando la quiebra, la suspensión de pagos, convenios o resoluciones que afecten a la administración o disposición de los bienes de los cónyuges; y cualesquiera otras resoluciones, negocios o actos que puedan alterar la facultad dispositiva de las personas, en orden a la calificación registral de los actos o contratos inscribibles. Los registradores después de practicar en los libros de inscripciones los asientos correspondientes, consignarán en el de alteraciones en las facultades, una nota de referencia de las fincas afectadas (art. 387 no vigente) y a la inversa, al inscribir un inmueble a favor de una persona inscrita en el libro de alteraciones de las facultades, en la inscripción, se inscribía la restricción con referencia al libro de alteraciones (Art. 391 no vigente).

Sin embargo, tanto la denominación como la referencia a las otras alteraciones de las facultades dispositivas fueron declaradas nulas por el T.S. en su Sentencia de 31 de enero de 2001 por extralimitarse al contenido del art. 2.º.4 de la Ley.

Pero el libro, aun con la anterior denominación, tuvo cobertura legal en la Ley 24/2001 que se refiere al mismo en la reforma del art. 222 de la Ley Hipotecaria, y el 222 bis introducido por la Ley 24/2005.

B) Regulación actual. Reformas introducidas por la Ley 8/2021

En la actualidad la principal novedad de la reforma es que las medidas que afectan a la libre disposición de los bienes se inscribirán «exclusivamente» en el libro especial y no en el libro de inscripción de los bienes. La reforma de la Ley Hipotecaria realizada por la Ley Estatal 8/2021 busca como objetivo que permitiendo que pueda tomarse razón de las medidas de apoyo en el libro especial del registro de la propiedad que la propia Ley regula, se limite su publicidad, y se tengan en cuenta las normas sobre protección de datos de las personas con discapacidad.

La exclusividad de la toma de razón en el libro especial de sobre administración y disposición de los bienes inmuebles, y no en el libro de inscripción de bienes, ha tenido como consecuencia coherente, la eliminación de la posibilidad de anotar preventivamente las demandas en las que se solicita la formalización de medidas de apoyo. Hasta ahora la demanda de incapacitación podía ser objeto de anotación preventiva en la hoja registral de los inmuebles concretos sobre los que se concedía la medida cautelar, y, de prosperar, se practicaba la inscripción en la incapacitación en el inmueble. Ahora, por un lado, la reforma ha eliminado la posibilidad de tomar anotación preventiva de demanda para las interpuestas en materia de constitución contenciosa de medidas de apoyo para personas con discapacidad modificando el apartado quinto del artículo 42 de la LH que permite instar anotación preventivas de demanda a quien instare ante el órgano judicial competente demanda de alguna de las resoluciones expresadas en el apartado cuarto del artículo 2,: «...salvo las relativas a medidas de apoyo a personas con discapacidad», y, por otro tampoco permite la inscripción en la hoja registral de los inmuebles de las resoluciones que afectan a la libre administración y disposición de los bienes inmuebles.

Las anotaciones de demanda de incapacitación no eran infrecuentes. La medida cautelar solicitada por el demandante y aceptada por el Juez, perseguía evitar que durante la tramitación del procedimiento el presunto incapacitado dispusiera de sus bienes sin limitaciones. Este objetivo, a mi juicio, puede lograrse en la actualidad pero a través de otra medida cautelar, como sería la de prohibición de disponer, (arts. 26.2 LH y 166.4 Reglamento Hipotecario) de forma que si existe un riesgo de que la persona para la que se piden medidas de apoyo, pueda transmitir sus bienes durante la tramitación del procedimiento de provisión de las medidas de forma indebida o fraudulenta, se solicite del Juez, de forma motivada, la medida cautelar de prohibición de disponer, medida de la que, de aceptarse por el Juez, se tomaría anotación preventiva en los bienes que se señalen, por una duración de cuatro años, durante los cuales, el patrimonio de la persona con discapacidad quedará protegido.

Por el contrario, cabe por tanto la anotación —y la posterior inscripción en su caso de la sentencia— de otras demandas que no sean las relativas a medidas de apoyo. No cabía cerrar el libro de inscripciones a situaciones como las derivadas de los procedimientos concursales, en las que no sólo hay o puede haber limitaciones dispositivas, sino que afectan directamente a la situación los bienes del concursado que a virtud de la ejecución colectiva que el concurso de acreedores supone, pues esa declaración y la posible apertura de la posterior fase de liquidación, afecta tanto a las ejecuciones singulares iniciadas por los acreedores tengan o no inscrita una garantía sobre los bienes o anotado un embargo, como a la posibilidad de practicar nuevas inscripciones o anotaciones posteriores.

La reforma realizada por la Ley 8/2021 en la Ley Hipotecaria mantiene por tanto posibilidad de tomar razón en el libro especial tanto de las resoluciones judiciales que afecten a la libre disposición de los bienes de una persona, como de las que hace referencia el art. 755 de la LEC. Así se dispone en la nueva redacción del punto 4 del artículo 2.º de la Ley Hipotecaria, y además se ha regulado por primera vez con rango legal en el artículo 242 bis, el ahora denominado «Libro sobre administración y disposición de bienes inmuebles» estableciendo, como se verá, lo que es objeto de toma de razón, y el contenido del asiento a realizar al decir el artículo citado que «En el caso de las medidas de apoyo, el asiento únicamente expresará la existencia y el contenido de las medidas», expresión algo peculiar, porque realmente poco más se puede hacer constar, y con lo obligado es suficiente.

También da rango de Ley la reforma en el art. 242 bis 3 a la llevanza de un Índice Central Informatizado con la información remitida por los diferentes Registros relativa a los asientos practicados en el Libro sobre administración y disposición de bienes inmuebles, que estará relacionado electrónicamente con los datos correspondientes, si los hubiera, del actual fichero localizador de titularidades inscritas, tal y como se venía haciendo desde 1998. Eso supone que basta con que en uno solo de los registros de la propiedad, mercantiles o de bienes muebles se tome razón de la existencia de limitaciones dispositivas para que en los demás se genera un aviso interno de forma automática que permitirá recabar la información necesaria para el control de su cumplimiento.

La normativa, por tanto, ha evolucionado desde la practica manual de las inscripciones practicadas exclusivamente en el libro de inscripciones y en el historial de los bienes, pasando por un sistema mixto en que, además se tomaba razón de las resoluciones en el entonces denominado libro de incapacitados, para terminar actualmente en la toma de razón de las medidas previstas en las leyes sobre medidas de apoyo, únicamente en el libro especial de administración y disposición de bienes inmuebles y de forma electrónica, y, lo que es más importante, interconectado a través del índice nacional de personas con todos los registros de España.

Que la reforma sigue permitiendo la toma de razón en el libro sobre administración y disposición de bienes, no plantea duda.

En el Convenio suscrito por la Fiscalía General del Estado y el Colegio de Registradores de fecha 11 de marzo de 2024, por el que se pretende facilitar a los fiscales la información de los bienes inscritos a favor de las personas sobre las que se va a tramitar un procedimiento de provisión de medidas de apoyo, la Fiscalía General del Estado, se manifiesta al respecto de la siguiente manera:

> «La institución registral cumple una función esencial en el ámbito de la justicia preventiva, permitiendo el goce pacífico de los derechos y la protección de los intereses patrimoniales de las personas en el tráfico inmobiliario, mobiliario y mercantil, proporcionando la máxima seguridad jurídica para que las personas con discapacidad, en igualdad de condiciones con las demás, puedan ser propietarias y heredar bienes, controlar sus propios asuntos económicos, acceder a créditos

hipotecarios y financieros, y evitando que puedan ser privadas de sus bienes de manera arbitraria. Se da así efectivo cumplimiento a la previsión del artículo 12.5 de la Convención sobre los derechos de las personas con discapacidad. Asimismo, los registros permiten el acceso tabular de diferentes medidas cautelares cuya adopción, en determinadas circunstancias, resulta aconsejable para salvaguardar estos intereses patrimoniales».

C) Análisis del alcance de la regulación concreta establecida por la Ley 8/2024

El punto 4 del art. 2.º dice ahora que en los registros se inscribirán: «Las resoluciones judiciales en que se declaren la ausencia o el fallecimiento o afecten a la libre disposición de bienes de una persona, y las resoluciones a las que se refiere el párrafo segundo del artículo 755 de la Ley de Enjuiciamiento Civil. Las inscripciones de resoluciones judiciales sobre medidas de apoyo realizadas en virtud de este apartado se practicarán exclusivamente en el Libro sobre administración y disposición de bienes inmuebles».

El ámbito de las resoluciones de las que puede tomarse razón ha sido modificado, pues el anterior artículo demás de las relativas a la incapacidad, —ya suprimido— hacía referencia a «cualesquiera otras por las que se modifique la capacidad civil de las personas», mientras que el actual se refiere en general a las resoluciones judiciales que «afecten a la libre disposición de los bienes de una persona», y de forma concreta a las del párrafo segundo del art. 755 de la LEC.

Lo que queda claro es que la toma de razón de las medidas de apoyo que limiten la administración y disposición se realiza —como ya ha quedado dicho— exclusivamente en el libro especial y no en los libros de inscripciones, pero la reforma potencia la inscripción de dichos actos en el antes denominado «libros de incapacitados».

-El art. 242 bis, también reformado por la Ley 8/2021, es más preciso, pues hace referencia a que serán objeto de asiento en el libro sobre administración y disposición de bienes inmuebles: «las resoluciones dictadas en los expedientes de declaración de ausencia y fallecimiento, las de concurso establecidas en la legislación concursal, así como las demás resoluciones y medidas previstas en las leyes que afecten a la libre administración y disposición de los bienes de una persona. Podrán ser objeto de asiento también en este libro las resoluciones sobre personas con discapacidad a las que se refiere el artículo 755.2 de la Ley de Enjuiciamiento Civil».

Además de hacer referencia a las situaciones derivadas de los procedimientos concursales, como la de declaración de concurso o la inhabilitación para administrar bienes, amplia la redacción del art. 2.º para las resoluciones genéricas pues habla de «...las demás resoluciones y medidas previstas en las leyes...», en lugar de las que ...«afecten a la libre disposición de bienes de una persona...», y dedica, por separado y con un «también» un apartado especial a las resoluciones a que se refiere el artículo 755 de la LEC.

Las resoluciones judiciales con las que finaliza el procedimiento en materia de provisión de apoyos para personas con discapacidad pueden ser de dos clases: (i) las dictadas en procedimientos de jurisdicción voluntaria, en las que el Juez dictará un auto conforme al artículo 19 de la LJV, o (ii) las dictadas en procedimientos contenciosos en las que el Juez dicta una Sentencia y que son a las que se refiere el artículo 755 de la LEC.

De la redacción de ambos artículos puede deducirse que la constancia registral de las resoluciones dictadas en procedimientos de jurisdicción voluntaria —autos— está amparada por la norma general de acceso de todas aquéllas resoluciones que afectan a la libre disposición de los bienes como una de las demás previstas en las leyes, y que las de la jurisdicción contenciosa, las del art. 755 de la LEC, «también» pueden acceder, pero como el artículo de la LEC prevé unos requisitos determinados, se ha hecho una referencia separada a esas sentencias. No parece defendible que el punto 4 del artículo 2.º de la Ley Hipotecaria permita sólo la toma de razón de las segundas cuando proceda, y no permita la de las primeras cuando los efectos de las resoluciones y de su constancia registral son exactamente los mismos, no hay ninguna razón que permita dar un trato diferente y discriminatorio a la persona con discapacidad en razón del prendimiento judicial utilizado para la obtención de las medidas de apoyo.

Falta analizar el art. 755 de la LEC, que, como se ha dicho, hace referencia a las sentencias dictadas en los procedimientos contenciosos de provisión de medidas de apoyo. El artículo dispone:

> «Artículo 755. Acceso de las sentencias a Registros públicos. El letrado de la Administración de Justicia acordará que las sentencias y demás resoluciones dictadas en los procedimientos a que se refiere este Título se comuniquen de oficio a los Registros Civiles para la práctica de los asientos que correspondan.
>
> A petición de parte, se comunicarán también al Registro de la Propiedad, al Registro Mercantil, al Registro de Bienes Muebles o a cualquier otro Registro público a los efectos que en cada caso correspondan. En el caso de medidas de apoyo, la comunicación se hará únicamente a petición de la persona en favor de la cual el apoyo se ha constituido».

Del mismo se desprende una norma especial de que en el caso de medidas de apoyo, la comunicación a los registros se hará sólo a instancia de la persona a favor de la cual el apoyo ha sido constituido. Como se ha explicado antes, basta con que la remisión se realice a uno solo de los registros para que sea conocida por todos.

Resulta, por tanto, por un lado que no se realizará la comunicación de oficio sino a instancia de la parte interesada, pero pudiera suceder que la persona a la que se presta el apoyo constituido carezca de la aptitud suficiente para tomar esa decisión y en esos supuesto se produciría una situación discriminatoria para ella, pues interpretado el precepto en sentido estricto, no podría nadie en su nombre instar la toma de razón en los registro de la medida de apoyo, quedando privadas de su derecho a obtener la protección registral. El párrafo segundo del artículo 755 de la Ley de Enjuiciamiento Civil, debe ser interpretado como garantía y salvaguarda de derechos de la persona y como expresión de su autonomía.

Por esta razón, el escrito de la Fiscalía General del Estado antes citado, pone de manifiesto que:

> «Para posibilitar por parte de las personas con medidas de apoyo judicial a su capacidad jurídica, el ejercicio del derecho a la disposición voluntaria de las cautelas o medidas de control de su patrimonio (incluyendo la protección registral) en el Libro sobre administración y disposición de bienes inmuebles regulado en el artículo 242.2 bis de la Ley Hipotecaria), en condiciones de igualdad a toda la ciudadanía, será necesario que dispongan de los ajustes de procedimiento previstos en el art. 7 bis de la Ley de Enjuiciamiento Civil y de la Ley de Jurisdicción Voluntaria».

Es decir, que debe facilitarse a través de los procedimientos de ajustes previstos para garantizar su participación en condiciones de igualdad, procurando respetar su derecho a entender y ser entendidas. En el caso de que la persona no pueda expresar su voluntad de ninguna manera, ni pueda conocerse el sentido de la misma en orden a dicha petición, corresponde al curador representativo valorar la oportunidad de solicitar a la autoridad judicial, en su caso, la remisión de la resolución judicial al Registro de la Propiedad, con el fin de procurar una mejor salvaguarda de sus intereses patrimoniales, lo contrario sería una circunstancia discriminatoria.

Queda analizar la posibilidad de que el mandato de apoyo regulado ahora de forma extensa en el CDFA puede o no acceder a la toma de razón en los registros patrimoniales.

En su etapa «latente» es decir, una vez otorgado, pero antes de tener plena eficacia, parece claro que no hay fundamento para dicho acceso. La medida de apoyo no se aplica en esa fase y, por tanto, ninguna ventaja obtiene ni la persona que lo ha otorgado, ni su mandatario. Es más, su constancia sólo podría dar lugar a equivocaciones y a una errónea aplicación de unas medidas de apoyo no vigentes.

Una vez vigentes las medidas acordadas, y acreditado ese hecho conforme al artículo 169-1 del CDFA, su toma de razón en el libro sobre administración y disposición de bienes inmuebles tiene la misma fundamentación que la del resto de medidas de apoyo, ya que el mandato de apoyo es una forma más de disposición voluntaria de futuras medidas de apoyo, aunque de carácter bilateral, pero con la prioridad sobre las medidas judiciales que la demás disposición voluntarias unilaterales y con los mismos efectos, además de ser incompatible con la guarda de hecho.

Cierto que el Artículo 2.° de la Ley hipotecaria reformados por la Ley 8/2021, se refieren a resoluciones judiciales, pero no es menos cierto que, con mayor amplitud el 242 bis.1 se hace referencia a la posibilidad de tomar razón en el Libro sobre administración y disposición de bienes inmuebles a que se refiere el número cuarto del artículo 2.º a «....las demás resoluciones y medidas previstas en las leyes que afecten a la libre administración y disposición de los bienes de una persona», en cuya expresión no parece complicado dar cabida a un mandato de apoyo, ya eficaz, del que resultan normas restrictivas sobre la disposición por uno mismo de su bienes, pues no deja de ser una medida prevista por las Leyes, si bien al tratarse de una medida de apoyo, su toma de razón se realizará exclusivamente en el libro sobre administración y disposición de bienes inmuebles. La posible modificación del mandato de apoyo, o su extinción por revocación, renuncia del mandatario o decisión judicial deberán también ponerse en conocimiento del Registro de la Propiedad para su constancia en el libro especial.

D) Conclusiones

Una vez que la resolución por la que se establecen medidas de apoyo consta en el libro especial sobre administración y disposición de bienes inmuebles, no se da publicidad de su contenido, sino que la información registral se limitará a expresa que pueden existir limitaciones a la libre disipación del bien a que la información se refiere. Pero esa mera mención, puede ser de mucha utilidad, pues presenta indudables ventajas, como son:

- Para quien presta las medidas porque e permite cumplir con la obligación de realizar una eficaz gestión en la administración del patrimonio de la persona a quien presta apoyos y evitar su responsabilidad en caso de perjuicios en el patrimonio del menor o de la persona con discapacidad ocasionados por una falta de constancia de las limitaciones dispositivas;
- Para persona sujeta a las medidas, porque quedan a salvo posibles disposiciones realizadas bajo influencias indebidas o mal intencionadas, hecho que no es infrecuente es estos casos;
- Y, sobre todo para la seguridad jurídica preventiva del tráfico inmobiliario, que es un objetivo común, ya que se puede ser evitada la realización de negocios anulables, por haber sido otorgados sin la preceptiva medida de apoyo; y puede también impedir la aparición de un tercer adquirente protegido por la fe pública registral cuya adquisición, si se cumplen los requisitos, podría devenir en inatacable. La mera constancia en la publicidad registral de un inmueble de que algún titular podría estar sujeto a disposiciones que afectan a la libre disponibilidad de los bienes será normalmente suficiente para que el adquirente, el notario autorizante y, en general cualquier interesado, tomen las precauciones necesarias para comprobar si las medidas están vigentes, y el contenido de las mismas.

MANDATOS DE APOYO Y PODERES PREVENTIVOS SIN MANDATO

Adolfo Calatayud Sierra
Notario. Vocal de la CADC

SUMARIO:

I. Introducción

En este capítulo voy a referirme a dos realidades distintas: los mandatos de apoyo y los poderes preventivos sin mandato. Ambos aparecen regulados tras la reforma del CDFA en el mismo Capítulo, el II del Título V del Libro I, aunque de modo separado: los mandatos de apoyo en los artículos del 168 al 169-7 y los poderes preventivos sin mandato en el artículo 169-8. Ambos se basan en la autonomía de la voluntad que se concede a la persona que quiere establecer disposiciones para el caso de que llegue el momento de que no pueda ejercitar por sí su capacidad jurídica. En ese sentido, forman parte, en términos amplios, de las disposiciones voluntarias que la ley permite a las personas en este ámbito.

Pero hay que determinar con precisión el lugar que ocupan estas figuras dentro del sistema general de medidas de apoyo para el ejercicio de la capacidad y también su relación con otras disposiciones voluntarias que es posible establecer. Así como la diferencia entre las dos figuras: mandatos de apoyo y poderes preventivos sin mandato. Por ello, los dos apartados siguientes van a ir destinados a esta delimitación general.

II. Disposiciones voluntarias, medidas voluntarias de apoyo y mandatos de apoyo

Como acabamos de decir, los mandatos de apoyo se incardinan dentro de las disposiciones voluntarias que la ley permite a las personas para regular la situación que se producirá cuando llegue el momento en que no puedan ejercitar su capacidad jurídica. Precisamente una de las principales directrices de la nueva regulación es la potenciación de la autonomía de la voluntad de las personas en este ámbito, que es uno de los principios que inspiran la Convención de Nueva York.

En realidad, esta idea no supone una novedad en el Derecho Civil Aragonés, puesto que la autonomía de la voluntad en esta materia, en congruencia con el principio general *standum est chartae* (artículo 3 CDFA), ya venía reconociéndose ampliamente antes de la Ley 3/2024. En efecto, la Ley 13/2006, de Derecho de la persona, luego refundida en el CDFA, reguló la delación voluntaria de las instituciones tutelares, con fuerte vinculación para el Juez (artículo 114.1 CDFA anterior a la reforma); y recogió el que denominaba «mandato que no se extingue por la incapacidad o incapacitación» (artículo 109), si bien permitiendo que, en última instancia, el Juez, en resolución motivada, pudiera declarar extinguido este mandato, tanto al constituir la institución tutelar, como posteriormente a instancia del tutor o curador (artículo 114.2).

Lo que ha hecho la Ley 3/2024 es adaptar esta regulación a la nueva terminología legal y, además, desarrollar su regulación, estableciendo un régimen jurídico muy detallado, reforzando su eficacia e incardinando el mandato en el sistema de medidas de apoyo para el ejercicio de la capacidad jurídica, en el que, como veremos, se le da preferencia ante cualquier otra.

Para situar bien el mandato de apoyo en el sistema establecido por la Ley 3/2024, debemos distinguir entre disposiciones voluntarias y medidas voluntarias de apoyo. Para comprender esta distinción, debemos tener en cuenta varias ideas:

La primera es que disposiciones voluntarias puede haberlas muy variadas, pero el legislador aragonés ha optado por categorizar las que se denominan técnicamente como medidas de apoyo a personas con discapacidad, que son, únicamente: el mandato de apoyo, la guarda de hecho, la curatela y el defensor judicial (artículo 101). Puede haber apoyos espontáneos y también informales que no se presten en el ámbito de la guarda de hecho (artículo 39), pero no son medidas de apoyo propiamente dichas.

Por otra parte, la doctrina, dentro de las medidas de apoyo, distingue entre las judiciales, que deben ser establecidas por el Juez, y las voluntarias, que son las que no requieren la intervención judicial (aparte de la guarda de hecho, como medida de apoyo informal). Pues bien, el legislador aragonés ha optado por que la única medida de apoyo voluntaria propiamente dicha sea el mandato de apoyo. Esta idea, que resulta esencial para comprender el papel del mandato de apoyo en el Derecho aragonés, aparece recogida en el artículo 113.3: *«toda persona designada voluntariamente para prestar apoyo en el ejercicio de la capacidad jurídica que no se configure como mandatario se considerará designada para ser curador, con independencia de la denominación que se le atribuya»*. Es decir, o se hace un contrato de mandato o estaremos ante una disposición voluntaria para la designación de curador, lo que se denomina autocuratela.

Resumiendo, el mandato de apoyo, obviamente, es una disposición voluntaria en materia de discapacidad, pero también es una medida voluntaria de apoyo, de hecho, la única posible.

Téngase en cuenta que la autonomía de la voluntad es amplísima en la regulación de la curatela, pese a ser una medida de apoyo judicial, que requiere su constitución por resolución judicial. Por ello, no se ha visto la necesidad de establecer medidas voluntarias distintas al mandato de apoyo, cuya naturaleza jurídica y su régimen podría plantear muchas dudas, y se ha preferido llevar las disposiciones voluntarias que designan a una persona para que preste apoyo sin seguir el cauce del mandato al régimen de la curatela, respetando, eso sí, las disposiciones voluntarias que se establezcan, que quedarán integradas en el estatuto del curador y en las reglas que debe cumplir en el ejercicio de su función.

El legislador aragonés, de esta forma, se separa de la reforma llevada a cabo por la Ley 8/2021 en el Código Civil, cuyo artículo 255, de forma, a mi juicio, un tanto confusa, establece una especie de medidas de apoyo voluntarias innominadas, distintas de los poderes y mandatos preventivos, que regula a continuación. Esas personas a las que se designa para prestar apoyo y que no son mandatarios parece que tampoco son curadores, por lo que no requieren nombramiento judicial ni quedan sometidas al control del Juez, y su régimen jurídico, fuera de lo que establezca el documento en que se les designe, queda en la oscuridad. Además, estas medidas voluntarias de apoyo innominadas pueden ser establecidas no sólo en previsión de que la persona llegue a encontrarse en situación de necesitar apoyo para el ejercicio de su capacidad jurídica, es decir, cuando todavía se halla con plenas facultades intelectivas, sino también cuando aprecia que ha dejado de tenerlas, lo que constituye una solución muy discutible, porque quien ya no tiene aptitud para comprender y valorar el significado y los efectos del acto que otorga (*cfr.* artículo 40.1 CDFA) no parece razonable que pueda decidir válidamente sobre su futuro, máxime con la fuerza que se da a estas disposiciones, ya que, sólo en defecto o por insuficiencia de estas medidas y a falta de guarda de hecho que suponga apoyo suficiente, podrá la autoridad judicial adoptar otras suplementarias o complementarias (artículo 255 *in fine*).

De todos modos, probablemente muchas de las medidas voluntarias de apoyo que se están estableciendo conforme al artículo 255 CC podrían calificarse como contratos de mandatos, si reúnen los requisitos de este tipo de contratos, con independencia de la denominación que se les atribuya.

En Aragón, las disposiciones voluntarias en materia de curatela (y también de tutela) han quedado reguladas con detalle en el Capítulo II del Título III del Libro Primero CDFA «Normas comunes a las relaciones tutelares y medidas de apoyo», artículos 113 y siguientes, y han sido examinadas en otra ponencia. En cambio, la regulación del mandato de apoyo aparece dentro del Título V «Medidas de apoyo a personas con discapacidad», Capítulo I «Mandatos de apoyo y poderes sin mandato», artículos 168 y siguientes.

Una última cuestión sobre la relación entre las disposiciones voluntarias y el mandato de apoyo. Dentro de las disposiciones voluntarias reguladas en el Capítulo II del Título III, que, según su epígrafe, lo son «sobre tutela o curatela», se encuentra el artículo 114 «Otras disposiciones voluntarias», que permite a la persona que está previendo el régimen que se aplicará si llegara a tener discapacidad, establecer en escritura pública disposiciones sobre el funcionamiento de la tutela o curatela y, también, disposiciones «relativas a su persona y bienes». Entiendo que algunas de estas últimas disposiciones, pese a la ubicación sistemática de este precepto dentro de las reglas sobre tutela o curatela, serán válidas para el mandato de apoyo y, en general, para todas las medidas de apoyo, también la guarda de hecho y el defensor judicial, a salvo lo que para éste resulte de su nombramiento.

Entre las disposiciones que puede establecer el mandante y afectar al mandato de apoyo estarían las instrucciones relativas a su vida personal, las reglas sobre administración y disposición de sus bienes, el establecimiento de órganos de fiscalización o la retribución del mandatario.

Cabe plantearse qué sucede si alguna de estas disposiciones contraviene lo establecido en el contrato de mandato. Entiendo que, en este ámbito, debe prevalecer la voluntad del mandante. La vinculación de estas disposiciones voluntarias resulta del artículo 119, que, aunque, en principio, va dirigido al Juez que ha de resolver sobre la tutela o la curatela, creo que, con las debidas adaptaciones, debe extenderse a las otras medidas de apoyo, sin la posibilidad del mandatario, en principio, de apartarse de estas disposiciones, porque carece de la autoridad del Juez. Ahora bien, recuérdese que, para las disposiciones voluntarias relativas a su propia persona, el artículo 119.2, aunque establece que serán vinculantes para el tutor o curador, exceptúa el caso de que su cumplimiento sea imposible o extraordinariamente difícil, y lo mismo creo que será válido para el mandatario.

En cualquier caso, el mandatario que no esté conforme con las disposiciones voluntarias establecidas por el mandante y que afectan al ejercicio del mandato siempre podría renunciar al mismo, cumpliendo, eso sí, lo que exige para ello el artículo 169-6.1.4.°.

III. Mandatos de apoyo y poderes preventivos sin mandato: diferencias

El segundo aspecto que es preciso analizar para situarnos adecuadamente en la materia que estamos explicando es la diferencia entre el mandato de apoyo y el poder preventivo sin mandato.

El mandato y el poder son conceptos muy básicos en el Derecho Civil y también lo es la diferencia entre uno y otro: el primero es un contrato entre mandante y mandatario, del que surgen derechos y obligaciones para ambas partes, mientras que el poder es un acto unilateral, por el que una persona concede una legitimación a otra para que actúe en su nombre y le represente ante terceros, en el que el apoderado no asume obligación de actuar, aunque sí una responsabilidad por lo realizado. El mandato opera entre sus partes, mandante y mandatario, mientras que el poder va dirigido fundamentalmente a la relación con los terceros que contratan con el apoderado que actúa en representación del poderdante.

Es sabido que el Código Civil regula el mandato (artículos 1709 y siguientes), pero no contiene una regulación general sobre el poder de representación y sí algunas normas que se entresacan, fundamentalmente, de la regulación del contrato de mandato, lo que, a veces, provoca una cierta confusión entre uno y otro. Y, desde luego, pueden ir unidos: el contrato de mandato con mucha frecuencia necesita un poder de representación para poder cumplirse adecuadamente. Menos frecuente es lo contrario: que el otorgamiento de un poder presuponga la existencia de un mandato; la inmensa mayoría de los poderes que se otorgan no llevan consigo un contrato de mandato.

Tanto el mandato como el poder solían extinguirse, en la regulación del Código Civil, con la incapacitación del poderdante (a través de una compleja trayectoria: inicialmente se hablaba de «interdicción», pero había acuerdo en que se incluía la incapacitación y, cuando la interdicción fue suprimida por la Ley 13/1983, se eliminó la referencia del artículo 1732, error que se resolvió con la Ley 1/1996, que añadió expresamente la incapacitación como causa de extinción del mandato); algunos autores extendían la extinción al supuesto de incapacidad no declarada. La Ley 41/2003 de protección patrimonial de las personas con discapacidad modificó el artículo 1732 CC y exceptuó de la extinción del mandato (también del poder) por causa de la incapacitación sobrevenida del mandante el supuesto de que en el mismo se hubiera dispuesto su continuación o el mandato se hubiera dado para el caso de incapacidad del mandante apreciada conforme a lo dispuesto por éste, dando carta de naturaleza al mandato o poder preventivo; se añadía que, en estos casos, el mandato podría terminar por resolución judicial dictada al constituirse el organismo tutelar o posteriormente a instancia del tutor. En el ámbito del CC, la Ley 8/2021 ha dado un paso más y ha suprimido esa horma al regular los poderes y mandatos preventivos, que, por definición, no sólo no se extinguen por quedar el poderdante o mandante en situación de discapacidad (ya no hay incapacitación), sino que, precisamente, están pensados para esa situación.

Aragón no tiene una regulación general propia del contrato de mandato, por lo que el CC se aplica supletoriamente. Ahora bien, la Ley 13/2006, del Derecho de la persona, como ya decíamos, reguló los mandatos que no se extinguen por la incapacidad o incapacitación del mandante, hoy sustituidos por los mandatos de apoyo y los poderes preventivos sin mandato.

Pues bien, lo cierto es que, en la práctica, tanto en el ámbito del Derecho común, como en Aragón, se han extendido los poderes con cláusula de subsistencia en caso de incapacidad o incapacitación (hoy con subsistencia en caso de necesitar el poderdante medidas de apoyo en el ejercicio de su capacidad) y menos los otorgados sólo para ese caso. Pero han sido muy poco frecuentes los contratos de mandato de apoyo entre mandante y mandatario, pese a que, como hemos dicho, el CDFA se refería expresamente al «mandato» que no se extingue por la incapacidad o incapacitación. En general, se ha optado por el poder sin mandato, que, como decimos, no genera obligación de actuación para el mandatario.

El legislador aragonés, tras la Ley 3/2024, insiste en los mandatos de apoyo y, aunque admite la existencia de los poderes sin mandato, sólo aquéllos tienen la condición de medida de apoyo para el ejercicio de la capacidad. Es decir, hay una clara preferencia en el espíritu de la ley por los mandatos de apoyo. El poder sin mandato, en la medida en que no garantiza que el apoderado ejerza la función que requiere el apoyo a la persona con discapacidad, siendo válido, no puede tener la condición de medida de apoyo, lo que lleva consigo que su existencia no impedirá la provisión judicial de apoyos y el nombramiento de curador, pudiendo el Juez, entonces, optar por el mantenimiento del poder o por su extinción. En cambio, el mandato de apoyo sí que es una verdadera medida de apoyo y, además, preferente a todas las demás, por lo que, habiendo mandato de apoyo, el Juez sólo adoptará una medida judicial de apoyo complementaria o supletoria cuando considere, por resolución motivada, que el mandato resulta insuficiente, inadecuado o no se está ejecutando eficazmente (artículo 169-7).

Aquí también resalta la regulación aragonesa respecto de la del CC para los poderes y mandatos preventivos (artículos 256 y siguientes), que, pese al título de la sección que los regula, se refiere constantemente al poder, para, sólo al final, hacer una extraña referencia a que lo dispuesto en el Capítulo se aplicará igualmente al mandato sin poder. Es decir, para el CC parece tener el mismo valor, a estos efectos, el poder sin mandato (que, como decimos, no hay obligación de ejercitar) que el contrato de mandato de apoyo. Hay quien defiende que, aunque el apoderado no está obligado a ejercer el poder y, por tanto, a prestar el apoyo que el poderdante necesite para el ejercicio de su capacidad jurídica, el mero ejercicio del poder por el apoderado una sola vez supone la aceptación íntegra del mismo y su obligación de ejercicio, pero tal conclusión no parece tener base legal.

Como decimos, está clara la preferencia del legislador aragonés por el mandato de apoyo, lo que se pone de manifiesto en la eficacia reforzada que se le da, ante cualquier otra medida de apoyo, y en la extensión que se hace de su regulación, inspirada en buena parte en el Derecho francés, que lo regula y cuya utilización es frecuente. Pero no se ha querido dejar sin regular el poder preventivo sin mandato, por la gran importancia que tiene en la práctica. No se pretende acabar con él y es preferible que sus reglas sean claras.

En la práctica, será cada persona quien decidirá, cuando pretenda hacer disposiciones voluntarias sobre su futura situación de discapacidad y, para ello, dispondrá de varias opciones. La más controlada, pero también las más rígida, será la autocuratela, sujeta a constitución judicial y al control del Juez. La segunda sería el mandato de apoyo, que no requiere intervención judicial, pero genera obligaciones para el mandatario. Y la tercera consistirá en un poder preventivo sin mandato, que, como decíamos, es lo más frecuente actualmente y que viene a funcionar como un complemento muy importante para la guarda de hecho, pero que no constituye en sí mismo una medida de apoyo para el ejercicio de la capacidad jurídica.

Para concluir, decir que, aunque en el espíritu de la reforma se encuentra la preferencia por el mandato de apoyo, hay que ser conscientes de la dificultad de conseguir la generalización de este instrumento. Para ello, hay que cambiar hábitos muy asentados y no puede dejar de tenerse en cuenta el inconveniente añadido de los recelos, en muchas ocasiones, del mandatario, que puede estar dispuesto a asumir una carga, pero quizás no lo esté a obligarse por escrito y ante Notario.

IV. Mandato de apoyo: concepto, elementos y régimen jurídico

1. Concepto

Como ya se ha indicado, se trata de una especie de contrato de mandato, que el CC define como aquel por el que se obliga una persona (mandatario) a prestar algún servicio o hacer alguna cosa, por cuenta o encargo de otra (mandante) (artículo 1709). El mandato de apoyo, conforme al artículo 168.1 CDFA, sería aquel en el que la obligación que asume el mandatario es la de prestar al mandante el apoyo necesario para gestionar sus intereses personales o patrimoniales en el caso de que concurran las causas que le dificulten el ejercicio de su capacidad jurídica.

El régimen jurídico del mandato de apoyo es el que establece el CDFA, complementado, en lo que no resulte contradictorio, con los preceptos del CC sobre el contrato de mandato, que deberán también ser tenidos en cuenta. Los que no se aplican en Aragón, ni siquiera como supletorios, son los artículos 255 y siguientes del CC sobre poderes y mandatos preventivos, dado que el Derecho aragonés contiene una normativa completa sobre esta materia.

2. Elementos personales

Son el mandante y el mandatario

2.1. Mandante

En cuanto al mandante, se exige que se trate de una persona física mayor de catorce años y con aptitud suficiente conforme al artículo 40 CDFA, es decir, que por sí sola puede comprender y valorar el significado y los efectos del acto que realiza en el contexto en que se produce y, en consecuencia, determinar su voluntad, expresarla y actuar conforme a ella.

Se ha desestimado la solución que establece el artículo 255 CC para esas medidas voluntarias innominadas a que antes se hacía referencia, en que se permite su establecimiento a la persona que ya se encuentra en situación de necesitar apoyo para el ejercicio de su capacidad jurídica (en *apreciación de la concurrencia de circunstancias que puedan dificultarle el ejercicio de su capacidad jurídica*, se dice), porque la importancia de este contrato impone que el mandante tenga, en ese momento, plenas aptitudes para actuar.

Esto impide otorgar un mandato de apoyo a quien ya se encuentra sujeto a curatela, cualquiera que sea el tipo de curatela a que esté sometido, porque, si lo está, es porque no tiene la aptitud a que hace referencia el artículo 40. Contrasta esta solución con la prevista para las disposiciones voluntarias en materia de curatela, donde el párrafo tercero del artículo 113.1 CDFA permite establecer esas disposiciones a la persona con discapacidad sujeta a curatela no representativas si actúa con la asistencia del curador; en este caso, la persona complementa la deficiencia de su aptitud para el ejercicio de la capacidad jurídica con la intervención del curador; pero no hay necesidad de hacer un contrato de mandato de apoyo si ya tiene un sistema de curatela establecido como medida de apoyo.

En cuanto al menor de edad mayor de catorce años, si no está emancipado, solo podrá otorgar un mandato de apoyo con la debida asistencia y no surtirá efecto hasta su mayoría de edad (artículo 168.2). Si el menor estuviera emancipado y el contrato de mandato incluye la realización de alguno de los actos que enumera el artículo 15 será necesaria la asistencia de uno cualesquiera de sus progenitores que haya tenido el ejercicio de la autoridad familiar o, en su defecto, la de quien fue su tutor y, en caso de fallecimiento o imposibilidad de estas personas, la de su curador (artículo 33.1.a); lo que muy probablemente sucederá, dada la amplitud que suelen tener los mandatos de apoyo.

No se plantea cuestión respecto de la pluralidad de mandantes. Evidentemente, en un mismo documento pueden conceder mandato de apoyo varias personas, pero se considerará que es un mandato distinto para cada una.

2.2. Mandatario

Conforme al artículo 169-2, podrá ser mandataria toda persona mayor de edad en pleno ejercicio de su capacidad jurídica. Obsérvese que se exige mayoría de edad. Es un requisito para la celebración del contrato, por lo que no puede otorgarlo, como mandatario, el menor de edad, aunque esté emancipado, ni con asistencia, y aunque, en el momento del inicio de eficacia del contrato de mandato, ya fuera mayor de edad.

También podrá ser mandataria una persona jurídica sin finalidad lucrativa y entre cuyos fines figure la promoción de la autonomía y asistencia de las personas con discapacidad. Se sigue el mismo criterio que para la tutela y curatela (artículo 123.2). Si se hiciera un contrato de mandato con una persona jurídica que no reúna estas condiciones, no estaríamos ante un mandato de apoyo, ni, por tanto, se trataría de una medida de apoyo para el ejercicio de la capacidad, aunque el contrato podría ser válido conforme a las reglas del mandato ordinario y surtir los efectos que le sean propios.

No rige en Aragón la prohibición del párrafo octavo del artículo 250 CC, que impide ejercer medidas de apoyo, por tanto, tampoco el mandato de apoyo, a quienes, en virtud de una relación contractual, presten servicios asistenciales, residenciales o de naturaleza análoga a la persona que precisa el apoyo.

Puede haber una pluralidad de mandatarios, si así se ha establecido en el contrato de mandato. Y no se establece un límite máximo, a diferencia de lo que sucede con la autocuratela, en la que sólo se permite designar curador a una o dos personas (artículo 117.1).

En cuanto a la forma de actuación de los mandatarios, habiendo varios, el artículo 169-4.2 establece que actuarán conforme a lo previsto por el mandante; a falta de previsiones, se entenderán designados conjuntamente y, salvo instrucción distinta, adoptarán las decisiones y actuarán en régimen de mayoría.

Uno de los aspectos importantes en todo contrato de mandato en que se nombre a varios mandatarios es, precisamente, resolver las cuestiones que plantea su actuación, entre ellas el caso de que haya varios conjuntos y no exista mayoría, en que puede atribuirse la decisión a alguno de los mandatarios o a un tercero. También es posible que se establezcan ámbitos distintos de actuación para cada mandatario, de modo similar a como se prevé para la autocuratela, en que es posible designar a un curador para el ámbito personal y otro para el patrimonial; en sede de mandato de apoyo, los ámbitos de actuación podrían ser mucho más variados, porque no hay limitaciones.

Y puede ser muy conveniente establecer mandatarios sucesivos, para el caso de que los primeramente designados, por las razones que sea, no lleguen a actuar o, habiéndolo hecho, pierdan su condición de mandatarios. Téngase en cuenta que estos mandatarios sucesivos deberían también intervenir en el contrato de mandato, para ser parte en él.

No existe un trámite de aceptación de la condición de mandatario al iniciarse su eficacia, no es necesario, puesto que el mandatario otorgó el contrato y, por tanto, ya lo aceptó y está obligado a cumplirlo, sin exigirse ningún trámite adicional (artículo 1718 CC).

3. Elementos formales

El mandato de apoyo debe otorgarse en escritura pública (artículo 168.1). Esta exigencia ya la establecía el Código del Derecho Foral de Aragón (en el anterior artículo 109) y también la impone el CC (artículo 260).

Se trata de un requisito de validez del contrato. El legislador ha decidido que la enorme importancia de un acto de estas características exige que deba reunir las máximas garantías y, para ello, se impone la intervención de Notario, no sólo por la fehaciencia que se consigue, sino también porque la función notarial asegura que el mandante reúne los requisitos de capacidad y recibe toda la información sobre las consecuencias del acto que realiza para que preste un consentimiento informado.

Cualquier modificación del contrato de mandato estará sujeta a los mismos requisitos formales.

4. Contenido

El contenido del mandato de apoyo, como ya se ha indicado, consiste en la prestación por el mandatario al mandante del apoyo necesario para gestionar sus intereses personales o patrimoniales en el caso de que concurran las causas que le dificulten el ejercicio de su capacidad jurídica.

Sobre esta materia, la nueva regulación establece varias normas:

a. El artículo 169.1 dispone que el contrato determinará los concretos apoyos a prestar por el mandatario, pudiendo incluir cualesquiera de las funciones previstas en el artículo 35, que son las generales de las medidas de apoyo, es decir: el apoyo en la comunicación, la consideración de opciones y la comprensión de los actos jurídicos y sus consecuencias, la asistencia y la representación en la toma de decisiones. Ahora bien, entiendo que la atribución de facultades representativas en este caso no está limitada a los casos en que no sean posibles los otros apoyos más reducidos. Queda al criterio del mandante atribuir funciones representativas al mandatario según considere.

b. El artículo 169.2 dice que el mandato podrá ser general o especial, en función del alcance de los asuntos personales o patrimoniales que requieran el apoyo del mandatario, y que podrá otorgarse con carácter general respecto de una pluralidad de actos de la misma naturaleza. En realidad, creo que la decisión sobre su alcance general o especial depende en exclusividad del mandante, que puede optar por atribuir al mandatario, en general, todas las funciones que sean precisas para el ejercicio de su capacidad jurídica o limitarlo a determinados asuntos, aunque no abarquen la totalidad de los apoyos que llegue a precisar. Lo que sucede es que, en ese caso, podría ser preciso el nombramiento de un curador para las funciones no comprendidas en el ámbito del mandato, salvo que quedaran cubiertas por un guardador de hecho.

Aunque la ley pone el acento en los apoyos que necesite el mandante para el ejercicio de su capacidad jurídica, el mandato puede tener también por objeto la prestación de protección y asistencia personal, en la forma que determine.

c. No hay una regla en Derecho aragonés como la del artículo 259 CC, que establece que, si el poder comprende todos los negocios del otorgante, el apoderado quedará sujeto a las reglas aplicables a la curatela en todo aquello no previsto en el poder, salvo que el poderdante haya determinado otra cosa (en similares términos, el artículo 222-44.3 del Libro Segundo del Código Civil de Cataluña). Y, desde luego, no puede considerarse aplicable supletoriamente.

d. El contrato de mandato puede acordarse con o sin poder de representación (artículo 169.1 *in fine*). Sin embargo, para su plena efectividad, será necesario, en la mayoría de los casos, atribuir al mandatario facultades representativas, es decir, establecer, de modo complementario al mandato, un poder. Recuérdese que el mandato es un contrato que limita sus efectos a las relaciones entre mandante y mandatario. Si se pretende que éste pueda actuar en representación del mandante (o, incluso, asistiéndole), necesitará un poder que le faculte para ello, sin el cual el mandatario no podrá actuar ante terceros; y la efectividad del mandato muy probablemente precisará la realización de actos y contratos con otras personas.

Para la concesión del poder se puede proceder de dos formas. La primera sería apoderar al mandatario en el mismo contrato de mandato, expresando en él que tendrá facultades representativas para actuar en nombre del mandante en todos los actos y contratos que exija el cumplimiento de la función atribuida al mandatario.

También cabe la posibilidad de separar documentalmente el contrato de mandato y el poder. En el documento que formalizara el contrato de mandato se haría referencia a que el mandato se complementa con un poder, que se otorga de modo separado a continuación. El poder, en principio, se otorgaría para el caso de que, en el futuro, el poderdante precise apoyo en el ejercicio de su capacidad jurídica, aunque nada impide que, si así se decide, se otorgue con eficacia inmediata con cláusula de que subsista si el poderdante precisa apoyo en el ejercicio de su capacidad jurídica. No sería necesario que el documento de poder hiciera referencia a la existencia del contrato de mandato.

Esta segunda opción puede ser más recomendable que la de conceder el poder de representación en el mismo contrato de mandato, por varias razones. En primer lugar, porque el contrato de mandato puede contener cláusulas que, por su contenido, es preferible mantener reservadas; téngase en cuenta que el poder es un acto destinado a ser exhibido a terceros, a los que el mandante y el mandatario quizá no quieran dar a conocer determinadas cláusulas del mandato, tal vez ni siquiera la existencia de éste. Además, podría considerarse que el mandato condiciona la actuación del apoderado, de modo que éste tendría que estar justificando la necesidad del acto o contrato que pretende otorgar para ser aceptado por el tercero. Es conveniente que un poder sea lo más limpio posible, en el sentido de que el tercero que vaya a contratar con el apoderado no pueda tener dudas sobre el alcance de sus facultades representativas, porque, si así fuera, difícilmente lo hará, con lo que la eficacia del poder quedaría frustrada.

Es importante tener en cuenta lo que dispone el artículo 35.2: quien preste apoyos representativos a la persona con discapacidad no podrá, en nombre de esta, llevar a cabo aquellos actos para los que la ley exija una actuación estrictamente personal.

5. Valor preferente

Dentro del conjunto de las medidas de apoyo, el mandato tiene atribuido un carácter preferente. Esto se establece, de modo terminante, en varias normas.

En primer lugar, el artículo 169-7 dispone que, de haber mandato de apoyo, el Juez sólo adoptará una medida judicial de apoyo complementaria o supletoria cuando considere, por resolución motivada, que el mandato resulta insuficiente, inadecuado o no se está ejecutando eficazmente. De modo que el Juez, cuando se incoe un procedimiento de provisión de medidas judiciales de apoyo, primero debe comprobar la posible existencia y vigencia del mandato de apoyo, para lo cual el indicado precepto comienza diciendo que el Juez recabará de oficio certificación al Registro Civil. Recuérdese que el artículo 111 ordena que, no sólo las resoluciones judiciales o administrativas, sino también los documentos públicos notariales sobre medidas de apoyo a personas con discapacidad, así como los poderes preventivos sin mandato, se inscriban en el registro individual de la persona en el Registro Civil; en el caso de los mandatos de apoyo y los poderes preventivos sin mandato a instancias del Notario que autorice la correspondiente escritura pública. Esta inscripción no tiene valor constitutivo, de modo que el mandato de apoyo es válido y eficaz aunque no se haya llegado a inscribir; y no puede considerarse su inscripción como requisito para la inscripción en el Registro de la Propiedad de los actos realizados por el mandatario en representación del mandante.

Además, la existencia de mandato de apoyo que abarque todos los apoyos necesarios para el ejercicio de la capacidad jurídica excluye la guarda de hecho, que sí que podrá existir respecto de aquellos apoyos no comprendidos en el mandato y también cuando la persona con discapacidad se encuentre en situación de desamparo (artículo 169-10.1).

De esta forma, el CDFA expresa con precisión el primer puesto que ocupa el mandato de apoyo en la jerarquía de medidas de apoyo.

De las normas expresadas también se infiere que el mandato de apoyo puede coexistir con otras medidas de apoyo, como la curatela o la guarda de hecho, pero sólo en la medida en que sea insuficiente (recuérdese que puede optarse por otorgar un mandato limitado sólo a determinadas funciones, que no abarque todas las necesarias), inadecuado o no se esté ejecutando eficazmente, a criterio motivado del Juez, supuestos a los que se añade, para la guarda de hecho, el de existencia de situación de desamparo. En el caso de inadecuación o ejecución ineficaz o situación de desamparo, el Juez podría también declarar extinguido el mandato (conforme al artículo 169-14.3.º).

6. Inicio de eficacia

Una de las cuestiones principales de los mandatos de apoyo es determinar el momento desde el que surten efecto, es decir, cuándo concurren las causas que dificultan el ejercicio de la capacidad jurídica por el mandate. Esta materia ha sido regulada con detenimiento en el artículo 169-1, que también contrasta con lo que dispone el CC, que, en su artículo 257, se limita a remitirse a las previsiones del poderdante, lo que plantea muchas dudas: qué sucede si no ha previsto nada o si fuera insuficiente o incoherente (el acta notarial, con incorporación de informe pericial, que contempla el mismo precepto no resuelve las dudas, ya que sólo está prevista para garantizar que se cumplen las previsiones del poderdante).

En el Derecho francés, este trámite se deja en manos del secretario judicial, al que debe presentarse un certificado médico expedido por un médico elegido dentro de una lista de profesionales establecida por el Ministerio Fiscal.

El artículo 169-1 ha preferido evitar toda intervención judicial y encargárselo al Notario, para lo cual se establecen las siguientes reglas:

a) El mandatario ha de comparecer ante Notario con un dictamen pericial emitido por profesional especializado en el ámbito social o sanitario en el que se declare la concurrencia de dicha situación y la fecha desde la que se entiende producida.

b) Si hubiera previsiones del mandante sobre el inicio de eficacia, también deberán ponerse de manifiesto ante el Notario.

c) El Notario podrá entrevistar al mandante y solicitar pruebas complementarias.

d) En el acta notarial que se levantará al efecto se harán constar la declaración del mandatario, el informe pericial y las demás diligencias y pruebas practicadas, así como el inicio de eficacia de las diversas medidas de apoyo previstas.

e) Autorizada el acta, se presumirá ante tercero de buena fe la vigencia del mandato.

Algunas cosas no se dicen, pero se presuponen. La principal es que el Notario es quien tiene encomendado determinar si concurren las circunstancias para el inicio de eficacia del mandato. Es decir, no se limita a constatar la declaración del mandatario y la existencia del informe pericial, que no le vinculan, ya que puede tomar medidas por su cuenta: entrevistar al mandante o, si no es capaz de mantener una entrevista, examinarle, así como solicitar pruebas complementarias. Aunque no se diga de modo expreso, el Notario deberá declarar en el acta que, a su juicio, concurren dichas circunstancias o, por el contrario, que no han quedado acreditadas; sólo en el primer caso el acta servirá para dar inicio a la eficacia del mandato.

La función del Notario, en este punto, forma parte de ese grupo en el que se encuentran determinadas funciones que tenían atribuidas los Jueces en el ámbito de la jurisdicción voluntaria y se han ido encomendando en las últimas décadas a los Notarios, como las declaraciones de herederos, expedientes matrimoniales y otras. El Notario emite una declaración que surte efectos jurídicos (sin perjuicio de la posible impugnación de esa declaración ante el Juez, que tendrá la última palabra). El esquema documental para ello seguramente consistirá en el acta de notoriedad.

Sin embargo, hay un grupo de cuestiones sobre esta actuación notarial que suscitan dudas y aquí me atrevo a apuntar:

A. Competencia territorial. No se trata de una actuación sujeta a turno de reparto (a diferencia de lo que sucede, entre otros casos, con los expedientes matrimoniales), por lo que hay libre elección de Notario. No obstante, parece que lo lógico es que la actuación se encomiende a un Notario competente para actuar en el lugar de residencia de la persona con discapacidad, puesto que probablemente tendrá que examinarla y es posible que dicha persona tenga problemas para desplazarse.

B. No se ha previsto, como en otros supuestos, que la encomienda del acta a un Notario excluya la competencia de otros, con el fin de evitar duplicidades y un desfile del mandatario por diversos Notarios que van denegando la concurrencia de las circunstancias hasta encontrar a uno que, por fin, la acepta. En realidad, en un caso como éste, la respuesta denegatoria por parte de un Notario no excluye que, en un momento posterior, habiendo cambiado la situación del mandante, sí que concurran las circunstancias y el mismo u otro Notario así lo declare.

C. La iniciativa se atribuye en exclusiva al mandatario. Podemos plantearnos qué sucede si no la toma. No parece que otra persona pueda hacerlo. Otras personas con interés legítimo podrían requerirle para que promueva el acta y, si no lo hace, entiendo que las personas con legitimación para ello podrían promover la constitución de la curatela, indicando en la solicitud que, aunque existe un mandato de apoyo, el mandatario, pese a ser requerido para ello, no ha instado el acta para el inicio de su eficacia, de lo que se infiere la falta de eficacia del mandato, conforme a lo establecido en el artículo 169-7. Téngase en cuenta también la responsabilidad en que puede incurrir el mandatario por omisión.

D. No se exige la intervención del mandante, aunque el Notario puede entrevistarle y, seguramente, esto se convertirá en regla. Si, dado su estado, no es posible entrevistarle, al menos el Notario podrá examinarle para tener un importante elemento de juicio. La situación puede complicarse si el mandante niega al Notario la concurrencia de las circunstancias que permiten el inicio del mandato. Como hemos dicho, el Notario puede solicitar pruebas complementarias y, seguramente, es lo que hará antes de adoptar la decisión.

E. La decisión positiva del Notario no deja de afectar a los derechos del mandante, que verá que el mandatario puede empezar a realizar actuaciones dentro de su ámbito personal y patrimonial y, muy especialmente, si, como será probable, el mandatario tiene atribuidas funciones representativas. Por ello, en caso de duda, el Notario debería resolver negativamente.

F. El acta ha de fijar la fecha de inicio de eficacia del mandato, es decir, el momento desde el que se entiende que concurren las causas que dificultan el ejercicio de la capacidad jurídica. Ahora bien, no se dice nada sobre la determinación del alcance del mandato. Téngase en cuenta que el mandato puede abarcar las diversas funciones de las medidas de apoyo reguladas en el artículo 35. Parece que el acta debería también precisar este alcance, respetando, eso sí, lo que el contrato de mandato haya podido establecer: como decíamos antes, la atribución de funciones representativas puede no limitarse al caso más extremo de discapacidad.

G. La decisión del Notario, sea positiva o negativa, podrá ser recurrida judicialmente. En ese caso, la resolución judicial será la que determinará si se ha producido el inicio del mandato y, en su caso, su fecha y su alcance. Si bien, se presume que el mandato ha estado vigente desde la autorización del acta ante tercero de buena fe (artículo 169-1.5), al que, por tanto, no podrá perjudicarle la resolución judicial dejando sin efecto el acta.

7. Ejercicio del mandato

7.1. Obligaciones y responsabilidad del mandatario

La principal consecuencia del inicio de eficacia del mandato es que el mandatario queda obligado a cumplir el mandato de apoyo (primera parte del artículo 169-3). Esto quiere decir que, conforme establece el artículo 1718 CC, responde de los daños y perjuicios que, de no ejecutarlo, se ocasionen al mandante, especialmente en un tipo de mandato como el de apoyo, de modo que el mandatario tiene una importante responsabilidad por omisión. Ya lo apunta el artículo 169-3.

También responde por acción, de los daños y perjuicios que su actuación cause al mandante si en su actuación interviene culpa o negligencia (artículo 169-3 *in fine*). En este punto, habrá que tener en cuenta el artículo 1726 CC, cuando dice que la culpa o negligencia deberá estimarse con más o menos rigor por los Tribunales según que el mandato haya sido o no retribuido.

Igualmente parece que será de aplicación lo establecido en el artículo 1723 CC, conforme al cual la responsabilidad de dos o más mandatarios, aunque hayan sido instituidos simultáneamente, no es solidaria si no se ha expresado así.

Conforme al artículo 110.2, la acción para la responsabilidad prescribe a los tres años contados desde el cese en el cargo o, en su caso, desde la rendición final de cuentas.

7.2. Límites a que está sujeto el mandatario

El mandatario debe actuar conforme a los límites del mandato (artículo 169-4.1), aunque no parece que se haya pretendido excluir lo que dispone el artículo 1715 CC, conforme al cual no se consideran traspasados los límites del mandato si fuese cumplido de una manera más ventajosa para el mandante que la señalada por éste.

En cuanto a la diligencia con que debe actuar, habrá tener en cuenta el artículo 36.4, general para todo el que preste apoyo a las personas con discapacidad, que dispone que deberá actuar en beneficio de la persona apoyada y hacer todo lo que, según la naturaleza del negocio, haría una persona razonable, actuando, como mínimo, con la misma diligencia que emplea en sus propios asuntos, que es un criterio más moderno que el del buen padre de familia que sigue recogiendo el artículo 1719 CC.

El artículo 1719 CC también dice que en la ejecución del mandato ha de arreglarse el mandatario a las instrucciones del mandante. En los mandatos de apoyo, esta regla debe matizarse. En cuanto a las instrucciones que haya dejado establecidas el mandante antes del inicio del mandato, que entrarían dentro del ámbito de las disposiciones voluntarias que recoge el artículo 114 CDFA, ya nos hemos pronunciado que vinculan al mandatario. Ahora bien, una vez que se ha iniciado la eficacia del mandato, porque el mandante ha perdido la aptitud para ejercitar por sí su capacidad jurídica, entraremos en el marco del artículo 37, de modo que, aunque el mandatario deberá respetar su voluntad y preferencias, se exceptúan los casos en que su cumplimiento resulte imposible o extraordinariamente difícil o pueda suponer un peligro significativo para su bienestar o el de las personas a su cargo o graves perjuicios a terceros; entonces, se actuará en función de lo que objetivamente sea mejor para la dignidad, los derechos e intereses de la persona afectada.

El mandatario ejecutará personalmente el mandato y no podrá nombrar sustituto si no se le ha otorgado facultad para ello, pero podrá contar con la colaboración de otras personas (artículo 169-4.3). Esta norma sustituye la del artículo 1721 CC, aunque, según me parece, sólo parcialmente, ya que creo que se aplica la regla que dispone que, aunque el mandatario hubiera sido facultado para nombrar sustituto, responderá de la gestión de éste cuando se le facultó sin designar la persona y el nombrado sea notoriamente incapaz o insolvente. No rige la prohibición de la última parte del artículo 261 CC de delegar las facultades que tengan por objeto la protección de la persona.

Si, en algún supuesto, surgiera oposición de intereses entre mandante y mandatario, en principio se aplicará el régimen general del artículo 42. Es dudoso si el contrato de mandato puede autorizar al mandatario a actuar en esos supuestos, de modo que no tenga que aplicarse lo que disponer el artículo 42. Sobre este particular, el artículo 114.2 no permite a la persona que establece disposiciones voluntarias autorizar la actuación del curador sin intervención de la Junta de Parientes o el defensor judicial si hubiera oposición de intereses entre la persona con discapacidad y el curador. Hemos defendido antes que parte del contenido del artículo 114 podría ser válido para el mandato de apoyo. La duda es si esta regla lo es. Aun admitiendo lo discutible de la solución, me inclino por la respuesta negativa, por varias razones: la norma expresamente se refiere a la curatela, en el mandato el ámbito de la autonomía de la voluntad es mayor que en sede de curatela, que no deja de ser una medida judicial de apoyo; no hay norma que reproduzca esta prohibición para el mandato; además, ésta es la solución que establece el artículo 251 CC para las medidas de apoyo voluntarias y puede servirnos de guía interpretativa, máxime cuando en Aragón el grado la autonomía de la voluntad es mayor que en el Derecho común. De modo que es válida la autorización expresa del mandante para actuar en caso de existencia de oposición de intereses. De hecho, ha venido siendo práctica frecuente en los poderes preventivos, en los que, si el apoderado es de absoluta confianza del poderdante, éste prefiere darle autorización plena de actuación, también en esos supuestos, dispensándole de tener que acudir a la autorización de terceros.

7.3. Retribución del mandatario

El artículo 1711 CC establece que, a falta de pacto en contrario, el mandato se supone gratuito, pero que, si el mandatario tiene por ocupación el desempeño de servicios de la especie a que se refiere el mandato, se presume la obligación de retribuirlo.

En Aragón resultará de aplicación, en primer término, la disposición general contenida en el artículo 109, conforme al cual, adaptándolo al contrato de mandato de apoyo:

- Podrá establecerse voluntariamente el derecho a remuneración, así como la cuantía y forma de percibirla, siempre que el patrimonio de la persona con discapacidad lo permita y sin exceder del veinte por ciento de su rendimiento líquido. Parece que el establecimiento podría hacerse tanto en el contrato de mandato como en las disposiciones voluntarias del artículo 114.1. La limitación cuantitativa está dispuesta como imperativa y actúa como tope máximo.
- Si en el contrato no se ha pactado retribución, ni ha sido fijada por el mandante, podrá establecerse, en todo momento, por la Junta de Parientes o el Juez, en atención a la dedicación que suponga el ejercicio del mandato. Es dudoso si la Junta de Parientes o el Juez pueden establecer retribución en el caso de que haya una disposición expresa del mandante imponiendo la gratuidad, aunque quizá pueda defenderse la respuesta positiva si se dan los supuestos de excepción a la vinculación de las disposiciones voluntarias que establece el artículo 119: si se hubiera producido una alteración sustancial de las circunstancias o concurren hechos relevantes no tenidos en cuenta.
- La remuneración podrá ser fijada en especie si el mandatario convive con la persona necesitada de apoyo.
- La Junta de Parientes o, en su defecto, el Juez podrá modificar en cualquier momento la remuneración prevista si han cambiado las circunstancias. Como se ha defendido antes, para que se pueda contradecir lo dispuesto en el contrato de mandato o en las disposiciones del mandante, deberían concurrir las circunstancias del artículo 114.1.
- La función como mandataria de la persona jurídica pública será siempre gratuita. Ahora bien, si se trata de una persona jurídica privada, aunque para poder ser mandataria no debe tener finalidad lucrativa, esto puede no ser inconveniente para que perciba una retribución por la labor que desempeñe destinada, no a obtener un beneficio, sino a compensar el coste del ejercicio de la función.

No parece que haya inconveniente a la aplicación de lo dispuesto en el artículo 1711 CC, que, como hemos dicho, presume el carácter retribuido si el mandatario tiene por ocupación el desempeño de servicios de la especie a que se refiere el mandato, ni a lo que establece el artículo 1726 CC, que dice que la responsabilidad por culpa del mandatario deberá estimarse con más o menos rigor por los Tribunales según que el mandato haya sido o no retribuido.

7.4. Medidas de control

Indudablemente, el contrato de mandato conlleva unos riesgos para el mandante, en la medida en que el mandatario puede desenvolverse de una forma que no le habría gustado al mandante o, sencillamente, actuar de forma inadecuada o incorrecta y, aunque está sujeto a responsabilidad, una vez causado el daño, éste podría no ser reparable. Es un riesgo inherente a todo contrato de mandato, que aquí se agrava por el hecho de que, cuando el mandato comience a ejercitarse, el mandante no estará en condiciones de poder reaccionar, al menos no plenamente.

Por ello, es conveniente que se establezcan medidas de control, a las que se refiere el artículo 169-5, cuando dispone que el mandante podrá establecer las medidas de control que estime oportunas y designar a las personas a quien corresponda su ejercicio; y añade que también podrá encomendarlo a la Junta de Parientes.

Estas medidas de control pueden ser muy variadas, aunque fundamentalmente se piensa en la determinación de una o varias personas, diferentes de los mandatarios, que controlen la actuación de éstos, bien para exigir su autorización antes de llevar a cabo determinados actos o bien para que rindan cuentas de todo lo que hagan, caso por caso, o periódicamente. En ese sentido, estarían legitimados para exigir responsabilidades a los mandatarios por su actuación incorrecta e, incluso, para instar la extinción del mandato, conforme al artículo 169-6.1.6.º.

En la práctica, estas medidas pueden no ser fáciles de establecer. Normalmente la persona o personas que se designan como mandatarios son las de máxima confianza del mandante y, seguramente, no le parecerá conveniente que queden sometidos al control de uno o varios terceros. No obstante, podría ser oportuno que, para la realización de determinados actos, de especial relevancia, se imponga el consentimiento de otra persona. También es recomendable que, de ser varios los mandatarios, se les imponga la actuación conjunta, al menos para determinados actos de especial importancia; así se disminuirá el riesgo de actuaciones incorrectas.

En cuanto a la mención que hace el indicado precepto de la Junta de Parientes, si se trata de la realización de actos concretos, se canalizará a través de la Junta de Parientes notarial del artículo 174 CDFA. Ahora bien, si se pretende que lleve a cabo un control permanente o periódico, tendrá que acudirse a la constitución judicial del artículo 175.

Si el mandante no ha establecido medidas de control voluntarias, será de aplicación el régimen general de vigilancia y control que establece el artículo 105, conforme al cual:

- En defecto de medidas de vigilancia y control establecidas voluntariamente en instrumento público o si el Juez o el Ministerio Fiscal consideran insuficientes las establecidas, la autoridad judicial establecerá las medidas oportunas para evitar abusos y conflictos de intereses en su ejercicio.
- El Juez o el Ministerio Fiscal, de oficio o a instancia de cualquier interesado, podrán exigir en cualquier momento al mandatario de apoyo que les informe de la situación de la persona y bienes de su mandante, así como de su actuación en relación con ambos extremos, a fin de garantizar el buen funcionamiento del mandato. También podrán exigirle una información periódica.
- En general, todas las medidas de apoyo, por tanto, también el mandato, se ejercerán bajo la vigilancia del Ministerio Fiscal, que actuará de oficio o a instancia de cualquier interesado.

Por lo demás, hay que tener en cuenta que no se aplican al mandato de apoyo las obligaciones de inventario y fianza, que se limitan a la tutela y la curatela (artículos 107 y 108).

Por otra parte, la obligación de rendir cuentas al mandante de lo realizado que resulta el artículo 1720 CC no tendrá virtualidad si éste no se encuentra en condiciones de adoptar decisiones válidamente, aunque, siempre que conserve una mínima lucidez, el mandatario deberá tenerle informado. Por lo demás, la rendición de cuentas a quien se prestará será al Juez o al Ministerio Fiscal en los términos establecidos o, si se hubiera designado alguien al efecto, a esa persona.

8. Extinción

Las causas de extinción del mandato están reguladas en el artículo 169-6 y son las siguientes:

1.º Las establecidas por el mandante. Que pueden ser las que se hayan determinado en el contrato de mandato o, también, por el mandante unilateralmente antes del inicio de eficacia del mandato, porque, si ya se ha iniciado, es porque el mandante ya no cumple las condiciones precisas para poder llevar a cabo actos jurídicos válidamente; si se establecen por acto unilateral, deberán serle notificadas al mandatario, igual que una revocación.

Estas causas pueden ser muy variadas, rige el principio de autonomía de la voluntad. Nada impide que se atribuya a otra persona la facultad de decidir la extinción del mandato, es decir, que le conceda la facultad de revocarlo.

2.º Muerte o declaración de fallecimiento del mandante o del mandatario.

3.º Revocación del mandante en escritura pública, que deberá ser notificada fehacientemente al mandatario. La revocación, lógicamente, tendrá que hacerse antes del inicio de eficacia del mandato, por las razones expresadas. A partir de entonces, la extinción tendrá que canalizarse por la causa del número 6º.

4.º Renuncia del mandatario formalizada ante Notario y notificada fehacientemente al mandante. El problema es que el mandante ya no se encuentre en situación de tomar ninguna iniciativa. Por ello, se establece que, si por la renuncia quedara el mandante sin medidas de apoyo, el mandatario vendrá obligado a continuar la gestión hasta que se establezcan otras medidas de apoyo, con lo cual el mandatario que quiera cesar deberá preocuparse de que se insten otras medidas, que podría ser una guarda de hecho; el problema para el mandatario, en ese caso, es que puede ser difícil acreditar que se ha liberado de su responsabilidad, dada la naturaleza puramente fáctica de la guarda de hecho; probablemente, convendría que obtuviera algún tipo de documento suscrito por el guardador. Si no hay guarda de hecho, deberá esperar a que se provean medidas judiciales de apoyo, es decir, que se le nombre un curador.

Aunque el precepto no lo establezca expresamente, parece que la notificación fehaciente a que se refiere también deberá realizarse a aquellas personas a quienes se haya encomendado el control del mandato, conforme a lo que dispone el artículo 169-5. Y, también, parece que a los demás mandatarios que hubiera.

Respecto de la renuncia del mandatario, el artículo 1736 CC establece que, si el mandante sufriere perjuicios por la renuncia, deberá indemnizarle de ellos el mandatario, a menos que funde su renuncia en la imposibilidad de continuar desempeñando el mandato sin grave detrimento suyo. Esta regla podría aplicarse en el mandato de apoyo si el mandatario no puede, por las causas que menciona, seguir desempeñando el mandato hasta que se establezca otra medida de apoyo.

5.º Por necesitar también el mandatario medidas de apoyo que le impidan el adecuado ejercicio del mandato.

6.º Decisión judicial, a instancia del mandante o de cualquier otra persona legitimada para instar el procedimiento de provisión de apoyos, cuando la ejecución del mandato ponga en peligro los intereses del mandante. El Juez que ponga fin al mandato deberá sustituirlo por una medida judicial de apoyo, es decir, una curatela. Se presupone que estamos ante un mandato cuya eficacia ya se ha iniciado.

En cuanto a la legitimación para instar la extinción judicial del mandato de apoyo, hay que destacar que se concede, en primer lugar, al mandante, que, aunque, como dijimos, no puede revocar, sí que podrá denunciar ante el Juez el peligro que le comporta la ejecución del mandato, para que el Juez, si así lo considera, extinga el mandato. El resto de los legitimados son las personas a que se refiere el artículo 47 bis a), apartado 3 de la Ley de Jurisdicción

Voluntaria, como legitimados para promover el expediente de provisión de medidas judiciales de apoyo, es decir: el cónyuge del mandante no separado de hecho o legalmente, quien se encuentre en una situación de hecho asimilable y sus descendientes, ascendientes o hermanos. También el curador, si lo hubiere, aunque no se diga.

El artículo 51 bis de la Ley de Jurisdicción Voluntaria incide sobre esta misma causa de extinción, al disponer que cualquier persona legitimada para instar el procedimiento de provisión de apoyos y el curador, si lo hubiere, podrá instar la extinción de los poderes preventivos si en el apoderado concurre alguna de las causas previstas para la remoción del curador. Lo perturbador de este precepto es que la causa de extinción que establece (que en el apoderado concurra alguna de las causas de remoción del curador) es diferente a la que establece el artículo 169-6-1.6.º (que la ejecución del mandato ponga en peligro los intereses del mandante). Entiendo que las causas de extinción pertenecen al Derecho civil, competencia de la comunidad aragonesa, por lo que ha de prevalecer el precepto aragonés frente a la LJV, norma procesal que no debería entrar en materias sustantivas, que escapan de su ámbito.

No se menciona, entre las causas de extinción, que ya no sea precisa la medida de apoyo, porque el mandante haya mejorado y haya dejado de estar en la situación que causó el inicio de eficacia del mandato, pero, obviamente, en ese caso, el mandato habrá perdido su sentido. La cuestión es cómo deberá proceder el mandate. Aunque no esté regulado de forma expresa, entiendo que, si para la puesta en marcha de la eficacia del mandato, se ha previsto un procedimiento notarial, el mismo debe ser válido para determinar que ha perdido su eficacia. Se trataría de un documento en el que el mandante revocaría el mandato tras acreditar al Notario que la situación que dio lugar a su eficacia ha desaparecido.

No se aplica en Aragón la regla del párrafo segundo del artículo 258 CC, conforme al cual, cuando se hubiere otorgado el poder a favor del cónyuge o de la pareja de hecho del poderdante, el cese de convivencia producirá su extinción automática, salvo que medie voluntad contraria del otorgante o que el cese venga determinado por el internamiento de éste (una regla similar establece, para el Derecho Navarro, la ley 49 de la Compilación del Derecho Civil Foral de Navarra). Sí que rige lo que establece el artículo 102 CC, de modo que, admitida la demanda de nulidad, separación o divorcio, por ministerio de la Ley, quedan revocados los consentimientos y poderes que cualquiera de los cónyuges hubiera otorgado al otro.

El artículo 169-6.2 contempla las consecuencias de la pérdida de la condición de mandatario de uno de los varios que hubiera. Habrá que estar, en primer término, a lo que haya establecido el contrato de mandato, ya que podría suceder que se hubieran establecido varios mandatarios mancomunados con exigencia de que concurra un número mínimo de ellos: si el número de los que quedan no fuera suficiente, todo el mandato habría quedado extinguido. Si el contrato no hubiera previsto otra cosa, la solución legal es la más favorable a la continuación del mandato, por lo que se mantiene la validez del encargo a los restantes mandatarios, aunque sólo quede uno.

En el mandato no existe un trámite de cuenta general de la gestión una vez que el mandatario cese en su ejercicio, a diferencia de lo que se regula para la curatela (artículo 169-30). No obstante, si el mandatario no rinde cuentas de lo realizado al mandante, sus herederos, los otros mandatarios o la persona encargada de prestar la medida de apoyo posterior al mandato, cualquier interesado podría instar la intervención del Juez o el Ministerio Fiscal conforme al artículo 105.

V. Poderes preventivos sin mandato

Se regulan en el artículo 169-8, que incluye dos tipos de poderes, con la característica común de que no se basan en un contrato de mandato de apoyo. Las dos modalidades son las siguientes:

1.º El poder que incluye cláusula de que subsista si en el futuro el poderdante precisa apoyo en el ejercicio de su capacidad jurídica. Su eficacia es inmediata y la mantiene en ese caso.

2.º El que suele denominarse «poder preventivo puro», que es el que se otorga exclusivamente para cuando se produzca, en el futuro, la situación en que el poderdante precise apoyo en el ejercicio de su capacidad jurídica.

En la práctica, el más frecuente es el primero. No sólo por la dificultad que tiene el segundo de acreditar el inicio de su eficacia, sino también porque los poderdantes frecuentemente son personas mayores o enfermas que ven mermar sus fuerzas y quieren que el apoderado pueda ejercerlo inmediatamente, para resolver también problemas de movilidad, que impidan o dificulten al poderdante su actuación personal o, también, porque se siente cansado y confía en que el apoderado le resolverá los asuntos que le afectan.

Hay quien sostiene, en el ámbito del Código Civil, que en el primer tipo de poderes preventivos es preciso que el apoderado, al actuar, declare si el poderdante conserva o no su aptitud para el ejercicio de su capacidad jurídica y, en caso negativo, que lo acredite mediante el acta notarial, sobre la base de que estos poderes se convierten en medidas de apoyo cuando se ejercitan, una vez que el poderdante está en situación de discapacidad, pero ya hemos dicho que esta afirmación carece de base legal; en Aragón con mayor razón, dada la afirmación legal rotunda de que estos poderes no constituyen medidas de apoyo. Por ello, entiendo que el apoderado no debe declarar nada más que el poder se encuentra vigente, como se hace habitualmente. Únicamente, si el poderdante ha establecido requisitos especiales de actuación a partir del momento en que esté en situación de discapacidad, será preciso declarar que no se ha llegado a esa situación para que esos requisitos no sean de aplicación. Fuera de ese caso, no se entiende el interés del tercero que contrata con un apoderado cuyas facultades subsisten en caso de que el poderdante necesite apoyo para el ejercicio de su capacidad jurídica en conocer si ya está en esa situación, que es un dato íntimo y que forma parte de la información especialmente protegida de la persona.

Ya nos hemos referido al principio de este capítulo a estos poderes, para distinguirlos del contrato de mandato con facultades representativas: su validez y eficacia no se discute, porque entran dentro del ámbito de la autonomía de la voluntad; pero, en la medida en que no forman parte de un contrato en el que el apoderado contrae la obligación de prestar el apoyo que precise el poderdante para el ejercicio de su capacidad jurídica, la ley dispone que no constituyen una medida de apoyo y, por ello, no excluyen la existencia de otras medidas de apoyo y, en particular, que se provea al poderdante de un curador.

No obstante, el legislador aragonés ha considerado oportuno regular los aspectos más relevantes de estos poderes, por lo frecuentes que son en la práctica, y ha establecido para ellos las siguientes reglas:

a) Habrán de otorgarse en escritura pública. Las razones son las mismas que ya explicamos para el mandato de apoyo: su importancia y las consecuencias que pueden tener en un momento en el que el poderdante ya no podrá actuar en defensa de sus intereses.

b) Deberán comunicarse al Registro Civil, conforme a lo dispuesto en el artículo 111, pese a no tratarse de una medida de poyo, para que el Juez ante el que se inste la provisión de medidas judiciales de apoyo pueda conocer su existencia.

c) El Juez y el Ministerio Fiscal podrán exigir al apoderado la rendición de cuentas de su actuación. Se sobreentiende que para ello será necesario que el poderdante ya se encuentre en situación de no poder ejercitar por sí su capacidad jurídica. Entiendo que podrían considerarse de aplicación, con las debidas adaptaciones, todas las medidas establecidas en el artículo 105, porque el riesgo de estos poderes, una vez que el poderdante haya perdido la posibilidad de revocarlo, es similar al que existe en los mandatos de apoyo.

d) El Juez, en resolución motivada, los podrá declarar extinguidos en todo o en parte, tanto al constituir la curatela, como posteriormente a instancia del curador. Esta norma ya estaba en la anterior redacción del CDFA (artículo 114.2) y sirve para contrastar su régimen respecto del establecido para el mandato de apoyo: si hay mandato de apoyo, únicamente podrá adoptarse una medida judicial de apoyo complementaria o supletoria cuando el Juez considere, por resolución motivada, que el mandato resulta insuficiente, inadecuado o no se está ejecutando eficazmente (artículo 169-7). Si se trata de un poder sin mandato, su mantenimiento queda a criterio del Juez, que puede decidir mantenerlo, sobre la base del respeto de la voluntad de la persona que lo concedió, o considerar que con el curador es suficiente y que la coexistencia del apoderado con el curador puede ser problemática.

e) Si el poder no se extingue al establecerse la medida de apoyo judicial, el apoderado deberá rendir cuentas de su actuación al curador. Se trata de la rendición de cuentas que regula el artículo 1720 CC: ante la falta de aptitud del poderdante, se encomienda este control al curador nombrado por el Juez. Claro, si el apoderado es también el curador, la única rendición de cuentas que habrá será la de éste.

f) En el supuesto de que el poder se otorgue para cuando se precise apoyo, el inicio de su eficacia se regirá por lo dispuesto en el artículo 169-1. Nos remitimos a todo lo dicho para el mandato de apoyo.

Aparte de esto, es defendible que también se apliquen a estos poderes, una vez que el poderdante ya se encuentra en situación de necesitar el apoyo para el ejercicio de su capacidad jurídica, algunas de las reglas previstas para el mandato de apoyo, en concreto las referidas a la forma de actuación si son varios los apoderados (artículo 169-4.2) y la prohibición sobre sustitución (artículo 169-4.3). En cambio, no creo que sea aplicable el requisito adicional establecido para la renuncia del apoderado (artículo 169-6.1.4.º), que parte de que el mandato es una medida de apoyo, sin perjuicio de la obligación del apoderado de poner en conocimiento del Ministerio Fiscal los hechos que pueden ser determinantes de la necesidad de adopción judicial de una medida de apoyo, si resulta que carece de guardador de hecho (artículo 42 bis a de la Ley de Jurisdicción Voluntaria). Tampoco creo que se pueda aplicar la extinción por resolución judicial del artículo 169-6.1.6.º, puesto que aquí hay una norma específica en el artículo 169-8.1.d).

Como ya apuntábamos antes, estos poderes, en la práctica vienen a funcionar como un complemento de la guarda de hecho, que evita tener que solicitar autorización judicial o de la Junta de Parientes para realizar actos representativos de la persona con discapacidad que excedan de la mera administración. En esos casos, la medida de apoyo es la guarda de hecho.

VI. Régimen de derecho transitorio

Son muchos los poderes preventivos otorgados antes de la entrada en vigor de la Ley 3/2024, no tantos los contratos de mandato. Por ello, el legislador aragonés ha considerado conveniente establecer un régimen de Derecho transitorio que permita resolver qué sucede con esos mandatos y poderes otorgados con anterioridad.

En concreto, a los mandatos y poderes preventivos se refiere la Disposición transitoria cuarta, que establece dos reglas:

- En el apartado 1 se dispone que los poderes y mandatos preventivos otorgados conforme a la legislación anterior y que sean válidos conforme a la misma conservarán su validez en todo lo que no contradigan la regulación vigente.

- Y en el apartado 4, que los poderes y mandatos preventivos otorgados conforme a la legislación anterior se regirán, a efectos de eficacia y validez, por lo dispuesto en esta ley.

Dado que los mandatos y poderes preventivos ya estaban regulados en la legislación anterior del CDFA y que la Ley 3/2024 lo que ha hecho ha sido completar su regulación, no se aprecia que pueda haber contradicciones relevantes de los otorgados con anterioridad con la nueva regulación. Si bien, para su aplicación, habrá que tener en cuenta las disposiciones de la Ley 3/2024 y aquí hay algunas novedades que regirán en el mandato o poder previo, entre las más relevantes: la retribución, que, como vimos, con la nueva normativa tiene limitaciones cuantitativas (artículo 109), la prohibición de sustitución (artículo 169-4.2), el régimen de la extinción por renuncia del mandatario (artículo 169-6.1.4.º) y la posibilidad de extinción por decisión judicial (artículo 169-6.1.6.º).

Por lo demás, decir que, en la práctica, las dudas han surgido por el hecho de que la entrada en vigor de la Ley 8/2021 estatal, de reforma de la legislación civil y procesal para el apoyo a las personas con discapacidad en el ejercicio de su capacidad jurídica, provocó incertidumbre sobre la posible aplicación en Aragón de sus normas civiles (sobre las procesales no hay duda). Concretamente, se ha dudado acerca de la regla que somete el poder que comprenda todos los negocios del poderdante a las reglas de la curatela en lo no previsto en él, salvo que hubiera señalado otra cosa (artículo 259) (aunque, para los poderes y mandatos preventivos otorgados con anterioridad a la entrada en vigor de dicha Ley, la Disposición transitoria tercera excluye determinadas reglas de la curatela, concretamente los artículos del 284 al 290). Por ello, en ese periodo intermedio (desde la Ley estatal 8/2021 hasta la Ley aragonesa 3/2024), se generalizó la práctica de incluir en los poderes preventivos una cláusula excluyendo la aplicación de las reglas de la curatela, dado que no se considera deseable (si se otorga un poder, precisamente es para que no sea preciso que haya curatela).

En realidad, entiendo que no hay por qué preocuparse: el artículo 259 CC no ha sido nunca aplicable en Aragón. Por tanto, esa cláusula no era precisa antes de la Ley 3/2024, ni lo es después. Los mandatos y poderes preventivos otorgados conforme a la legislación aragonesa con anterioridad siguen siendo válidos, tienen el contenido y los límites que ellos mismos establecen y se rigen por los preceptos de la Ley 3/2024.

Ahora bien, puede seguir siendo conveniente incluir una cláusula excluyente de las reglas de la curatela, para evitar que, por cambio de residencia del mandante, se le pretendan aplicar. Téngase en cuenta que, conforme al poco claro artículo 9.6 CC, la ley aplicable a las medidas de apoyo para personas con discapacidad es la de su residencia habitual y, en el caso de cambio de residencia a otro territorio con ley distinta, se aplicará la ley de la nueva residencia habitual, sin perjuicio del reconocimiento de las medidas de apoyo acordadas conforme a otras leyes. No es posible profundizar aquí en las muchas dudas que plantea la situación de las personas con discapacidad en el Derecho interterritorial.

LA GUARDA DE HECHO DE LAS PERSONAS CON DISCAPACIDAD

Carmen Bayod López
Catedrática de Derecho civil
Presidenta de la Comisión Aragonesa de Derecho civil

I. Consideraciones Previas

1. Regulación. Su aplicación en el tiempo y en el espacio

La guarda de hecho de las personas con discapacidad se regula en el Capítulo II, del Título V, *Medidas de apoyo a las personas con discapacidad*, del Libro I, *Derecho de la Persona*. En concreto, son los artículos 169-9 a 169-14 los que diseñan el régimen jurídico de esta medida de apoyo en el ejercicio de la capacidad jurídica de las personas.

Estas normas, en vigor desde el 15 de julio de 2024 (DF Única de la Ley 3/2024), son aplicables desde esa fecha a todos los guardadores de hecho de cualesquiera personas con discapacidad, tal y como así lo establece la DT Tercera de dicha ley: *Quienes al entrar en vigor esta ley vinieran actuando como guardadores de hecho de personas con discapacidad sujetarán su actuación a lo dispuesto en ella*.

La regulación aragonesa en materia de guarda de hecho se aplicará, no por razón de la vecindad civil de los sujetos sino, en virtud de la residencia habitual de los mismos, ya que el art. 9.6 Cc., norma de competencia exclusiva del Estado (art. 149.1. 8.º 2 CE), y al que se remite el art. 16.1 Cc. para solventar los conflictos internos sobre ley aplicable, dispone que *La ley aplicable a las medidas de apoyo para las personas con discapacidad será la de su residencia habitual*.

2. Principios: la dignidad de la persona y el principio de intervención mínima

A la entrada en vigor de esta ley, *Las personas constituidas por sentencia judicial en estado civil de incapacitado (…) recuperan su capacidad jurídica, que deberá ser ejercitada, en su caso, con las medidas de apoyo que correspondan conforme a lo previsto en esta ley* (DT segunda Ley 3/2024).

Como señala el Preámbulo de la Ley 3/2024, de 13 de junio, *Se parte, como principio inspirador fundamental, de la plena capacidad jurídica de toda persona, derivada de su propia dignidad*. La capacidad jurídica, como afirma el art. 3-2.1 CDFA, *no podrá modificarse por razón de discapacidad*, si bien el ejercicio de la misma, *tanto en aspectos personales como patrimoniales, a salvo las limitaciones o prohibiciones impuestas por la ley, corresponde: a) A toda persona mayor de edad por sí sola o con los apoyos que a tal fin pueda necesitar* (art. 3.2.2 CDFA)

En efecto, la discapacidad, cuando afecta a la toma de decisiones impidiendo expresar un consentimiento consciente y libre, en cualesquiera asuntos personales o patrimoniales, exige la provisión de los apoyos necesarios que, las personas con discapacidad, puedan necesitar para actuar en el tráfico jurídico en condiciones de igualdad con el resto de sus conciudadanos. Estos apoyos pueden ser voluntarios, manifestación aragonesa del *Standum est chartae*, y se concretan en el mandato de apoyo, los poderes preventivos y la autocuratela; y judiciales, la curatela, que regula tres modalidades, todas compatibles entre sí, denominadas de acompañamiento, asistencial o con facultades de representación.

Ahora bien, entre las medidas voluntarias y las judiciales, el legislador aragonés, ha proviso un apoyo, que parte de otro principio inspirador de la reforma, tal y como indica el Preámbulo de la Ley: *Otro de los principios inspiradores de la reforma es el de intervención mínima, lo que se traduce en una importante potenciación de la guarda de hecho para las normales decisiones que la vida exige, incluidas las del ámbito sanitario. No necesita ser acreditada judicialmente. Es compatible con otras medidas de apoyo*.

En efecto, la guarda de hecho se configura en esta reforma como la medida de apoyo básica para las personas con discapacidad, de manera que su situación no suponga ni para ellas ni para sus guardadores un problema más en sus quehaceres cotidianos, permitiéndoles actuar en el tráfico jurídico asistidos en la toma de decisiones, e incluso representados, llegado el caso, por quien ejerza la guarda de hecho sin necesidad, salvo supuestos más extremos, de constituir una medida judicial.

3. La guarda de hecho como medida de apoyo cotidiana

3.1. El Informe de la Ponencia en el grupo de trabajo de medidas judiciales

A) Los grupos de trabajo: Grupo de apoyos judiciales y guarda de hecho

La Comisión Aragonesa de Derecho civil (CADC), al objeto de revisar y adaptar el Código del Derecho Foral de Aragón (CDFA) a lo dispuesto en el Convenio de Nueva York (CDPD), norma en vigor en nuestro ordenamiento jurídico desde el 3 de mayo de 2008, decidió abordar esta materia con lo que vinimos en llamar «folio en blanco».

Los miembros de la Comisión formaron sendos grupos de trabajo: *Parte General*, vocales Serrano y Santacruz; *Apoyos voluntarios*, vocales Calatayud y Oria junto con la secretaria, López Azcona y *Apoyos judiciales*, el Presidente, García Vicente, y los vocales Arbués y Bayod.

En este grupo de medidas judiciales, se abordó también la guarda de hecho ya que la misma, *tertium genus*, había quedado fuera de adscripción a los grupos[1].

La vocal Carmen Bayod se hizo cargo de la propuesta de regulación de la guarda de hecho junto con la curatela (Disposiciones generales, modalidades de curatela y ejercicio)[2].

B) Finalidad y función de la guarda de hecho[3]

La proclamación en el art. 3 CDPD en relación a «*El respeto de la dignidad inherente, la autonomía individual, incluida la libertad de tomar sus propias decisiones, y la independencia de las personas*», seguido del «*Igual reconocimiento como persona ante la ley*», señalado en el art. 12 CDPD, han tenido como consecuencia la supresión de los procedimientos de incapacitación.

Se considera una cuestión de Derechos humanos que las personas no vean modificada su capacidad, de manera que la discapacidad, y en particular la intelectual, no les impida ser los protagonistas de su propia vida, aun cuando para ello necesiten de la colaboración de otras personas o instituciones que presten las medidas de apoyo necesarias para que ello se haga realidad.

Si nos paremos a pensar, esta declaración se corresponde con la vida cotidiana de las personas. Todos tenemos parientes, vecinos, conocidos, en los que existen personas que, por razón de su edad, enfermedad o «falta de luces», no podrían regentar un negocio, entender un contrato de hipoteca o disponer de una elevada suma de dinero; actos, todos ellos, a los que quizás nunca deban enfrentarse: viven en la casa con sus padres o hijos, que les ayudan a gestionar sus bienes, si los tienen, y muchos de ellos son capaces de desarrollar su vida cotidiana con la colaboración y ayuda de sus parientes y allegados.

Estas situaciones, las de lo cotidiano, son las que requieren de una *legitimación legal*: no judicial, que facilite el día a día de estas personas y sus

---

1 En la reunión de la CADC de 6 de abril de 2022 se abordó en el punto 3 del orden del día lo referente a *Formación de ponencias internas para la reforma del CDFA en materia de ejercicio de la capacidad jurídica por las personas con discapacidad*. En el Acta 280, que recoge lo debatido en dicha sesión, la guarda de hecho se adscribió al grupo de medidas voluntarias, pero al no ser un apoyo voluntario, no fue asumida por ninguno de los ponentes, y pasó al grupo de apoyos judiciales haciéndose cargo de la ponencia y propuesta de regulación Carmen Bayod.

2 Don David Arbués se encargó de la ponencia y propuesta de regulación de la curatela en lo que atañe a nombramiento de curador y causas de extinción y don Fernando García Vicente abordó la propuesta de regulación del defensor judicial.

3 Transcripción del Fundamento de la propuesta de regulación de guarda de hecho presentado por la Ponente vocal Carmen Bayod.

guardadores, sin que las familias necesiten acudir al juzgado o la notaría para llevar a cabo actos de administración o pequeños actos de disposición. Eso establece, a lo que creo, el art. 12.5 cuando afirma que *los Estados Partes tomarán todas las medidas que sean pertinentes y efectivas para garantizar el derecho de las personas con discapacidad, en igualdad de condiciones con las demás, a ser propietarias y heredar bienes, controlar sus propios asuntos económicos y tener acceso en igualdad de condiciones a préstamos bancarios, hipotecas y otras modalidades de crédito financiero, y velarán por que las personas con discapacidad no sean privadas de sus bienes de manera arbitraria*.

La guarda de hecho, mientras no sean necesarias otras medidas exigidas por la situación patrimonial o personal de la persona con discapacidad (tiene un amplio patrimonio que gestionar, es titular de una empresa, etc.), es el mejor apoyo, el que siempre se les ha dado a estas personas y el que ha naufragado cuando por una sola vez en la vida era necesario vender una cuota de un inmueble o disponer de un fondo de inversión: sólo para ello se requería de un procedimiento judicial de incapacitación.

Lo que se pretende, y sí es una cuestión de derechos humanos, no es otra cosa que garantizar la libertad civil de las personas.

Estas reflexiones forman parte del informe que presentó la Ponente, Carmen Bayod, al pleno de la CADC y son el fundamento que la alentaron para formular la propuesta de regulación que se debatió en el pleno de la Comisión a lo largo de cinco sesiones celebradas todos los miércoles, desde el 11 de enero a 15 de febrero de 2023 (a excepción del 1 de febrero) en jornadas de 5 a 7 de la tarde, y recogidas en las Actas 295 a 299.

De este debate, sin cambios de fondo sobre el texto de la Ponencia, pero sí con algún precepto añadido al objeto de establecer la relación de esta medida de apoyo en relación con todas las demás, se llegó a la vigente regulación que seguidamente comentaré.

Por otra, parte conviene destacar que esta regulación no fue objeto de enmiendas en su debate en las Cortes ni tampoco se objetó nada al respecto en las sesiones de comparecencias que lo precedió.

4. La guarda de hecho de las personas con discapacidad como medida de apoyo legal

La guarda de hecho de las personas con discapacidad es una medida de apoyo legal diseñada por el legislador para facilitar en condiciones de igualdad el ejercicio de la capacidad jurídica a cualesquiera personas con discapacidad, pero, señaladamente, a las más vulnerables, bien por su situación económica, que les puede dificultar la estrategia de diseñar unas medidas voluntarias, al requerir todas ellas, como debe ser, el otorgamiento de escritura pública; bien por su situación cultural ajena a complejas cuestiones jurídicas.

Pensando en estas personas (todo es más sencillo para quien goza de ciencia y haberes), el legislador aragonés regula la guarda de hecho, para referirse a las personas que, de manera voluntaria y por iniciativa propia, prestan los apoyos precisos a otra, u otras personas, con discapacidad *(hasta aquí llega el hecho)* para calificar y diseñar *un apoyo de derecho* que va a legitimar *erga omnes* las actuaciones del guardador dentro, evidentemente, de la regulación y contenido que señala el Código, esto es, mientras no infrinja los límites del «mandato legal».

En efecto, el art. 101 CDFA nomina a la guarda de hecho entre las medidas de apoyo a personas con discapacidad; su existencia y correcto funcionamiento puede evitar (no impedir) la necesidad de instar medidas judiciales de apoyo (art. 169-16 CDFA) y puede ser innecesaria, si la personas con discapacidad, en previsión de causas que dificulten el ejercicio de su capacidad jurídica, ha otorgado mandatos de apoyo o ha previsto la designación de un curador (arts. 168 y 113 CDFA, respectivamente).

En todos estos casos, el régimen jurídico y contenido de la medida de apoyo lo establece la persona en previsión de su futura discapacidad, vinculando al Juez y al mandatario, en su caso; el título que legitima las actuaciones de quien ejerza la medida de apoyo es el contrato, el poder o la resolución que establezca la curatela; también en los casos en la que esta última sea requerida por los legitimados para ello (art. 169-15 CDFA).

Fuera de estos supuestos, que quizás no sean los más abundantes en número, navega la guarda de hecho para garantizar el apoyo preciso a las personas con discapacidad, *el fundamento de este apoyo es la ley,* y ello debe mostrarse como una fortaleza en cualesquiera actuaciones que, dentro del marco legal, lleve a cabo el guardador, bien asistiendo a la persona con discapacidad, bien representándola en los supuestos previstos directamente en la norma o, a falta de ello, con la autorización de la Junta o del Juez.

Estas actuaciones, ejecutadas dentro de los límites del «mandato legal» serán válidas y gozan de la misma legitimidad, acaso superior, que las amparadas en el pacto o la sentencia; en la guarda de hecho, la legitimación la concede la ley. Lo relevante, por lo tanto, será cómo demostrar en el tráfico jurídico la condición de guardador de hecho, pero de ello, se ha ocupado también el legislador: art. 169-13 CDFA.

Por todo ello, esta regulación debe ser la garantía de éxito de esta figura al objeto de facilitar el día a día de las familias, apostando por la autonomía, en la medida de sus posibilidades, de la persona con discapacidad en el ejercicio de su capacidad jurídica y garantizando la seguridad del tráfico jurídico al establecer el legislador su régimen jurídico.

II. Sujetos y ámbito de aplicación

1. El guardador de hecho y la persona con discapacidad

1.1. Guardador de hecho

El CDFA define al guardador de hecho como *la persona física o jurídica que por iniciativa propia presta los apoyos precisos a la persona con discapacidad en el ejercicio de su capacidad jurídica con ánimo de permanencia* (art. 169-9 CDFA).

A) Caracteres, contenido, forma de ejercicio y diligencia en la prestación de apoyos

a) Los caracteres que definen a la guarda de hecho de la persona con discapacidad son la *voluntariedad* de quien ejerce la guarda *(iniciativa propia, dice la ley)* y el *ánimo de permanencia*, por oposición a una actuación ocasional (art. 39 CDFA) o transitoria (art. 146 CDFA). Lo que formula el legislador, viendo la práctica cotidiana, es una situación marcada por unas relaciones estables entre el guardador y la persona con discapacidad, sin exigir, aun cuando a veces es lo habitual, la convivencia[4].

b) El objeto y contenido de esta medida es *prestar los apoyos precisos a la persona con discapacidad*, esto es los que precise en cada caso para ejercitar en condiciones de igualdad su capacidad jurídica. Para completar el régimen jurídico de la guarda de hecho, como expondré más adelante, debemos tener en cuenta y aplicar todas las normas generales que inspiran el sistema, en particular el capítulo II, *Capacidad jurídica de las personas con discapacidad*, del Título I, *Capacidad jurídica y estado de las personas*, del Libro I.

En consecuencia, estos apoyos consistirán *en la comunicación, la consideración de opciones y la comprensión de los actos jurídicos y sus consecuencias, así como en la asistencia o, en última instancia, la representación en la toma de decisiones*, tal y como señala, con carácter general, el art. 35.1 CDFA y de manera más concreta establece el art. 169-12.1 CDFA[5].

---

4 Todos tenemos en la cabeza a padres ya mayores que se encargan de sus hijos con discapacidad o hijos que cuidan habitualmente de sus padres, acompañándolos al médico, buscando sus medicinas, etc., bien sea prestando los cuidados a través de visitas en el domicilio de los padres o acogiendo los hijos a los padres en su casa.

5 Hago notar, por lo que luego diré, la gran diferencia que hay entre este precepto aragonés, que enumera con precisión en qué consisten los apoyos y lo que dice el Cc., inaplicable en Aragón y, por lo tanto, también la interpretación que sobre el mismo puedan ofrecer los diversos operadores jurídicos. Así, de manera escueta, el art. 250.2 Cc., dice: *La función de las medidas de apoyo consistirá en asistir a la persona con discapacidad en el ejercicio de su capacidad jurídica en los ámbitos en los que sea preciso, respetando su voluntad, deseos y preferencias.*

En todo caso, además, *el guardador de hecho deberá respetar la autonomía e independencia de la persona con discapacidad, con atención a su voluntad y preferencias, incluida la libertad de tomar sus propias decisiones, siempre que sea posible. Cuando la voluntad y preferencias de la persona con discapacidad no puedan conocerse, su cumplimiento resulte imposible o extraordinariamente difícil o puedan suponer un peligro significativo para su bienestar o el de las personas a su cargo o graves perjuicios a terceros, se actuará en función de lo que objetivamente sea mejor para la dignidad, los derechos e intereses de la persona afectada* (art. 37 CDFA).

c) Diligencia. En la prestación de los apoyos, *el guardador debe respetar los derechos y la dignidad de la persona con discapacidad, limitarse a las estrictamente necesarias, ser proporcionales y estar adaptadas a sus circunstancias*, debiendo *actuar en beneficio de la persona apoyada y hacer todo lo que, según la naturaleza del negocio, haría una persona razonable, actuando, como mínimo, con la misma diligencia que emplea en sus propios asuntos* (art. 36.1 y 4 CDFA).

B) Capacidad y pluralidad de guardadores

a) Capacidad. Guardador de hecho puede ser tanto la persona jurídica como la persona física siendo aplicable en ambos casos lo previsto en el art. 123 CDFA. En relación a la persona física se le exige *mayoría de edad, pleno ejercicio de su capacidad jurídica y*, también, *que no esté incursa en causa de inhabilidad*; de estarlo, podría darse traslado al Ministerio fiscal (art. 105 CDFA y art. 52 LJV). Por lo que respecta a las personas jurídicas podrán serlo, desde luego, aquellas que no tenga finalidad lucrativa y entre cuyos fines figure la promoción de la autonomía y asistencia a las personas con discapacidad, siempre que no incurra en causa de inhabilidad, pero también, a lo que creo, pueden serlo personas jurídico privadas que presten servicios asistenciales o residenciales, evidentemente, siempre que la actuación que lleven a cabo no haya conflicto de intereses, debiendo, en ese caso, intervenir la Junta de parientes o un defensor judicial (art. 42 CDFA). No es aplicable en Aragón el art. 250.8 Cc., tampoco el art. 251 Cc., no hay ninguna laguna en la regulación aragonesa.

b) Guarda de hecho plural. El legislador aragonés, teniendo en cuenta la realidad social, admite que la guarda de hecho pueda ser ejercida por más de una persona, son fundamentalmente los casos de guarda de hecho ejercida por ambos progenitores sobre los hijos con discapacidad o la que ejercen varios hermanos sobre sus padres. Es posible también, como ha indicado la fiscalía y han afirmado diversas resoluciones judiciales[6], la concurrencia de

6 Puede verse, por todos, Santos Urbaneja, F.: «La guarda de hecho tras la Ley 8/2021 de 2 de junio de apoyo a las personas con discapacidad en el ejercicio de su capacidad jurídica: acreditación y casuística», *Sepin*, 2022.

guarda de hecho sobre una persona con discapacidad entre la residencia en la que está ingresado (la ejercería el director) y los familiares que se ocupan de él, aun cuando a este supuesto no se refiera expresamente el CDFA[7].

En concreto el art. 169-11 dispone: *La guarda de hecho de las personas con discapacidad podrá ser ejercida simultáneamente por ambos progenitores respecto de sus hijos mayores o por varios hermanos respecto de sus progenitores o hermanos*.

Respecto a la actuación, *esta podrá ser conjunta o separada, según lo hayan acordado* (169-11.2 CDFA) y, en aras a la seguridad jurídica, *Respecto del tercero de buena fe, se presumirá que cada guardador actúa en el correcto ejercicio de sus funciones* (art. 169-3 CDFA).

En la práctica, salvo que habiendo varios guardadores se hayan repartido las funciones (unos prestan asistencia y apoyo en cuestiones personales y otros en cuestiones patrimoniales) lo normal será que actúen de manera indistinta y, acaso, para actos más transcendentes, pueda ser exigida una actuación mancomunada. De cualquier manera, frente a terceros de buena fe, las actuaciones de cualquiera de los guardadores, dentro de los límites de lo que he venido a denominar mandato legal, serán válidas y vinculantes; si de la actuación se derivaran daños para el patrimonio de la persona con discapacidad cabría exigir la responsabilidad prevista en el art. 110 CDFA, entre otras posibles, en su caso.

1.2. La persona con discapacidad

La guarda de hecho regulada en el CDFA respecto de las personas con discapacidad está prevista para prestar los apoyos necesarios en el ejercicio de su capacidad jurídica. Por lo tanto, la discapacidad que ha de presentar la persona requerida de este apoyo es la prevista en el art. 34.2 CDFA: *A los efectos de este Código se entiende por discapacidad aquella situación, previsiblemente permanente, que impide o dificulta a la persona comprender, valorar o expresar por sí sola el consentimiento en la toma de decisiones, tanto en aspectos personales como patrimoniales*.

La persona sujeta a guarda de hecho será mayor de edad o emancipada, puesto que de ser menor está sujeto a la autoridad familiar o tutela, y si presenta discapacidad serán de aplicación los arts. 38 y 116, en su caso, del CDFA.

---

7 En la CADC manifestó una opinión contraria a la Ponencia Adolfo Calatayud, el resto de los vocales secundaron la ponencia y sus principios. *Vid.* Acta 296, sesión de 18 de enero de 2023.

2. Ámbito de aplicación

2.1. La guarda de hecho en relación con otras medidas de apoyo

Una de las preocupaciones de la Comisión en la regulación de las diversas medidas de apoyo a las personas con discapacidad fue establecer cuál es la relación entre ellas, a la luz de los problemas que en la práctica ocasionaba la guarda de hecho regulada en el sistema del Código civil, aun cuando estas normas no eran ni son aplicables en Aragón, y sus principios son ajenos a nuestra regulación.

En efecto, en el Código civil la curatela es una medida subsidiara y casi incompatible con la guarda de hecho[8] y ésta, a su vez, lo es con las medidas voluntarias. Tal es así que diversos fallos de Audiencias provinciales aplicando la regulación del Código civil han desestimado la constitución de una curatela al haber una guarda de hecho como apoyo de la persona con discapacidad, aun cuando (o, sobre todo) fuera el guardador quien, acaso desbordado por los acontecimientos, solicitaba una medida judicial de apoyo[9].

En Aragón, las diversas medidas actúan, cada una de ellas, en el ámbito previsto por la ley, con preferencia las medidas de apoyo voluntarias, frente a las demás; seguidas de la guarda de hecho, cuya aplicación es preferida a la curatela; pero las diversas medidas no actúan en régimen de subsidiariedad; a ello atiende el art. 169-10 en sede de curatela, que debe integrarse con lo dispuesto en los arts. 169-7, en sede de mandato de apoyo, que puede subsistir junto a una curatela; y con el art. 169-16, en sede de curatela.

---

8 Es también posible que la guarda de hecho coexista con otras medidas de apoyo, voluntarias o judiciales, lo que podrá ocurrir en dos casos, según indica para el Código civil De Verda y Beamonte, J. R.: «En primer lugar, cuando dichas medidas estén circunscritas al ámbito puramente patrimonial, por lo que el cuidado de la persona con discapacidad podrá ser asumido por un guardador distinto de quien tiene encomendado el ejercicio de aquellas. En segundo lugar, como, expresamente prevé el art. 263 CC, cuando existan medidas voluntarias o legales, pero las mismas "no se estén aplicando eficazmente"; y ello, mientras subsista esta situación: en este caso, serían válidos los actos realizados por el guardador, actuando dentro de su esfera de legitimación». *Cfr.* «La guarda de hecho de las personas con discapacidad a la luz de la reciente jurisprudencia sobre la materia», en *Diario LA LEY*, n.° 10168, de 11 de noviembre de 2022, N.° 10168. [más extenso en «La guarda de hecho de las personas con discapacidad» en *El nuevo sistema de apoyos de las personas con discapacidad y su incidencia en el ejercicio de su capacidad jurídica*, ed. APDC, Thomson-Aranzadi, 2022, pp.191-238

9 Entre otras Ss. AP León (Sección 1.ª) 21 marzo 2022 (Roj: SAP LE 489/2022); AP Córdoba (Sección 1.ª) 22 marzo 2022 (rollo de apelación 68/2022) y AP Cantabria (Sección 2.ª) 31 mayo 2022 (rec. Núm. 830/2021), tomado de de Verda y Beamonte, J. R: «la guarda...», *op. cit.*

Así, en primer lugar, si hay mandato de apoyo y funciona eficazmente, no tiene razón de ser la existencia de la guarda de hecho, ya que los apoyos los ha diseñado y previsto la persona que ahora presenta una discapacidad; no obstante, la guarda de hecho podrá existir junto al mandato de apoyo *respecto de aquellos apoyos no comprendidos en el mandato y también cuando la persona con discapacidad se encuentre en situación de desamparo* (art. 169-10.1 CDFA).

En el supuesto de tener nombrado un curador como medida de apoyo a la persona con discapacidad, *tampoco procederá el ejercicio de la guarda de hecho, salvo que se encuentre en situación de desamparo* (art. 169-10.2 CDFA).

Ahora bien, precisamente por no ser la curatela subsidiara del resto de las medidas, sino una más entre ellas, y acaso, la que debe dejarse para el final de haber medidas voluntarias o guarda de hecho, es posible que, aun existiendo la guarda de hecho y sin que la misma haya perdido su eficacia, se legitime al guardador para instar un procedimiento de provisión de medidas judiciales, así lo dispone el punto 3 del art. 169-10: *El guardador de hecho podrá instar su nombramiento como curador, conforme a lo regulado en este Título*, disponiendo a vez del art. 169-16. 3 que, *Aun existiendo guarda de hecho, podrá constituirse la curatela, si así lo solicita el Ministerio Fiscal, la persona con discapacidad o el guardador de hecho*.

2.2. Un apoyo en todos los aspectos de la vida: patrimoniales y personales

Como ya he indicado, la guarda de hecho se configura como un apoyo legal de constitución voluntaria entre quien presta el apoyo y la persona con discapacidad, quien, como poco, no se opone a la existencia de este apoyo; en la práctica cotidiana la persona con discapacidad, de manera también voluntaria, admite la existencia de este apoyo, pensemos en nuestros padres ya mayores, los hermanos con discapacidad, etc. Por regla general, esta medida de apoyo encuentra su campo natural de actuación dentro de las relaciones familiares: entre padres e hijos, hermanos o allegados.

En cuanto que la guarda de hecho es una medida de apoyo más, su función es la misma que pueden desempeñar los mandatarios o curadores: *la consideración de opciones y la comprensión de los actos jurídicos y sus consecuencias, así como en la asistencia o, en última instancia, la representación en la toma de decisiones*, que señala el art. 35 CDFA.

Por lo tanto, el guardador de hecho puede ayudar a formar la voluntad de la persona con discapacidad, siendo ella misma quien decide, pero puede también asistir a la persona con discapacidad para que esta pueda emitir una voluntad consciente y libre e, incluso, sustituir su voluntad, en los casos en los que la ley admite esta guarda representativa o se autoriza la actuación representativa por la Junta de parientes o el juez.

Por lo tanto, a lo que creo, la existencia de esta medida de apoyo y su constatación mediante la debida acreditación, será relevante en aras a la validez de los actos jurídicos de la persona con discapacidad, si esta no tiene suficiente aptitud para ejercer por sí sola su capacidad jurídica respecto de un acto concreto, tal y como señala el art. 41 CDFA: *La persona que no tiene la suficiente aptitud para ejercer por sí sola su capacidad jurídica respecto de un acto concreto puede realizarlo válidamente con las medidas de apoyo adecuadas conforme a lo establecido en este Código*. En estos casos, si no se hubiere contado con la asistencia del guardador de hecho, y la persona con discapacidad no presentará la debida aptitud para ejercer por sí sola su capacidad jurídica, sólo podrá realizarlo válidamente contando con las medidas de apoyo adecuadas (art. 41 CDFA), y la guarda de hecho es una de ellas.

Por lo demás, y a estos efectos, creo que en Aragón habría que repensar la Circular Informativa 3/2021 de la Comisión Permanente del Notariado de 27 de septiembre, sobre el ejercicio de la capacidad jurídica por las personas con discapacidad, en particular en lo que atañe a la guarda de hecho, ya que está circular sólo tiene en cuenta la defectuosa e incompleta regulación de esta medida de apoyo en el Código civil, que nada tiene que ver con la regulación aragonesa.

Obsérvese que, en el Código civil, la guarda de hecho se califica de medida informal; no lo es en Aragón, estamos ante una medida legal, que se activa por voluntad de guardador y guardado, (lo mismo que sucede con la autoridad familiar de otras personas) y una vez asumida su régimen jurídico está previsto en la ley.

En efecto, se afirma en dicha circular, respecto de la regulación del Cc. Que:

> «La guarda de hecho es —por definición— informal, no tiene que acreditarse ante notario, ni su existencia representa un condicionante para la actuación de la persona con discapacidad.
>
> En consecuencia, el guardador de hecho puede comparecer ante el notario para prestar simplemente su apoyo instrumental, (...), para ayudar a la persona con discapacidad a entender y ser entendida, sin que su intervención represente una confirmación o aprobación de la decisión adoptada por el interesado en el ejercicio de su capacidad jurídica».

Pues bien, a lo que creo, dadas las funciones que el guardador de hecho sujeto a la ley aragonesa puede asumir, constando su existencia, acaso anotada en el Registro civil (art. 40.9 LRc.) sería conveniente contar con su asentimiento[10], en particular si hay constancia de su existencia (art. 45 y 45-3 CDFA); si su función fuera representativa, será necesaria la autorización de la Junta o del Juez que, evidentemente, tendrá una constancia formal.

10 Aun con más dificultades para el régimen del Cc., así lo afirma Álvarez Lata, N. «Comentario al art. 1301 Cc.» en *Comentarios a la Ley 8/2021 por la que se modifica la legislación civil y procesal en materia de discapacidad,* dirigido por Cristina Guilarte Martín-Calero, Aranzadi, 2021, págs. 1007 y ss.

III. Régimen jurídico

1. Consideraciones generales

El régimen jurídico específico de esta figura se regula en el art. 169-12 CDFA, objeto de debate y votación en el seno de la CADC (Actas 297-298) manteniéndose en todo lo sustancial el texto de la ponencia.

La finalidad de la norma, como ya he ido advirtiendo, no es otra que regular los límites del «mandato legal» que legitima la actuación del guardador: cuál es la función; qué actuaciones y de qué tipo puede llevar a cabo; para qué otras se requiere autorización de la Junta o del Juez.

El guardador puede llevar a cabo actuaciones asistenciales y representativas, al igual que un curador o mandatario, tanto en ámbitos personales como patrimoniales.

El legislador diseña expresamente actuaciones en las que el guardador tiene reconocidas legalmente facultades de representación y para todas las demás, será necesaria la autorización previa o aprobación posterior de la Junta de parientes (art. 169-13 CDFA)

Al objeto de facilitar el tráfico jurídico y acreditar la condición de guardador de hecho frente a terceros, se establecen diversas formas de acreditación, señaladamente la declaración de la Junta de parientes o declaración de notoriedad en acta notarial y todo ello dentro de los dos años anteriores a la realización del acto representativo (art. 169-14 CDFA).

El régimen jurídico de la guarda de hecho se completa con las normas generales del Título I, *Capacidad jurídica y estado de las personas*, Capítulo Preliminar, *Capacidad jurídica,* arts. 3-1 y 3-2, Capítulo II, *Capacidad jurídica de las personas con discapacidad*, arts. 34 a 37 y 39, 40, 45-2 a 45-9, Titulo III, *Normas comunes a relaciones tutelares y medidas de apoyo*, arts. 101, 102-2, 3 y 4, 105, 108, 109, 110, 111 (con las debidas adaptaciones) y 112, 123.

Todo configura una regulación completa y muy superior a la prevista en el Código civil, inaplicable en Aragón, y que puede permitir que sea la guarda de hecho el apoyo que se aplique con carácter general a las personas con discapacidad cuya situación personal o patrimonial, en razón de su complejidad y necesidad de actuaciones mayoritariamente representativas, no aconsejen adoptar una curatela, acaso representativa, como medida de apoyo[11].

---

11 A estos efectos, considero que sirve también para Aragón las Conclusiones adoptadas por el Grupo de Trabajo del CGPJ en el que señalan situaciones que hacen insuficiente el apoyo a través de la guarda de hecho. En concreto, serían las siguientes: 1. La guarda de hecho se podrá entender «no adecuada» cuando existan conflictos de intereses reiterados, conflictos de índole personal, abusos del guardador de hecho o influencia indebida del mismo sobre la persona con discapacidad; 2. La guarda de hecho se podrá entender «no suficiente» cuando, por las circunstancias de la persona con discapacidad, se advierta que

2. Funciones de la guarda de hecho

2.1. Facultades y actuación del guardador: asistencia y administración, como regla general, sin excluir la representación

A) La asistencia

A ello se refiere el punto 1 del art. 169-12 CDFA: *La actuación del guardador de hecho comprende el acompañamiento, el cuidado y la asistencia que la persona con discapacidad necesite tanto en aspectos personales como patrimoniales*.

La principal actuación del guardador es la asistencia de la persona con discapacidad junto con el debido *acompañamiento y cuidado de la persona* en aspectos materiales.

El guardador de hecho tiene legalmente atribuida la función de asistir a la persona con discapacidad en la formación de su voluntad y en la toma de decisiones.

Esta asistencia implica *conocer el acto que la persona con discapacidad pretende realizar, valorar sus preferencias, informarle de la trascendencia del acto o negocio y considerarlo conforme a sus intereses*, así la define el art. 169-22 CDFA, en sede de curatela y, en parecidos términos, el art. 27.1 CDFA para el menor mayor de 14 años. En la guarda de hecho, la asistencia, no puede consistir en otra cosa.

La presencia del guardador en la toma de decisiones, tanto en aspectos patrimoniales como personales, garantiza la validez del acto en concreto, sin tener que demostrar la aptitud de la persona con discapacidad para prestar el consentimiento en los términos del art. 41 CDFA.

B. La representación

La guarda de hecho comparta legalmente la representación de la persona con discapacidad para llevar a cabo determinados actos jurídicos, tanto en el

---

va a ser necesaria la solicitud de autorizaciones judiciales por el guardador, para actuar en representación de la persona con discapacidad de forma reiterada, y por ello deberá acudir de modo reiterado al juzgado (p. e. en caso de patrimonio que por su entidad o cantidad implica una administración superior a la entendida ordinaria); 3, A los supuestos anteriores habrá que añadir aquellos casos en que, por la existencia de conflictos alrededor de la guarda de hecho, por ejemplo, que varios familiares se irroguen de forma continua la guarda de hecho en detrimento del resto, o bien que los familiares no guardadores de hecho se opongan a los actos del que sí actúa como tal, se constate que se está perjudicando o dificultando el desenvolvimiento de la vida de la persona con discapacidad. *Cfr.* https://www.poderjudicial.es/cgpj/es/Temas/Foro-Justicia-y-Discapacidad/Actividades/Cursos/Grupo-de-trabajo-sobre-el-nuevo-sistema-de-provision-judicial-de-apoyos-a-personas-con-discapacidad-y-su-aplicacion-transitoria--Cod--EX2201-, ámbito patrimonial como personal, a ellos se refieren los apartados 2 a 4 del art. 169-12 CDFA, cuya validez frente a terceros sanciona el apartado 5 del art. 169-12: *La realización de los actos comprendidos en los apartados anteriores comporta, frente a terceros, la necesaria representación legal y no requiere autorización o aprobación de la Junta de Parientes o del Juez*.

Lo habitual, por lo demás, será que el guardador pueda llevar a cabo por sí, y en representación de la persona con discapacidad, los necesarios actos de administración de su patrimonio.

2.2. La actuación representativa del guardador de hecho sin necesidad de autorización o aprobación por la Junta de parientes o el Juez

A) En aspectos patrimoniales

A ello se refiere el art. 169-12 en su apartado 2: *En el ámbito patrimonial, el guardador de hecho podrá realizar actos de administración, incluyendo la disposición de dinero para los gastos ordinarios, así como también actos de disposición de escasa importancia en relación con su patrimonio*.

Con esta norma se facilita la actuación del guardador de hecho que, no sólo puede acompañar y asistir a la persona con discapacidad para realizar estas prestaciones, sino que, también, puede llevarlas a cabo por sí solo, para facilitar el día a día de la familia. Pensemos en las personas mayores, acaso con demencia senil, que ya desconocen el valor del dinero en esta sociedad cambiante, o hijos mayores edad con discapacidad, sea esta más o menos severa.

La norma permite que el guardador pueda actuar frente a entidades bancarias o terceros llevando a cabo actos de disposición: disponer del dinero de las personas con discapacidad para atender a sus gastos ordinarios (comida, vestido, educación, sanidad, etc.) de acuerdo a su trayectoria vital, pero, incluso, actos extraordinarios de conservación o mantenimiento de su patrimonio.

Junto a ello, se permite también la gestión de prestaciones sociales y ayudas de cualquier tipo en beneficio de la persona con discapacidad, lo que le permitirá abrir cuentas corrientes para ingreso de pensión o ayuda, señalar una ya existente o cancelar y abrir otra cuenta con traspaso de efectivo en el ámbito bancario[12]. Como ha señalado la Fiscalía general del Estado, el guar-

12 La fiscalía general del Estado, junto con el Banco de España y la Asociación Española de Banca CECA cooperativas de crédito, firmaron el 19 de julio de 2023 un protocolo marco de colaboración para la efectividad de las medidas de apoyo a la capacidad jurídica de las personas con discapacidad en el ámbito bancario. Junto a ello el Grupo de trabajo de fiscalía del Estado y Asociaciones Bancarias elaboraron ese mismo año un Documento

dador de hecho puede llevar a cabo peticiones de recursos sociales, pensiones, plazas residenciales, centros de día, ayuda a domicilio, matriculaciones en centros de educación o formación profesional, entre otras. También peticiones de auxilio a las Fuerzas y Cuerpos de Seguridad del Estado ante agitaciones, incidentes, altercados familiares de la persona con discapacidad o trastorno mental tienen amparo en el marco del art. 11.1 LO 2/1986 de Cuerpos y Fuerzas de Seguridad del Estado.

B) En aspectos personales

A ello se refiere el apartado 3 del art. 169-12 CDFA: *En el ámbito personal, asistirá a la persona con discapacidad en la toma de decisiones y, en el sanitario, estará legitimado para obtener información de la persona con discapacidad y para prestar el consentimiento que exige la ley si el paciente no puede darlo.*

Teniendo en cuenta la regulación en el ámbito sanitario, la norma legitima al guardador de hecho para obtener información, aun cuando no es el representante legal (art. 9 Ley 6/2002, de 15 de abril, de Salud de Aragón) o prestar el consentimiento a determinadas actuaciones médicas (art. 14 Ley 6/2002, de 15 de abril, de Salud de Aragón).

Igualmente *podrá solicitar y gestionar las prestaciones asistenciales o ayudas de cualquier tipo en beneficio de la persona con discapacidad* (art. 169-13.4 CDFA).

Todas estas actuaciones, *comporta (n), frente a terceros, la necesaria representación legal y no requiere autorización o aprobación de la Junta de Parientes o del Juez* (art. 169-12.5 CDFA).

3. Actos que requieren la autorización previa o aprobación posterior de la Junta de parientes o del Juez

3.1. Ámbito de aplicación

La autorización o aprobación de la Junta o del Juez es necesaria: *Cuando se requiera la actuación representativa del guardador de hecho para llevar a cabo actuaciones personales o patrimoniales no comprendidas en los párrafos anteriores* (art. 169-6 CDFA), por lo tanto, para todos aquellos actos que sean

1 interpretativo de La guarda de hecho en la ley 8/21; sólo aplicable en Aragón con las debidas adaptaciones. También se han elaborado, en el seno de los Códigos de buenas prácticas bancarias, Modelos de declaraciones responsables para la guarda de hecho, sea esta sólo asistencial; asistencial y con autorización para domiciliaciones, cargos en cuenta y disposiciones limitadas, o exclusivamente representativas. En ellas constan los datos de cada una de las partes, guardador/res y persona con discapacidad; acreditación y las actuaciones concretas.

extraordinarios y ajenos a la conservación o mantenimiento del patrimonio o siendo de carácter personal, sea de aplicación lo dispuesto en el art. 43 CDFA.

En el supuesto de actos de carácter patrimonial podemos pensar en la necesidad de enajenación de bienes inmuebles, o cuota parte de los mismos, disposiciones extraordinarias de capital, etc.

3.2. Audiencia de la persona con discapacidad

Como señala el precepto la autorización previa o, en su caso, aprobación posterior de la Junta de Parientes o del Juez exige que se dé *audiencia a la persona con discapacidad*; de manera que pueda ser oída en garantía de sus derechos y autonomía.

3.3. Uno o varios actos concretos

La guarda de hecho, como ya hemos señalado, está llamada a ser la medida de apoyo básica de las personas con discapacidad que, a falta mandato de apoyo o designación voluntaria de curador, pueda facilitar el ejercicio de su capacidad jurídica sin necesidad de abrir un procedimiento judicial de provisión de apoyos.

Lo normal en cualesquiera personas es llevar a cabo actuaciones jurídicas de escasa relevancia, y más si la persona tiene alguna discapacidad, pocas veces será necesario enajenar un inmueble o bienes de extraordinario valor, por lo tanto, la autorización, por regla general, será para un acto concreto. No obstante, en aras a facilitar el tráfico jurídico y que no sea necesario constituir una medida judicial de apoyo, tanto la Junta como el Juez, pueden autorizar en un solo acto que el guardador tenga autorización para llevar a cabo varios actos de disposición que sean necesarios para el adecuado ejercicio de la función de apoyo. Por ejemplo, pensemos que una persona con discapacidad hereda junto con varios familiares a un pariente colateral, comprendiendo la herencia, varios inmuebles, acciones etc. En un caso así, bastaría con la autorización de la Junta para proceder a la enajenación de los inmuebles, etc. cuando así se acuerde por la mayoría de los coherederos.

No exige el legislador aragonés, y con buen criterio, la previa comprobación de su necesidad, a veces una enajenación es una cuestión de oportunidad que puede dar mayores beneficios en favor del patrimonio de la persona con discapacidad[13].

---

13 En la CADC se mostró partidario de haber incluido este requisito el vocal Calatayud Sierra. Acta 297

4. La acreditación de la condición de guardador de hecho

4.1. Consideraciones generales

El legislador aragonés, consciente de los problemas que la regulación de la guarda de hecho por la ley 8/2021 estaba ocasionando en el tráfico jurídico, y que llevó a la doctrina a hablar de una *judicialización de la guarda de hecho*[14], al exigir una declaración judicial como guardador de hecho, y provocando con ello un efecto contrario a lo pretendido por el legislador ha regulado los diferentes medios de acreditación.

En la CADC (Actas 297, 298 y 299) este precepto fue objeto de debate y amplia discusión, si bien se aceptó el texto de la ponencia, que aparece reflejado en el art. 169-13 CDFA.

4.2. Los medios de acreditación

A) No es necesaria la declaración judicial

El apartado 1 del art. 169-13 CDFA, quiere evitar la práctica irregular de exigir un pronunciamiento judicial para acreditar la existencia de esta medida de apoyo, en razón de ello afirma con carácter general que: *La guarda de hecho es una medida de apoyo que no necesita ser declarada judicialmente para acreditar su existencia*.

B) La guarda de hecho podrá acreditarse por cualesquiera medios de los admitidos en Derecho

La ponencia, en aras a favorecer a las personas más vulnerables, quiso favorecer esta acreditación mediante cualesquiera pruebas que, frente a terceros, pudieran servir y como acreditación y justificación de su existencia, teniendo en cuenta la realidad social.

Así, el apartado 2 del art. 169-13 establece: *La guarda de hecho podrá acreditarse por cualesquiera medios de los admitidos en Derecho y, en particular, por haber ejercido la autoridad familiar sobre la persona con discapacidad, por la convivencia en el mismo domicilio, la relación de parentesco dentro del cuarto grado o la condición de cónyuge o pareja estable no casada*. Si la persona con la que se pretende contratar o solicitar informes médicos conoce esta situación no se necesita nada más y con ello se facilita el día a día de las familias y de las personas que se relacionan con ellas.

Conviene recordar que para el INSS, al objeto de solicitar prestaciones para personas con discapacidad, en base a la poca elocuencia de la Ley

---

14 De Verda y Beamonte, J. R.: «Prueba de la guarda de hecho: ¿judicializando la desjudicialización?» *IDIBE*, abril 2022, https://idibe.org/tribuna/26338/

8/2021, aprobó el 30 de noviembre de 2021 varios criterios de acreditación de la condición de guardador de hecho y, entre ellos: *La condición de guardador de hecho puede acreditarse mediante libro de familia (que acredite, en su caso, la relación de parentesco que mantienen el guardador y la persona con discapacidad), certificado de empadronamiento o documentación que acredite convivencia, así como aquellos documentos de los que se desprenda claramente dicha condición*[15].

El grupo de trabajo del CGPJ incluye los siguientes medidos de acreditación:

Si son familiares cercanos, libro de familia; Informes sociales, sanitarios, administrativos, modelos de declaración responsable de guarda de hecho elaborados por la Administración para cursar peticiones de reconocimiento de situaciones de dependencia; Empadronamiento; Informes policiales; Si la persona se encuentra ingresada en una residencia, mediante informe residencial; Informes vecinales; Testificales; En algunos supuestos, mediante acta de notoriedad; En algunos casos también podrá desprenderse la existencia de una guarda de hecho del decreto del Ministerio Fiscal de archivo de unas diligencias pre procesales, etc., medios que también pueden servir en Aragón.

C) Acreditación formal: Declaración de la Junta y en acta notarial[16]

El apartado 3 del art. 169-13 establece también unos medios formales de acreditación, a saber: *También servirá como acreditación de la guarda de hecho:*

a) La declaración de la Junta de Parientes de la persona con discapacidad realizada dentro de los dos años anteriores.

b) La declaración de notoriedad en acta notarial dentro de los dos años anteriores.

En efecto, la declaración de la Junta, bien se constituya notarial o judicialmente, al igual que la declaración en un acta de notoriedad, servirán para acreditar la existencia de la condición de guardador de hecho.

En ambos casos, y en aras a proteger a la persona con discapacidad y al objeto de garantizar la «vigencia» de la guarda por quién así lo pretende, se exige que dicha declaración se haya efectuado en los dos años anteriores a la necesidad de su acreditación.

---

15 En la CADC esta norma fue objeto de gran debate, son tres actas en las que consta la trascendencia de ese asunto. A esta regulación, y a este párrafo en concreto se opusieron y votaron en contra solicitando que así constara en Acta, los vocales Calatayud y López Azcona que defendían una acreditación basada en presunciones que constaran a través de declaración de la Junta o de actas notariales. Su postura no prospero, el resto de vocales se sumaron a la Ponencia. Si bien se incluyeron también, como luego indicaré, los medios específicos de acreditación propuestos por el vocal Calatayud Sierra.

16 Estos medios de acreditación fueron propuestos por el vocal Calatayud Sierra.

D) El poder preventivo sin mandato como medio de legitimación de la actuación del guardador de hecho

El art. 169-8 CDFA regula los poderes preventivos sin mandato, que no son medidas de apoyo, sino tan sólo una herramienta que legitima, en los ámbitos señalados por el poder, la actuación del apoderado.

Estos poderes pueden ser una herramienta útil en la guarda de hecho, ya que podrá legitimar al apoderado para llevar a cabo diversas actuaciones jurídicas, lo que favorecerá el ejercicio de esta figura.

IV. Extinción

1. Consideraciones generales

El art. 169-14 CDFA regula las causas por las que el guardador de hecho pierde su condición, señalado los siguientes casos:

> 1.º Cuando deje de ser precisa la prestación de apoyo.
> 2.º Cuando deje de actuar como tal, en cuyo caso deberá ponerlo en conocimiento de la autoridad judicial o de la entidad pública competente en materia de promoción de la autonomía y asistencia a las personas con discapacidad, salvo imposibilidad de hacerlo o que otra persona asuma la guarda de hecho.
> 3.º Cuando la autoridad judicial lo considere conveniente, a solicitud de la persona con discapacidad, del Ministerio Fiscal o de quien se interese por ejercer el apoyo de la persona bajo guarda.

La guarda de hecho es una situación fáctica a la que la ley le atribuye consecuencias legales, por ello también es necesario establecer las causas por las que el guardador pierde esa condición, tomando como premisa, su voluntad de dejar de serlo, tal vez porque no pueda seguir en la función o bien porque, dadas las circunstancias, tal vez sea conveniente constituir una curatela.

2. Las causas

2.1. Enumeración

1.º Cuando deje de ser precisa la prestación de apoyo.

Las causas pueden ser múltiples, todas que lleven a esa consecuencia como el fallecimiento de la persona con discapacidad, su recuperación o el paso a otra medida de apoyo.

2.º Cuando deje de actuar como tal, en cuyo caso deberá ponerlo en conocimiento de la autoridad judicial o de la entidad pública competente

en materia de promoción de la autonomía y asistencia a las personas con discapacidad, salvo imposibilidad de hacerlo o que otra persona asuma la guarda de hecho.

Sería el desistimiento de seguir prestando el apoyo, pero siendo necesario y para no dejar a la persona con discapacidad desprovista de los mismos, se le exige que dé cuenta de ello a la autoridad judicial o la entidad pública competente en materia de promoción y asistencia de las personas con discapacidad, salvo imposibilidad, de cualquier tipo, o que otra persona asuma la guarda. De no hacerlo, y si se derivasen daños para la persona con discapacidad, a ella o a su patrimonio, se le podría exigir responsabilidad (art. 110 CDFA)

3.º Cuando la autoridad judicial lo considere conveniente, a solicitud de la persona con discapacidad, del Ministerio Fiscal o de quien se interese por ejercer el apoyo de la persona bajo guarda.

La guarda puede finalizar por acordarlo así la autoridad judicial a solicitud del Ministerio fiscal, la propia persona con discapacidad y el propio curador, bien para no aplicar apoyo alguno por haber mejorado la situación de la persona con discapacidad o bien para dar lugar a otra medida de apoyo.

2.2. Reflexiones finales

La regulación de la guardada de hecho en el CDFA presenta un completo régimen jurídico que puede ayudar a los ciudadanos con discapacidad y a sus familias a actuar en el tráfico jurídico sin necesidad de constituir una curatela, para el caso, como es propio en Aragón, de no haber articulado un sistema voluntario de apoyos con la libertad que permite el *Standum*.

He observado en lo que acontece a la guarda de hecho regulada por la Ley 8/2021, lo que me ha parecido un cambio de tendencia respecto a fallos anteriores.

Como a todos nos consta, y ha puesto de manifiesto la doctrina, la solicitud de constituir una media de apoyo judicial venía siendo rechazada por las Audiencia Provinciales indicando que existía guarda de hecho que funcionaba eficazmente[17].

Pues bien, a lo largo de 2023, se están admitiendo la constitución de curatelas aun cuando consta la existencia de guarda de hecho, alegando, desde luego, que se hace necesaria la curatela representativa[18], en la mayoría de los casos, dada la situación de la persona con discapacidad: es muy anciana, no

---

17 Sobre ello *vid*. De Berda y Beamonte, J. R.: «La guarda de hecho ...», *op. cit*.

18 Sobre esta cuestión, De la Iglesia Monge, M. I.: «Insuficiencia de la guarda de hecho y surgimiento de la curatela: compatibilidad o complementariedad» *RCDI*, núm. 801, 2024, pp. 219-355.

puede manifestar su voluntad, alegando que para actuar sería recesaría una reiteración de solicitudes judiciales que autorizasen actos de representación

Así, en la sentencia de la AP de Pamplona de 6 de febrero de 2023[19] se recuerda que:

«El Grupo de trabajo constituido en el seno del CGPJ respecto del sistema de provisión judicial de apoyos apersonas con discapacidad, tuvo ocasión de decir, en relación con la guarda de hecho (...) se podrá entender "no suficiente" cuando, por las circunstancias de la persona con discapacidad, se advierta que va a ser necesaria la solicitud de autorizaciones judiciales por el guardador, para actuar en representación de la persona con discapacidad de forma reiterada, y por ello deberá acudir de modo reiterado al juzgado". Tal es la situación que se plantea en el caso enjuiciado en el que, además, los padres del apelante se encuentran, los dos, aquejados de enfermedades generadoras de deterioros cognitivos graves y tienen ambos, por ello, la condición reconocida de Gran Dependiente. (...) Lo expuesto hace, como venimos diciendo, que la " medida informal de apoyo" en que la guarda de hecho consiste se torne en una medida de apoyo insuficiente, lo que justifica la adopción de la oportuna medida de apoyo judicial de carácter formal tal y como prevén los arts. 255 y 269 CC, ajustada a "los principios de necesidad y proporcionalidad", como ordena el art. 249 CC».

En atención a ello, señala en su FD 3.º:

«En consecuencia, procede revocar la sentencia apelada y establecer en favor de D.ª Regina la curatela representativa como medida de apoyo al no ser posible otra solución jurídica más adecuada a la vista de su situación, ya que el simple mantenimiento de la guarda de hecho se ofrece como insuficiente para conseguir los fines propios de estas instituciones que deben "permitir el desarrollo pleno de su personalidad y su desenvolvimiento jurídico en condiciones de igualdad" y "estar inspiradas en el respeto a la dignidad de la persona y en la tutela de sus derechos fundamentales" tal y como dijimos al principio. Así, en estos supuestos de guarda de hecho familiar de ancianos aquejados de una demencia crónica, grave y progresiva, se demuestra la necesidad de una representación legal para los actos usuales de trascendencia económica y administrativa. La designación de curador, debe recaer en el hijo demandante, habida cuenta del consenso familiar existente al respecto y no exonera de la previsión legal contemplada en el art. 287

19 El Juzgado de Primera Instancia N.º 8 de Pamplona con fecha de 31 de mayo de 2022 dictó Sentencia desestimando la demanda y declarando que: «No ha lugar a hacer declaración alguna sobre la capacidad jurídica de doña Regina. *No ha lugar a establecer medida judicial de apoyo para el pleno ejercicio de la capacidad jurídica de Regina, por cuanto existe una guarda de hecho adecuada y suficiente a tal efecto, ejercida en el seno familiar, y que se concreta en la figura del demandante, don Abelardo*. Se declaran de oficio las costas causadas». Dicha resolución, fue apelada en tiempo y forma por la representación procesal de D. Abelardo, hijo de doña Regina y su guardador de hecho

> CC, requiriéndose autorización judicial para los actos comprendidos en el mismo, tal y como prevé el art. 264 del mismo texto legal.
>
> Los actos en los que el curador deba prestar el apoyo se han de extender en este caso a la asistencia a la discapaz en los actos ordinarios de la vida y al ejercicio de su capacidad jurídica con respeto a su voluntad, deseos y preferencias si hubieran sido manifestadas y también a la administración de sus bienes, con obligación de inventario en los términos recogidos en el art. 285 CC y de rendición anual de cuentas.
>
> En cuanto a los actos donde debe el curador ejercer la representación se concretan en aquéllos actos disposición, otorgamiento de consentimiento y demás actos jurídicos precisados de representación incluyendo los actos de carácter jurídico, económico, contractual o administrativo, relacionados con la disposición imprescindible de numerario en cuentas bancarias para atender las necesidades de la discapaz, la contratación de suministros y servicios para el hogar familiar, y los relacionados con su salud, el transporte, y el ocio». [Roj: SAP NA 342/2023]

En el mismo sentido se pronuncia la S. AP de Santa Cruz Tenerife de 25 de abril de 2023 (Roj: SAP TF 359/2023), también la S. AP de Sevilla de 26 de enero de 2024 (Roj: SAP SE 164/2024).

No sé ciertamente si es en verdad un cambio de tendencia; pero si en verdad lo es, la regulación de esta figura en la ley 8/2021 se constatará como un fracaso ya que ello poco favorece la autonomía de las personas con discapacidad el sujetarlas a medidas representativas.

Ciertamente, el guardador puede sentirse más cómodo teniendo ese título de curador con facultades de representación, pero si el patrimonio de la persona con discapacidad no conlleva demasiada complicación, y no exige actos extraordinarios de disposición habituales, creo que, en la regulación aragonesa de esta figura, el guardador de hecho puede actuar con facultades de representación en los actos de la vida cotidiana sin necesidad de constituir una curatela.

La regulación aragonesa, en general, y, desde luego, las previsiones en relación a la guarda de hecho, garantista y flexible, pueden evitar estas situaciones.

NORMAS COMUNES A LAS RELACIONES TUTELARES Y MEDIDAS DE APOYO. DEFENSOR JUDICIAL. CURATELA

David Arbués Aísa
Abogado
Vocal de la CADC

I. Normas comunes a las relaciones tutelares y medidas de apoyo

1. Criterios para la modificación

La reforma ha optado por mantener normas comunes en cuanto resulten aplicables a menores y personas con discapacidad. Así se refleja en el Titulo III, del Libro I, con cuatro capítulos: I sobre *«disposiciones generales»*, II sobre *«disposiciones voluntarias sobre tutela o curatela»*, III sobre *«delación dativa de la tutela o curatela»* y IV sobre *«capacidad, excusa y remoción»*. Finalmente se dedica un capítulo V al defensor judicial. Consecuente al nuevo paradigma de la discapacidad se enumeran separadamente las instituciones tutelares, que quedan solo para menores, y las medidas de apoyo a personas con discapacidad. El art. 100 nos advierte que el emancipado va a quedar sujeto a curatela.

También se actualiza el texto para ajustarlo a la Ley 15/2015, de 2 de julio, de la Jurisdicción Voluntaria, tratando de no repetir innecesariamente normas de contenido exclusivamente procesal.

Aunque esta parte requería de una menor actualización, el nuevo paradigma que supone el reconocimiento a la igual dignidad, personalidad y capacidad jurídica obliga a distinguir en algunas normas, aun dentro de estas disposiciones generales. Con el nuevo modelo social, que sustituye a la intervención paternalista, no es posible privar a la persona con discapacidad de la titularidad de derechos, ni limitar su ejercicio, con los apoyos que requiera, que lo hará en igualdad de condiciones a cualquier otra persona. La representación en el ejercicio de la capacidad jurídica queda residual para la curatela representativa. El respeto a la voluntad y preferencias en la adopción y prestación de los apoyos, en tanto sea posible, es de obligado cumplimiento, sólo cuando no se puedan conocer o su observancia suponga un peligro significativo para la persona o el de las personas a su cargo, o graves perjuicios para terceros se buscará «objetivamente» lo mejor para su dignidad, derechos e intereses, dando así cumplimiento al art. 3 letra a) de la Convención: *«El respeto de la dignidad inherente, la autonomía individual, incluida la libertad de tomar sus propias decisiones, y la independencia de las personas»*.

2. Disposiciones generales

2.1. Enumeración

Se divide el derogado articulo 100 para enumerar en los nuevos artículos 100 y 101 las instituciones tutelares y medidas de apoyo. Son las que estos artículos recogen, otras situaciones que puedan darse no tendrán tal consideración, como sucede en los poderes preventivos sin mandato (art. 169-8.1), la administración voluntaria (art. 112.5) o la prestación de apoyos espontáneos e informales sin ánimo de permanencia (art. 39), en las disposiciones voluntarias será curador el designado para prestar el apoyo, con independencia de la denominación que se le atribuya (art. 113.3). Encontramos así el esquema de la nueva regulación, los menores, para su guarda y protección, quedarán sujetos los no emancipados a tutela, los emancipados, como si fueran mayores, a curatela. Las personas con discapacidad ya no están sujetas a guarda y protección sino a las diversas medidas de apoyo en la medida que las necesiten. El defensor judicial actuará en ambos supuestos. La enumeración del art. 101 nos adelanta los criterios de preferencias en la nueva regulación. El mandato de apoyo y la guarda de hecho operarán de forma preferente quedando la curatela como medida subsidiaria, incluso con subsidiariedad parcial a lo no dispuesto, *«en defecto, total o parcial, de disposición voluntaria»* nos dice el art. 120.

2.2. Caracteres, modos de delación y nombramiento

En los nuevos arts. 102 a 104 se introducen mínimas adaptaciones a los derogados 101 a 103. En el art. 102.3 se hace el necesario ajuste sobre los principios que rigen el ejercicio, cuando se actúe para un menor se hará en su interés, si lo es para una persona con discapacidad con respeto a su voluntad y preferencias en los términos del modelo social recogido en el art. 37. La delación legal queda para la necesaria protección de menores en situación de desamparo, regulado a partir del art. 150 y siguientes. El art. 104 se ajusta a la Ley de la Jurisdicción Voluntaria, art. 45.3 LJV para el nombramiento y 46.3 LJV para la posesión del cargo[1]. El nombramiento del tutor o curador siempre está reservado al Juez. En caso de disposición voluntaria podrá venir «designada» la persona, art. 113.1, pero el nombramiento, con respeto a la vinculación y sus excepciones, art. 119, corresponde al Juez.

2.3. Precauciones: medidas de vigilancia y control, fianza e inventario

Desde la preferencia de lo dispuesto voluntariamente por la persona afectada, se concede a la autoridad judicial la facultad de establecer aquellas medidas de vigilancia y control que considere oportunas. Estas medidas podrán ser aplicadas también al guardador de hecho. No difiere mucho de lo que disponía el art. 103.2, el mayor protagonismo de la guarda de hecho se refleja en su inclusión expresa y ya no es el interés de la persona protegida el fundamento de estas precauciones sino evitar los posibles abusos, influencia indebida o conflictos de intereses. No dice la norma en qué puedan consistir estas medidas que podrán, por ejemplo, extender la autorización judicial o de la Junta de Parientes más allá de lo previsto en el art. 169.24, ya regulado en este artículo al decir *«...los actos o negocios que determine la resolución...»*. No es inhabitual que de acuerdo con lo previsto en el art. 169-26 se nombren varios curadores, separando normalmente el ámbito personal y patrimonial, e incluso dentro de la misma modalidad requiriendo actuaciones conjuntas, art 117. No hay situaciones fácilmente homologables, debiendo buscar ese «traje a medida» para cada situación. Se exceptúan estas medidas de control en la curatela de progenitores, extensible a otros familiares, art. 169-28, que cuenta con su régimen específico, pero también sujeto al control judicial si las circunstancias concurrentes aconsejasen su aplicación, en todo o en parte.

---

1 Sobre preferencia del progenitor con el que convive, SAP Zaragoza 19 mayo 2022, Roj: SAP Z 1211/2022 - ECLI:ES:APZ:2022:1211

La información periódica, con explicación de lo sucedido en el ámbito personal, residencia y convivencia, estado de salud y otros; como en el patrimonial, ingresos y gastos del periodo, con especial referencia a aquello no previsible o periódico, viene siendo exigida normalmente, acordando habitualmente su periodicidad al momento del establecimiento del apoyo o aceptación del cargo, *«en cualquier momento»* nos dice el art. 105.2. En cuanto al trámite procesal se estará a lo dispuesto en el art. 51 de la Ley de la Jurisdicción Voluntaria. Normalmente se abrirá una pieza separada en la que la comparecencia de «los interesados en el expediente», en términos del art. 51.2 de la Ley de la Jurisdicción Voluntaria, es conveniente desde la apertura de la pieza, aunque no imprescindible. Esta legitimación activa viene reforzada por la expresa inclusión en el art. 105.2 de *«a instancia de cualquier interesado»*. Ante cualquier circunstancia especial o discrepancia se concede un plazo de diez días para solicitar una comparecencia, con recibimiento a prueba, resolviéndose lo procedente por auto. Con o sin solicitud de comparecencia el Juez puede auxiliarse de una prueba pericial contable o de auditoría a costa del patrimonio de la persona afectada.

La prestación de fianza venía regulada en el derogado art. 140, ahora se regula en el art. 106, dentro de estas disposiciones generales. La aceptación y ejercicio del cargo de curador no es una cuestión baladí, como tampoco es la responsabilidad que se asume al venir obligado a asistir o representar los intereses de una persona que requiere apoyos tanto personales como patrimoniales. La exigencia de prestación de fianza ha de ser motivada ante la concurrencia de *«razones excepcionales»* como expresamente se exige ahora en el art. 106. Qué deba cubrir esta fianza es algo que no da lugar a dudas, *«el cumplimiento de sus obligaciones»* nos dice el art. 106, es decir todas aquellas que se incluyan en el nombramiento, y esta fianza podrá exigirse *«a cualquier tipo de tutor o curador»,* tanto de la persona como de los bienes. Queda así superado lo dicho en el art. 46.1 de la LJV que al referirse a *«garantizar el caudal afectado»* parece querer limitar la fianza al ámbito patrimonial. Es cierto que en gran medida la fianza vendrá aconsejada en supuestos de una gestión patrimonial importante, y seguramente tendrá justificación en aquellos supuestos que se haya encargado a un profesional ajeno a la persona y a la familia, con una remuneración, pero el art. 110 refiere la responsabilidad de quien intervenga en funciones tutelares o de apoyo a *«los daños que su actuación cause al menor o persona con discapacidad»*, daños que por supuesto pueden darse también en la esfera personal. Constituida la fianza será aprobada judicialmente, será el Juez quien decida la suficiencia y la modalidad en que deba prestarse, que lo podrá ser tanto en forma de garantía real como personal, cuestión esta reafirmada por lo dicho en el art. 46.2 de la LJV al facultar al Juez no solo para ordenar inscripciones, sino también depósitos, medidas y diligencias que considere conveniente para la eficacia de la fianza y conservación de bienes del menor o discapacitado. La Junta de Parientes va a tener un mayor protagonismo, así se ha regulado en el art. 170 que ha incluido expresamente su llamamiento para intervenir en asuntos relativos a medidas de apoyo. En lo que refiere a la fianza no supone novedad, pues estaba en el derogado art. 140. La prestación de fianza puede ser excluida en las disposiciones voluntarias, art. 114.1 e), si bien el Juez, motivadamente, ante la concurrencia de una alteración sustancial de las circunstancias o aparición de nuevos hechos relevantes no tenidos en cuenta podrá exigirla con apoyo en la excepción a la vinculación de las disposiciones voluntarias del art. 119.1. La exigencia de prestación de fianza, no prevista inicialmente, puede ser causa de excusa si resultase gravosa la continuidad, art 125.1, y, aunque no venga recogido expresamente en el art. 126, la no prestación o adecuación de la fianza exigida podrá ser causa de remoción, en cuanto incumplimiento de los deberes propios, entre los que se encuentra la prestación de fianza si le es exigida. El cauce procesal lo encontramos en el art. 46 de la LJV, que la regula juntamente con la comparecencia para la aceptación y toma de posesión del cargo, momento en que habitualmente se fijará, pero también podrá hacerse en un momento posterior, tanto en su exigencia primera, art. 106.1, como para su modificación posterior, art. 106.3.

Fundamental para el correcto control y seguimiento del ejercicio del cargo es la formación de inventario. Regulado en el derogado art. 141, al igual que la fianza se incluye ahora en las disposiciones generales, concretamente en el art. 107. No hay novedad en la regulación, se ajusta a la legislación sobre jurisdicción voluntaria, dejando todas las cuestiones procesales a lo que en ella se disponga. El plazo que antes se recogía expresamente en el art. 141 queda ahora a fijar en cada supuesto, lo que puede evitar prórrogas que ya no están contempladas ni en la norma aragonesa ni en la LJV, si bien justificando los motivos que pueden ser muy diversos, tanto por el patrimonio, facilidad de acceso a los datos o por motivos personales del curador, no debe haber problema para solicitar y obtener una prórroga. La formación de inventario, exigible al curador con funciones representativas, es obligatoria en todo caso, no pudiendo ser dispensada a través de las disposiciones voluntarias, art. 114.2. Queda a salvo la regulación especial para curatela por progenitores, art. 169-28. Se puede formar judicial o notarialmente. La formación judicial se regula en el art. 47 de la LJV. En cuanto a su contenido, la Ley de la Jurisdicción Voluntaria incluye la relación de bienes, escrituras, documentos y papeles de importancia que se encuentren. Puede servir de guion lo dicho en la Instrucción de la Fiscalía General del Estado 4/2008, de 30 de julio, sobre el control y vigilancia por el Ministerio Fiscal de las tutelas de personas discapaces: «*1. Relación de inmuebles, con su descripción y aportación de copias de los correspondientes documentos acreditativos de la titularidad, así como informe sobre su utilización actual, incluyendo copias, en su caso, de los documentos respectivos (contrato de arrendamiento, etc.). 2. Relación de bienes muebles, con descripción de los mismos (vehículos, cuadros, mobiliario, etc.), señalando el lugar donde se encuentran, así como su valoración, con especial referencia a las alhajas y objetos de valor histórico o artístico. 3. Títulos valores (acciones, fondos de inversión, planes de pensiones, participaciones en socieda-*

des, etc.), con denominación de las entidades correspondientes, numero de participaciones, importe de las adquisiciones, etc. 4. Cuentas corrientes y de ahorro, con designación de la entidad bancaria, número de cuenta, saldo en la fecha del inventario, nombres, demás datos de identificación y dirección otros cotitulares o autorizados. 5. Rentas de percepción periódica (pensiones, alquileres, retribuciones, dividendos, intereses, etc.), con descripción de la periodicidad e importe. 6. Declaración de la renta y del patrimonio del tutelado de los tres últimos años». Se formará ante el Letrado de Administración de Justicia y en caso de controversia sobre su contenido se citará a vista con arreglo a los trámites del juicio verbal. Solucionada la controversia, o si no existiese, el Letrado de Administración de Justicia lo aprobará. En el notarial intervendrá la Junta de Parientes, y el tutor o curador depositará una copia en el Juzgado que hubiese acordado la medida de apoyo. El llamamiento a la Junta de Parientes es así por disposición legal y no por acuerdo de los interesados, por tanto, queda facultada para alcanzar los acuerdos necesarios para la debida formación del inventario, con inclusión de bienes no propuestos por el curador, o mostrar su disconformidad sobre lo que proponga el curador, si bien, al igual que el inventario formado judicialmente, art 47.2 LJV, no afectará a terceros el resultado. La función de la Junta de Parientes, en este caso, no es la de asistir al tutor o curador, sino la de órgano familiar de control con facultad decisoria debiendo constar su aprobación. El inventario notarial se deposita en el Juzgado, no para su revisión sino para su constancia. De no alcanzarse acuerdo por la Junta, art. 181, o con el curador, habrá que acudir al inventario judicial, lo que aconseja que previamente a iniciar el inventario notarial haya ya un mínimo de consenso entre el curador y la Junta de Parientes, la intervención de un defensor judicial en este caso puede resultar compleja e ineficaz, pero no debe descartarse. En cuanto al contenido del inventario notarial puede servir el guion de la Fiscalía. Como garantía adicional, art. 107.4, tanto el Letrado de Administración de Justicia como la Junta de Parientes podrán acordar que determinados bienes o documentos queden depositados en un establecimiento destinado a estos efectos sin acceso directo a los mismo por el tutor o curador. Aquí la intervención de la Junta de Parientes viene reforzada pues para este particular no se tendrá en cuenta al curador. La no formación de inventario en el plazo acordado, al igual que la no prestación de la fianza, será causa que habilite la remoción por incumplimiento de los deberes propios, art. 126.1[2].

2.4. Régimen económico: Gastos, daños y perjuicios. Remuneración. Responsabilidad

En cuanto a los gastos y daños y perjuicios que se originen al tutor o curador por la tutela o curatela no hay novedad entre el derogado art. 104 y el actual art. 108. Como norma los gastos son *«a cargo del patrimonio del me-*

2 Sobre la remoción por falta de formación de inventario. SAP Barcelona 3 abril 2018. JUR 2018\103260

nor o persona con discapacidad», es decir el patrimonio llamado a soportarlos inicial y directamente es el del menor o persona con discapacidad, si los gastos son abonados con cargo al patrimonio del tutor o curador se generará un derecho de reembolso. Estos gastos conviene incluirlos en la información periódica con su justificación y no debe haber problema para que a medida que se vayan produciendo se repercutan, dando cuenta posteriormente. La falta de reclamación puede llevar a la prescripción, con el plazo general, que se computará individualmente desde el abono de cada gasto.

Si el tutor o curador sufre daños o perjuicios por el ejercicio de su función tiene derecho a su indemnización. Para que nazca el derecho a la indemnización no ha de haber culpa de su parte, debiendo concurrir la necesaria relación de causalidad. Pero obsérvese que el precepto obliga al tutor o curador a buscar al responsable y a obtener de él la restitución, siendo así subsidiaria la del menor o persona con discapacidad, *«de no poder obtener por otro medio su resarcimiento»*. Vendrá así obligado el tutor o curador a intentar, incluso judicialmente, alcanzar la reparación del tercero responsable con el régimen de responsabilidad que resulte del caso concreto. Intentado lo anterior, y de no alcanzar una satisfacción efectiva, podrá alcanzarla contra el patrimonio del menor o persona con discapacidad. En cuanto a la forma de alcanzarla parece que no es posible que directamente lo obtenga del patrimonio del menor o persona con discapacidad. Puede resultar conveniente acudir a la Junta de Parientes, y en consenso con ella alcanzar un acuerdo o bien en la redición de cuentas periódicas proponer una compensación, dejando constancia del intento de alcanzar la satisfacción contra el patrimonio del responsable y el resultado de la misma. En todo caso también quedará sujeta a una posible prescripción, pero en este caso al ser una responsabilidad subsidiaria se computará desde el momento en que no pueda resarcirse contra el patrimonio del responsable, fecha de no fácil apreciación. Lo anterior es aplicable a la relación interna de responsabilidad entre el tutor o curador y el menor o curatelado, pero también la responsabilidad frente a terceros ha resultado modificada, en este caso por la reforma del código civil operada por la ley 8/2021. Se ha introducido el nuevo artículo 299 CC y se ha reformado el 1.903 CC. El art. 12 de la Convención, y 34.1 de nuestra reforma recogen el principio de capacidad jurídica en igualdad de condiciones y este principio va a influir en la imputación de responsabilidad civil. La exposición de motivos de la ley 8/2021 dice: *«Asimismo, la comprensión de las personas con discapacidad como sujetos plenamente capaces, en la doble dimensión de titularidad y ejercicio de sus derechos, ha de repercutir también de modo ineluctable en la idea de responsabilidad, lo que ha de conllevar el correlativo cambio en el concepto de imputación subjetiva en la responsabilidad civil por hecho propio y en una nueva y más restringida concepción de la responsabilidad por hecho ajeno»*. Sin embargo, el nuevo art. 299 CC no contiene un pronunciamiento tal claro del abandono de la imputación subjetiva, remite al capítulo «de las obligaciones que nacen de la culpa o negligencia» (arts. 1.902 a 1.910 CC).

Habrá que estar al desarrollo jurisprudencial y ver si se aplica el criterio unitario de la responsabilidad por culpa, integrándola con la reforma que la propia ley 8/2021 ha realizado en el Código Penal y si en tal caso, como parece anunciar la exposición de motivos, supone un acercamiento a la concepción objetiva de la culpa, de tal forma que al examinar la responsabilidad de la persona con discapacidad veamos si ya no lo será en cada caso en atención a su discapacidad concreta y a lo hora de determinar su responsabilidad civil deberá analizarse la influencia de su discapacidad en el discernimiento de las consecuencias de sus actos y el daño que se puede derivar a un tercero o, si aun sin discernimiento, será suficiente que el acto sea considerado objetivamente negligente para imputarle responsabilidad. La reforma del 1.903 CC, en este caso en línea con la exposición de motivo, limita la responsabilidad al curador representativo «pleno» que conviva, sin que resulte extensible ni a otros curadores ni a otros titulares de medidas de apoyo, que podrán resultar responsables, en su caso, por la vía del art. 1.902 CC.

El criterio general es que las funciones tutelares y medidas de apoyo se ejercen de forma gratuita, art. 102.4, lo que no impide que pueda fijarse una retribución. Si la aceptación y ejercicio de las funciones tutelares o medida de apoyo es un deber, art. 102.1, es evidente que no hay un derecho absoluto a la retribución, así debe entenderse lo dicho en el art. 48 de la LJV cuando dice *«solicitase la retribución a la que tiene derecho»*. A esta posible retribución se dedica el actual art. 109, que sustituye al derogado art. 105. Como novedad se añade al final del ordinal primero que en caso de convivencia la remuneración podrá fijarse en especie, algo que también podía entenderse incluido en la forma de percibirla. El precepto parece que sólo excluye a las personas jurídicas públicas, art. 109.3, pero las personas jurídicas privadas, para ser tutor o curador, no han de tener ánimo de lucro, art. 123.2, lo que inicialmente excluye la posibilidad de tener remuneración, siendo causa específica de excusa la falta de medios económicos (art. 125.2). Esta afirmación parece concluyente respecto de la tutela de la persona, ahora bien, caso de tutela separada de los bienes puede plantearse si pudiera designarse a una sociedad profesional, con evidente ánimo de lucro, o en todo caso hay que designar a una persona física, el profesional concreto. La cuestión parece más de índole fiscal que civil, parece más ajustado que quien asuma el cargo sea una persona física, si bien deje constancia de su pertenencia a una sociedad profesional a los efectos de facturación. Retribución y reembolso de gastos son cuestiones distintas, la persona jurídica privada podrá reembolsarse los gastos que se le hayan causado, pero la retribución no parece acorde con las personas jurídico-privadas a las que se les dota de capacidad para ser tutor o curador. Respecto a su cuantificación se mantiene la diferencia en la delación voluntaria, con un límite del veinte por ciento del rendimiento neto, y en la delación dativa en la que la Junta de Parientes o el Juez la fijarán o adecuarán en atención a la dedicación que requiera, siempre en relación con el patrimonio del menor o curatelado. El trámite procesal para la fijación judicial lo encontramos en el art. 48 de la LJV. Se concederá previa petición del tutor o curador, lo que parece extensible también a la que sea fijada por la Junta de Parientes, aunque de la lectura del art. 109 no se desprenda una prohibición a la fijación a instancia del Juez o de la Junta de Parientes, su configuración como deber y la propia lógica llevan a concluir que si no lo pide el tutor o curador no se fijará una retribución, aunque puedan concurrir los requisitos objetivos para ello, ni por tanto se aplicará retroactivamente a la solicitud.

2.5. Publicidad

La efectividad de lo dispuesto o acordado, así como la seguridad para la persona con discapacidad y del tráfico jurídico, aconsejan la máxima publicidad, con el debido respeto y discreción a la situación concreta y a los datos personales protegibles. A ello se refiere el art. 111. La publicidad es doble, por un lado, se hará constar obligatoriamente en el Registro civil (art. 111.1 CDFA y 755 LEC) lo que no supone novedad, por otro, en los registros públicos de bienes y derechos (art 111.2 CDFA). La inscripción en los registros de bienes salvo excepciones no es constitutiva, por lo que quien preste apoyos de carácter patrimonial viene facultado, pero no obligado. El art. 111.2 contempla dos situaciones distintas: la inscripción de los propios bienes y derechos, si no lo están, si se adquiere o enajena, etc. y otra muy distinta que es la propia constancia de la medida de apoyo. Lo anterior debe coordinarse en primer lugar con el párrafo segundo del art. 755 LEC que legitima exclusivamente a la persona en favor de la cual se haya constituido el apoyo, con las posibles reticencias de la persona concernida a que conste inscrita, algo en sí contradictorio con la curatela representativa y la propia función de la publicidad, si no extendemos la legitimación al curador representativo, y en segundo lugar coordinarse además con lo dicho en el art. 2.4 LH: *«Las inscripciones de resoluciones judiciales sobre medidas de apoyo realizadas en virtud de este apartado se practicarán exclusivamente en el Libro sobre administración y disposición de bienes inmuebles»*. La inscripción en el Libro sobre administración y disposición de bienes inmuebles se regula en el art. 242 bis LH, y el Colegio de Registradores de la Propiedad, Mercantiles y de Bienes Muebles de España llevará a sus expensas y bajo la dependencia del Ministerio de Justicia un Índice Central Informatizado con la información remitida por los diferentes Registros relativa a los asientos practicados en el Libro sobre administración y disposición de bienes inmuebles, que estará relacionado electrónicamente con los datos correspondientes, si los hubiera, del actual fichero localizador de titularidades inscritas. Pero éste no es un libro de acceso público en lo referido a las medidas de apoyo (art. 222.9 LH), lo que no se coordina muy bien ni con la seguridad de la persona sujeta a medidas de apoyo ni con el tercero que quiera asegurarse de la capacidad de su contratante, debiendo añadirse que como se ha transcrito el art. 2.4

LH refiere la inscripción *«exclusivamente»* en el Libro sobre administración y disposición de bienes inmuebles, y no en las propias fincas. No obstante, lo anterior, hay que recordar que el art. 46.2 LJV faculta al Juez para acordar las inscripciones que considere convenientes para la eficacia de la fianza y conservación de los bienes del menor o persona con discapacidad, y que, acordada una medida inscribible, por ejemplo, una limitación a la disposición sobre una finca concreta tendrá que acceder al Registro de la Propiedad.

2.6. Administración voluntaria

No hay novedad en el nuevo art. 112 que sustituye al derogado art. 107. Se han actualizado los términos, suprimiendo la referencia a la incapacidad e introduciendo como sustituto, caso de medida de apoyo, a un defensor judicial. Se ha aclarado que lo así dispuesto no es una institución tutelar ni medida de apoyo, si bien, le serán de aplicación las normas de vigilancia y control, gastos y responsabilidad por daños[3].

3. Delación dativa de la tutela o curatela

La delación dativa es supletoria, total o parcial, de las disposiciones voluntarias, así lo dicen los arts. 103.2 y 120, éste con igual redacción que el derogado 115 al que se ha añadido la obligación de oír al menor o persona que necesite el apoyo. La participación de la persona afectada la requieren también los arts. 42 bis b) 3 y 45.2 de la LJV. El nuevo art. 121 opera en defecto de designación voluntaria, si la hay vincula al Juez, pudiéndose apartar motivadamente[4]. Con el precedente del art. 116 derogado, se han desdoblado los criterios para el caso de tutela y curatela. El titulillo ya no refiere la preferencia sino la designación y ello por cuanto en la curatela no hay un orden para la designación, quedando la autoridad judicial facultada para designar al que considere más idóneo. Los designables o elegibles se han ordenado según se trate de tutela o curatela, manteniéndose para la tutela que el Juez, en resolución motivada, pueda alterar el orden de preferencia[5]. En curatela se da entrada a la persona que viene actuando como guardador de hecho,

3 Sobre la preferencia de la administración voluntaria, SAP Zaragoza 15 febrero 2021 Roj: SAP Z 710/2021 - ECLI:ES:APZ:2021:710

4 Sobre la necesaria motivación para apartarse de la designación o voluntad de la persona con discapacidad SSTS 19 octubre 2021 ECLI:ES:TS:2021:3770, JUR 2021/332114 , 2 noviembre 2021. RJ 2021/4958, 23 diciembre 2021, ECLI:ES:TS:2021:4879, SAP Valencia 16 septiembre 2021, ECLI:ES:APV:2021:3274

5 Sobre la alteración del orden con anterioridad a la reforma, STSJA 29 julio 2020 Roj: STSJ AR 902/2020 - ECLI:ES:TSJAR:2020:902, SAP Zaragoza, Roj: AAP Z 1992/2022 - ECLI:ES:APZ:2022:1992A , SAP Zaragoza 17 mayo 2019, Roj: SAP Z 935/2019 - ECLI:ES:APZ:2019:935

3. Supuestos de actuación

El defensor judicial actúa tanto en supuestos de menores de edad como de personas discapacitadas. A su vez, cuando actúa en supuestos de menores de edad puede hacerlo también estando el menor sujeto a autoridad familiar. Así lo vemos en los casos de oposición de intereses de los arts. 13. 1, b), para menores de 14 años; art. 28.1. b) para los menores mayores de 14 años, que es llamado pudiendo concurrir con padres y para personas con discapacidad en el art. 42.1, c); también en el art. 73 para el ejercicio de la autoridad familiar por el progenitor menor no emancipado, con suficiente madurez, ordinal 1.º y mayor de edad o emancipado con discapacidad, ordinal 2.º. En todos estos supuestos actúa alternativamente con la Junta de Parientes. Los supuestos en los que actúa como institución tutelar o medida de apoyo los tenemos en el art. 129, los de oposición de intereses ya citados se recogen en el supuesto a), pero también puede ser que el titular de la autoridad familiar, tutela, curatela o mandatario de apoyo no actúe, porque no pueda o porque no quiera —con independencia de la obligatoriedad del cargo—, a ello se refiere la letra b) y art. 129-27 caso de impedimento transitorio en el ejercicio de la curatela y el supuesto del art. 112 en la administración voluntaria. También puede actuar durante la tramitación de la excusa o remoción, art. 128. Un supuesto específico es el regulado en el art. 181 para el caso de no alcanzar acuerdo la Junta de Parientes.

4. Nombramiento

El art. 129-1 remite a la legislación sobre jurisdicción voluntaria que lo regula en los arts. 27 a 32 LJV, juntamente con la habilitación para comparecer en juicio. Consecuente a la doble intervención, por llamamiento directo o consecuencia de un procedimiento judicial, la competencia será el del domicilio del menor o persona con discapacidad o la del Juzgado que ya esté conociendo del asunto que requiera el nombramiento[10]. Se tramita ante el Letrado de Administración de Justicia, sin que se prevea la posibilidad de convertirse en contencioso. Este procedimiento no va a decidir nada sobre la persona afectada, si es menor de edad bastará la constatación de la edad y si es persona con discapacidad habrá una previa medida de apoyo que requiera la intervención puntual. Esta competencia y tramitación es compatible con el supuesto de la letra c) del art. 129, intervención provisional durante la tramitación de la medida de apoyo, pues solo se nombrará al defensor sin pronunciamiento sobre la posible afección en el ejercicio de la capacidad jurídica. Más problemas suscita el supuesto no aplicable en Aragón contemplado en el art. 295.5 CC, intervención ocasional, aunque sea recurrente como medida de apoyo autónoma. Nos dice el artículo *«requiera del establecimiento de medidas de apoyo…»*, en este

10 Sobre competencia territorial, SAP Zaragoza 31 marzo 2021, Roj: AAP Z 499/2021 - ECLI:ES:APZ:2021:499A

caso el procedimiento a seguir será el del art 42 bis LJV pues requiere de la intervención del Juez, de la posibilidad de convertirse en contencioso y con pronunciamiento sobre la necesidad del apoyo. En cuanto a la persona a designar lo será *«la más idónea para el cargo»*. Se estará pues al caso concreto ya que no es tanto un cargo como un encargo para un supuesto concreto, deberá mantener relación con el menor o persona con discapacidad, de la que deberá poder conocer su voluntad y preferencias, si fuese posible.

5. Régimen

Su función es resolver el encargo concreto y con ello finalizará su actuación, de la que deberá rendir cuentas. La especificidad del encargo supondrá, normalmente, que ya no requiera de una aprobación posterior ni del Juez ni de la Junta de Parientes, quizá se requerirá una mayor precisión en el nombramiento de los supuestos de la letra b) del art. 129 y art. 112.4, pues su función puede alargarse y tener por objeto actuaciones no predeterminadas. Aunque aparentemente no supone cambio en lo dicho en el 129-2.2 en cuanto a la no necesidad de autorización o aprobación de la Junta de Parientes o del Juez, el nombramiento ahora corresponde al Letrado de Administración de Justicia, lo que supone que implícitamente, si nada dice en el nombramiento, se está concediendo la autorización o aprobación por el Letrado.

En tanto institución tutelar o medida de apoyo le serán de aplicación lo establecido para vigilancia y control, inhabilidad, excusa y remoción.

III. Curatela del emancipado

El art. 145 recoge lo dicho en los derogados arts. 148 a), 149 y 151. Se trata de curatela en razón de la edad y emancipación, que sólo se constituirá a su instancia para los actos que no puede realizar por sí solo, si no pueden prestarle la asistencia las personas llamadas a ello en el art. 33. La asistencia que le prestará el curador se rige por lo dispuesto para el menor mayor de 14 años. La falta de asistencia convierte el acto en anulable, conforme al art. 29, pero con un cómputo especial del inicio de la prescripción de la acción, desde que alcance la mayoría de edad o fallezca. Para el emancipado con discapacidad se aplicarán las medidas de apoyo previstas para el mayor de edad, art. 38.4.

IV. Curatela

1. Criterios para la modificación

La adecuación a la Convención supone abandonar la declaración de incapacidad y el criterio de protección del incapaz, quedando vedada la mera privación de derechos. Frente a ello se ha de buscar la intervención mínima, con la prestación de los apoyos necesarios para que la persona con discapacidad pueda determinar su voluntad[11], con la información o asistencia que le permita entender el alcance de su decisión ante un hecho concreto y en consecuencia prestar su consentimiento, alcanzando la máxima autonomía[12]. Para ello se atenderá al tipo y grado de apoyo que necesite, de comunicación y acompañamiento, asistencial y sólo en último término representativo. Y lo que se haga en apoyo de la persona con discapacidad se guiará por el respeto a la voluntad y derechos de la persona discapacitada, a lo que ayudará el mayor contacto entre curador y persona con discapacidad para conocer las preferencias que sobre el supuesto concreto tiene o ha tenido la persona con discapacidad. Se sustituye así el criterio del interés superior de la persona discapacitada por el respeto a su voluntad, derechos y preferencias. La tutela queda reservada exclusivamente para menores no emancipados, siendo la curatela la medida judicial para las personas mayores o emancipadas discapacidad. Se configura como subsidiaria total o parcial de otras medidas de apoyo, regulando su concurrencia con el mandato de apoyo y su posible conveniencia pese a existir guarda de hecho e incluso para el curatelado asistencial, con asistencia de su curador, una posible existencia de disposiciones voluntarias posteriores al nombramiento judicial, art. 113.1[13]. No se dará más apoyo del que necesite, con respeto a su voluntad, pero con una precaución especial ante las posibles afecciones a la formación de la voluntad que puede estar influida por la causa de la discapacidad, al igual que sus preferencias. En todo caso el curador deberá procurar el respeto a la dignidad de la persona con discapacidad, art 36.1, lo que en algún supuesto puede aconsejar que esa voluntad, viciada, no se respete y se busque la mejor solución desde la objetivación de lo que se considere más conveniente[14].

2. Disposiciones generales

Se nombrará curador cuando se requiera una medida de apoyo «estable», art. 165-15. Ya hemos visto que el CDFA no recoge un nombramiento de defensor judicial para supuestos ocasionales, aunque sean recurrentes. El nombramiento de un defensor judicial como medida de apoyo autónoma nos

11 Sobre el respeto a la voluntad con anterioridad a la reforma, se mantiene la residencia elegida por la persona afectada cuando podía hacerlo, SAP Huesca 28 junio 2022 Roj: SAP HU 271/2022 - ECLI:ES:APHU:2022:271

12 Sobre la adecuación al momento concreto, proporcionalidad y respecto a la voluntad y preferencias, SAP Valencia 20 octubre 2021, ECLI:ES:APV:2021:3651

13 Sobre la revisión por desaparición de la causa que motivo la medida, SAP Huesca 24 marzo 2022 Roj: AAP HU 95/2022 - ECLI:ES:APHU:2022:95A

14 Sobre el interés superior, STS 8 septiembre 2021, ECLI:ES:TS:2021:3276, también interesante el estudio que se hace previo a la reforma del Código civil en STS 6 mayo 2021 ECLI:ES:TS:2021:1894.

remitiría al procedimiento de provisión de medidas judiciales de apoyo con intervención de Juez, y vendría obligado a rendir cuenta final de su gestión y su función se extingue con la conclusión de su gestión, art. 129-2.1, bien por conclusión del encargo o por desaparición de la causa que motivo su nombramiento, coincidiendo todo ello con la curatela en cuanto a procedimiento para su nombramiento, según lo ya dicho, ejercicio y extinción, art. 169-29, cuando «ya no sea precisa». No hay por tanto una diferencia sustancial, ni por tanto necesidad, para nombrar un defensor judicial como medida de apoyo autónoma. La estabilidad viene referida a la necesidad del apoyo de la persona con discapacidad para el ejercicio de su capacidad jurídica, *«en atención a las concretas necesidades de apoyo»,* y no al número de intervenciones en que se va a requerir la actuación del titular de la medida de apoyo, en muchas ocasiones bastará con la guarda de hecho, no se trata de que haya que apoyar de una manera continuada —curatela— u ocasional —defensor judicial— (250 CC). La guarda de hecho podrá atender otras situaciones, art. 169-12.6, aunque la necesidad recurrente puede ser un motivo de exclusión o conversión de la guarda en favor de la curatela. No se ayudará en más de lo necesario, lo que supone que la medida ha de ser proporcional a las concretas necesidades[15], art. 169-15.1, lo que une con la compatibilidad de las distintas formas de curatela, art. 169-19.3, de tal manera que el Juez determinará los actos para los que va a necesitar apoyo y cuáles de ellos necesitaran comunicación y acompañamiento, asistencia o representación, pudiendo diferenciar en la misma persona con discapacidad necesidades distintas según el acto sin necesidad de nombrar a más de un curador. La subsidiariedad es otra de las características de la curatela, arts. 120, 169-7, 169-14 y 169-16.

Si el curador debe intentar que la persona con discapacidad alcance la máxima autonomía en la toma de decisiones y ha de respetar su voluntad y preferencias es conveniente que mantengan la máxima comunicación, que la ley regula como un deber del curador, art. 169-17, se fija el plazo mínimo de una vez al mes o con la que haya fijado la autoridad judicial.

El procedimiento para su adopción lo encontramos en el art. 42 bis LJV, con referencia a la legitimación en el art. 169-15.2, que añade a las personas físicas o jurídicas que vinieren prestando apoyo, y su revisión en el 169-18, que fija un plazo de tres años pudiendo señalarse uno superior en el auto o sentencia, lo que no impide la revisión en cualquier momento cuando las circunstancias concurrentes así lo aconsejen. Caso de oposición el expediente se convertirá en contencioso y se tramitará por lo previsto en el art. 756 LEC[16].

---

15 Sobre proporcionalidad en la medida de apoyo, SAP Zaragoza 10 mayo 2022, Roj: SAP Z 1172/2022 - ECLI:ES:APZ:2022:1172, AAP Zaragoza 02 diciembre 2021 Roj: AAP Z 1695/2021 - ECLI:ES:APZ:2021:1695A. La necesaria proporcionalidad ya había sido declarada con anterioridad a la reforma por el TS, STS 18 julio 2018, ECLI:ES:TS: 2018:2805.

16 Sobre la obligatoriedad de archivo por oposición y remisión al proceso contencioso, AAP Zaragoza 10 abril 2024, Roj: AAP Z 326/2024 - ECLI:ES:APZ:2024:326A, AAP Zaragoza 07

3. Modalidades

La curatela, medida de apoyo estable, proporcional, tendente a promover la autonomía, revisable, sustituible por otras medidas, es una institución única dirigida a apoyar a la persona con discapacidad en el entendimiento del concreto acto o negocio, facilitándole la información necesaria, las alternativas, sus consecuencias, para alcanzar una conclusión, formar su voluntad y en consecuencia prestar el consentimiento, expresándolo y si ello no es posible, en último grado, sustituirlo mediante la representación. Por ello, hablar de modalidades de curatela es tanto como hablar de grado de intensidad en el apoyo, de tal forma que las distintas modalidades son compatibles entre sí, art. 169-19.3, como pertenecientes a una única institución. Lo anterior no es incompatible con distinguir tipos o modalidades. Así el art. 169-19.1 nos dice que hay tres modalidades de curatela: la de comunicación y acompañamiento, de asistencia y con facultades de representación.

La primera modalidad, art. 169-20, de comunicación y acompañamiento, tiene a su vez dos submodalidades. En la primera, de comunicación, la persona puede formar su voluntad, sin ayudas ni apoyos, pero tiene problemas para manifestarla, a tal fin se le proveerá de un curador para tal comunicación. Se trata de un primer escalón, que incluso puede discutirse si realmente es una medida de apoyo al no ayudar en la formación de la voluntad, pero la imposibilidad de la persona con discapacidad de expresar por si sola el consentimiento en la toma de decisiones forma parte del concepto de discapacidad, art. 34.2. Podrá suceder que la persona, pudiendo formar su voluntad, requiera de consejo o acompañamiento para tomar su decisión, *«para la consideración de opciones y la comprensión de los actos jurídicos y sus consecuencias»,* en este caso estaremos en la segunda submodalidad, de acompañamiento, pero será la persona afectada la que finalmente decida aun en contra de los consejos recibidos. En esta modalidad de curatela no se nombrará defensor judicial, el art. 129 lo regula exclusivamente para representar o asistir.

En la curatela asistencial, arts. 169-21 y 22, ya se ayuda a la persona con discapacidad a formar su voluntad, de tal manera que, para entender el acto o negocio, personal o patrimonial, requiere ya no sólo de un consejo sino de asistencia. La asistencia es algo sobradamente conocido en el derecho aragonés, se regula en la capacidad del menor mayor de 14 años y se define en el art. 27. Se trata del mismo concepto y contenido que en la ya conocida para el menor mayor de 14 años, lógicamente con las debidas adecuaciones. En primer lugar, requiere conocer el acto, no se trata de una presencia testimonial o meramente pasiva. Si es obligado respetar la voluntad y preferencias de la persona con discapacidad, el curador asistencial deberá intentar conocer las preferencias y valorarlas. Conocido el acto y las prefe-

febrero 2024 Roj: AAP Z 198/2024 - ECLI:ES:APZ:2024:198A, SAP Valencia 16 septiembre 2021, ECLI:ES:APV:2021:3273 rencias deberá informarle de la trascendencia del acto o negocio. La persona con discapacidad estará así en condiciones de formar su voluntad, pero el precepto, al igual que en el art. 27, exige algo más, considerarlo conforme a sus intereses. Es esta consideración de ser conforme a sus intereses lo que la distingue del mero consejo, con la consecuencia de que el acto o negocio no se podrá realizar contra la oposición del curador. Quedará a salvo una posible intervención judicial, art. 45-9, si se entiende que la no prestación de la asistencia causa perjuicio o tiene por causa algún abuso, quizá se nombrará de un defensor judicial o se resolverá lo que proceda[17]. El Juez al fijar la curatela [illegible] los actos o negocios para los que se requiera asistencia, y será en un momento posterior cuando se preste la asistencia, previa o simultánea al acto, y que el curador podrá prestar de forma genérica para una pluralidad de actos de la misma naturaleza o referentes a la misma empresa, actividad o sociedad, especificando sus circunstancias fundamentales. No supone, en este particular, novedad sobre lo dicho en el art. 27.

El ultimo grado, arts. 129-23 y 24, la curatela con facultades de representación. Habrá supuestos, estadísticamente los más en este ámbito judicial cuando se acuerde una curatela, en que la persona con discapacidad no puede formar su voluntad con ningún tipo de ayuda o apoyo. En estos casos se nombrará un curador con facultades de representación, según el artículo comentado *«...para aquellos actos que...»*, es decir la curatela representativa lo será para actos, podrán ser todos en situaciones límite, pero la compatibilidad de las modalidades supone que haya de referirse a los actos y no sólo a la persona. Este curador vendrá obligado por los principios generales de la curatela y a respetar la voluntad y preferencias, aunque en no pocas ocasiones será difícil, debiendo estar a lo que considere mejor para la dignidad, derechos e intereses de la persona afectada, art. 37.2. La existencia de curatela con facultades de representación ya estaba contemplada en la legislación reformada, concretamente en el art. 150.2 derogado, lo que fue de utilidad durante el periodo transitorio de adaptación como fundamento jurídico para resolver las cuestiones planteadas. La situación de la persona con discapacidad sometida a curatela con facultades de representación es muy similar a la del menor de 14 años, así el art. 169-24.1 remite a los arts. 14, 15 y 16 para los actos que requieren autorización previa de la Junta de Parientes o del Juez, son actos referidos a la aceptación o rechazo de atribuciones gratuitas, actos de disposición y los específicos del tutor que por remisión son aplicables también al curador con facultades representativas. Con las necesarias adaptaciones el art. 169-24.2 recoge el contenido del art. 17 para la aprobación de la división del patrimonio o cosa común. El art. 169-25 regula cuando se concederá la autorización o aprobación, que no será en

17 En un caso de discrepancia entre el curador y el curatelado para la venta de un piso, y la consecuente negativa para prestar la asistencia, en derecho del CC, se nombró un defensor judicial. AAP Sevilla 28 octubre 2021 Roj, AAP SE 775/2021; ECLI:ES:APSE:2021:775A.

interés —protector— de la persona con discapacidad, como dice el art. 18 respecto del menor, sino por causas justificadas de utilidad o necesidad para la persona con discapacidad. En ese supuesto concreto sí que se examinará el interés de la persona con discapacidad, no como protección sino como utilidad, necesidad o incluso mera conveniencia, art. 63.1 LJV, pues puede deberse a motivos muy diversos, disolución de proindiviso, herencias, necesidad económica, utilidad por una circunstancia coyuntural. En la línea de la mejor defensa de los intereses de la persona con discapacidad el ordinal tercero recoge el contenido del derogado art. 139.2 para eximir de la obligación de subasta pública en la enajenación de los bienes y derechos de la persona con discapacidad, lo que hay que poner en relación con el art. 63.3 LJV que regula la solicitud de venta directa, con aportación de un informe pericial sobre el precio de mercado y especificación de las condiciones de la pretendida venta, opción ésta de previsible mejor resultado que la subasta judicial.

4. Ejercicio de la curatela

Los principios generales para el ejercicio de la curatela los definen los arts. 36 y 37. En resumen, se debe respetar los derechos y dignidad de la persona y limitarse a lo estrictamente necesario, con interpretación restrictiva. Deberá respetar la voluntad y preferencia de la persona con discapacidad, fomentando su autonomía y libertad para que llegue a alcanzar su conclusión y decisión, solo cuando no sea posible, no pueda conocerse la voluntad o preferencias o su cumplimiento resulte imposible, extraordinariamente difícil o suponga un peligro propio, de las personas a su cargo o para terceros se buscará lo que objetivamente sea mejor para su dignidad, derechos e intereses.

No será inhabitual que se nombren varios curadores para una misma persona, sobre todo en supuestos de curatela por o para progenitores o con un patrimonio que requiera de una gestión específica o incluso como una medida de control. A ello se refiere el art. 129-26. La curatela puede ser plural porque el Juez nombre varios curadores para modalidades distintas, por ejemplo, uno que asista y otro que represente o dentro de la misma modalidad, en la asistencial y con más frecuencia en la dotada de facultades de representación, asigne separadamente la curatela de la persona y de los bienes. No se limita el número de curadores, se deja a criterio del Juez al igual que los supuestos concretos en que cada curador va a actuar y de ser conjuntos para algún tipo de actos si lo llevaran a cabo de forma conjunta o solidaria, ampliando así lo que decía el modificado art. 134 que se mantiene con igual número y redacción para los tutores y a lo dicho en las disposiciones voluntarias en el art. 117. El establecimiento de ejercicio mancomunado puede ser una medida de control adicional[18].

18 Sobre la curatela mancomunada por diferencias entre los descendientes, aunque finalmente se desestima, SAP Huesca 21 marzo 2022 Roj: SAP HU 110/2022 - ECLI:ES:APHU:2022:110

El ejercicio mancomunado por varias personas puede llevar a divergencias que impidan alcanzar una decisión. En tal caso podrán acudir a la Junta de Parientes o al Juez, decidiendo este último de plano. Si las divergencias fuese tan habituales que entorpeciesen el normal ejercicio de la curatela podrá el Juez modificarla temporalmente redistribuyendo las funciones e incluso, si llegasen a ser insalvables, podría dar lugar a la remoción por no ser aptos para el desarrollo del cargo.

Una de las funciones del curador de la persona es procurar que se cubran las necesidades de la persona con discapacidad si así lo requieren las circunstancias, por ello, si se ha nombrado curadores distintos para la persona y para los bienes, o existe un administrador como consecuencia de así haberse dispuesto en administración voluntaria, deberá entregar al curador de la persona los medios económicos necesarios tanto para la propia persona con discapacidad como para los gastos derivados del ejercicio de su función y, su caso, su retribución. De existir discrepancias y no alcanzar acuerdo podrán acudir a la Junta de Parientes o al Juez, que fijarán la cuantía y de ser varios, su distribución atendiendo a la importancia y rendimiento de los bienes.

Podrá suceder que en un momento concreto el curador no pueda actuar. El art. 169-27 da solución a los impedimentos transitorios del curador. La oposición de intereses, que no es tanto un impedimento transitorio sino puntual al caso, ya ha quedado comentada en el art. 42. Los supuestos ahora comentados son motivos transitorios: enfermedad, compromisos laborares, no presencia física en el momento requerido, es decir, aquellos que le impiden actuar en ese momento que es requerido. No se trata por tanto de supuestos en los que el curador pretenda evitar su intervención por no estar conforme con el acto pretendido por la persona con discapacidad, a modo de excusa para el caso. El ejercicio del cargo es obligatorio y constituye un deber pronunciarse en contra si una vez valoradas las preferencias de la persona con discapacidad no lo entiende conforme a los intereses de dicha persona, art. 169-22[19]. Podrá asistir, hacer lo necesario para conocer el acto y en caso de asistencia simultánea no oponerse, pero en tal caso se entenderá prestada la asistencia. En cuanto a la forma de solucionar el impedimento, si hay otro curador con las mismas funciones, no afectado por el impedimento, será quien preste el apoyo, en otro caso, lo prestará la Junta de Parientes o un defensor judicial. Si La Junta de Parientes actúa en representación y el acto requiere además autorización o aprobación, ésta será judicial. Si la situación creada se prolongase o reiterase, el Juez dará solución reorganizando la curatela pudiendo incluso nombrar otro curador, en tal caso con admisión de excusa o remoción por incumplimiento de las obligaciones, que no debe de ser obligatoriamente culpable, pudiendo ser incumplimiento por imposibili-

19 En un caso de discrepancia entre el curador y el curatelado para la venta de un piso, y la consecuente negativa para prestar la asistencia, en derecho del CC, se nombró un defensor judicial. AAP Sevilla 28 octubre 2021 Roj, AAP SE 775/2021; ECLI:ES:APSE:2021:775A.

dad. No encontramos regulación específica para el impedimento transitorio del defensor judicial, que podrá darse, pero seguramente requerirá de una solución distinta, seguramente en atención al encargo con el nombramiento de otro defensor judicial aplicando los motivos de excusa o remoción por imposibilidad sobrevenida, art. 129-2.3.

5. Curatela por progenitores

Como se dice en la Exposición de motivos, «*Junto a todo lo anterior se establece un régimen especial en el artículo 169-28 bajo la rúbrica "Curatela por los progenitores", que pretende dar respuesta a una realidad social y poner en valor el apoyo desinteresado que los progenitores, a lo largo de toda su vida, prestan a sus hijos con discapacidad*». Y así es en efecto. Normalmente todas las cuestiones vistas hasta el momento se resuelven en el seno de la familia más cercana, los padres, en tanto pueden hacerse cargo, son los que se ocupan y además se preocupan por la continuación de los cuidados, herencia y seguridad del hijo con discapacidad. Cuando ya no pueden ocuparse se hacen cargo otros familiares cercanos. No resultaba de fácil encaje en la adaptación el mantenimiento de la prórroga y rehabilitación de la autoridad familiar, pero conviene facilitar al máximo aquellos supuestos que encontraban solución en estas figuras ahora desaparecidas. A ello se refiere el art. 169-28 simplificando el régimen y pretendiendo no cargar la situación familiar. Esto no supone que no se esté bajo el control judicial, así lo recuerda el ordinal segundo que faculta al Juez para hacer los ajustes necesarios. Así, inicialmente los progenitores no tendrán remuneración, tampoco vendrán obligados a formar inventario ni a efectuar información periódica, necesitando aprobación o autorización de la Junta de Parientes o el Juez solo para los supuestos en que los necesita el hijo menor de edad. Es un régimen especial pensado en la relación familiar cercana y así el ordinal tercero permite extenderlo, en todo o en parte, al cónyuge, otro miembro de la pareja estable, descendiente o hermano. Simplemente se trata de convertir en norma lo habitual y dejar la desconfianza o el mal ejercicio para la excepción y control judicial.

6. Extinción

La curatela se extinguirá de forma automática por el fallecimiento o declaración de fallecimiento de la persona sujeta a curatela, art. 169-29. Si entre los caracteres de la curatela está la necesidad, proporcionalidad, temporalidad y subsidiariedad, en su consecuencia la curatela se mantendrá en cuanto y cuando sea imprescindible. La obligada revisión podrá aconsejar su supresión, innecesariedad, su cambio de modalidad, proporcionalidad, o su extinción, temporalidad. También podrá acordarse otro tipo de medida más adecuada. En todo caso con pronunciamiento judicial por el trámite procesal regulado en el art. 42 bis c) LJV, que puede convertirse en contencioso si hay oposición, tramitándose en ese caso según lo previsto en el art. 761 LEC.

Finalizada la curatela por cualquiera de los motivos anteriores, o por el cese del curador, vendrá este obligado a la rendición final de su gestión, con inclusión de la información, documentos y todo lo necesario para poder justificar todos los capítulos que se incluyan. Durante la curatela, habitualmente, se habrá informado periódicamente al Juzgado, por lo que en lo ya informado podrá bastar la simple remisión. El contenido de la cuenta general de gestión no será la misma según la modalidad de curatela que haya existido. No será necesaria en la de comunicación y acompañamiento. El curador asistencial no está obligado a formar inventario, ni actúa en representación ni sustitución, por lo que su contenido estará limitado a los actos que el Juez incluyó en su nombramiento. Será el curador representativo el que habitualmente tenga que presentar la cuenta «general» de gestión que deberá venir referida al inventario inicial y final con explicación y justificación de los movimientos patrimoniales, y con un capítulo sobre la curatela de la persona, y en su caso por cada uno de los curadores[20]. Según la complejidad, podrá valerse de una prueba pericial contable, que también podrá acordar de oficio el Juez, con cargo al patrimonio curatelado. Deberá hacerse en el plazo de tres meses a contar desde el cese, prorrogable según complejidad u otra justa causa, para los herederos del curador el plazo comienza tras la aceptación de la herencia. Los gastos en los que incurra serán a cargo del patrimonio de la persona sujeta a curatela. De no exigirse en el plazo de tres años desde el cese, o aceptación de herencia para los herederos del curador, la acción prescribirá. Rendida la cuenta general el Juez la aprobará por auto, art. 143, por los trámites del art. 51 LJV, aprobación que no impedirá el posterior ejercicio reciproco de acciones. La recurribilidad del auto en apelación no es pacífica, en alguna ocasión se ha resuelto su no recurribilidad[21], en otras ocasiones se ha admitido el recurso[22]. El patrimonio deberá reintegrarse a la persona titular o, caso de fallecimiento, a sus herederos, pudiendo en este caso continuar con la gestión en evitación de perjuicios a los herederos. Tratándose de cambio de curador representativo la restitución se hará al nuevo curador, que a su vez formará el inventario inicial, al momento del relevo. Aprobada la cuenta final de gestión podrá haber un saldo a favor o en contra del curador. Si es en contra del curador se trata de una cantidad liquida sin motivo para no considerarla, desde ese momento, vencida y exigible, con respeto al plazo de 20 días del art. 548 LEC, y los intereses se devengarán desde la aproba-

20 Sobre el contenido de la rendición final de cuentas. AAP de Cáceres, 9 diciembre 2004. JUR 2005\5590, AAP Sevilla 19 noviembre 2021, Roj. AAP SE 974/2021; ECLI:ES:APSE:2021974A.

21 Sobre la no recurribilidad en apelación del auto que aprueba la rendición de cuentas. SAP Huesca 29 abril 2021 Roj: AAP HU 99/2021 - ECLI:ES:APHU:2021:99A

22 Sobre la posibilidad de recurso, SAP Zaragoza 02 diciembre 2021 Roj: AAP Z 1695/2021 - ECLI:ES:APZ:2021:1695A, SAP Teruel 05 febrero 2020 Roj: AAP TE 20/2020 - ECLI:ES:APTE:2020:20A , AAP de Cáceres, 9 diciembre 2004. JUR 2005\5590, en tanto entran a conocer del recurso.

ción de la cuenta. Si por el contrario el saldo es a favor del curador, previa restitución de los bienes, por tanto, sin derecho de retención, deberá requerir de pago y sólo si no fuese atendido el requerimiento desde ese momento se devengarán intereses.

EFECTOS DE LA RUPTURA DE LA CONVIVENCIA CON HIJOS A CARGO. LOS INSTRUMENTOS DE PROTECCIÓN DE MENORES

Aurora López Azcona
Profesora Titular de Derecho civil
Secretaria de la Comisión Aragonesa de Derecho civil

SUMARIO:

I. Planteamiento

Interesa abordar en el presente capítulo una cuestión colateral de la reforma del sistema aragonés de discapacidad por la Ley 3/2024, de 13 de junio, de modificación del Código de Derecho Foral de Aragón en materia de capacidad jurídica de las personas, pero de indudable trascendencia práctica como es la relativa a los efectos de la ruptura de la convivencia de los progenitores en que se vean implicados hijos con discapacidad. Corresponde, asimismo, ofrecer una aproximación a la profunda modificación de que han sido objeto las previsiones del Código Foral en materia de instrumentos de protección de menores.

II. Los efectos de la ruptura con hijos con discapacidad a cargo

La Ley 3/2024 ha abordado la revisión no sólo del régimen de capacidad por razón de discapacidad y medidas de apoyo, sino las demás disposiciones del CDFA atinentes a las personas con discapacidad, entre ellas, los arts. 75 a 84 CDFA que regulan los efectos de la ruptura de la convivencia, matrimonial o no, de los progenitores con hijos a cargo.

Se ha procedido así a incluir en el art. 75.4 una noción legal de la expresión «hijos a cargo», para atribuir tal calificativo tanto a los menores como los mayores de edad que se encuentren en situación de dependencia, bien por encontrarse en la situación del art. 69 CDFA —los hijos mayores en formación y dependientes económicamente— o por razón de su discapacidad. De este modo, en cuanto a los hijos con discapacidad la razón para considerarlos hijos a cargo a los efectos de incluirlos en el ámbito de aplicación de las concretas medidas derivadas de la ruptura de sus progenitores no radica tanto en su discapacidad, sino en la circunstancia de que, por causa de la misma, carezcan de independencia personal y/o económica y, por tanto, sigan a cargo sus progenitores.

Obviamente, tal delimitación conceptual ha incidido en la revisión de que han sido objeto los demás preceptos dedicados a los efectos de la ruptura de la convivencia de los progenitores.

Así, tratándose de una ruptura de mutuo acuerdo, la aprobación judicial del pacto de relaciones familiares se supedita novedosamente a que sus cláusulas —y, en particular, las atinentes al régimen de convivencia y visitas, uso de la vivienda familiar y gastos de asistencia— no sólo resulten acordes al interés de los hijos menores, sino a que no resulten gravemente perjudiciales para los hijos mayores a su cargo, ya sea por razón de discapacidad o por encontrarse en formación (art. 77.5 CDFA).

Por lo que hace a las medidas judiciales a adoptar en defecto de pacto, la principal novedad tiene que ver con el «régimen de custodia de los hijos menores o incapacitados» a que se refería el anterior art. 80 CDFA. De este modo, dicho precepto se ha modificado en el sentido de restringir el uso de la expresión «guarda y custodia» a los hijos menores por lo que ello implica —compañía y cuidado personal diario—, mientras que, respecto de los hijos mayores con discapacidad, siempre que sean a cargo, se ha optado por emplear el término «convivencia», por considerarlo más acorde a la filosofía que subyace en la reforma que parte, en coherencia con la Convención de Naciones Unidas sobre los derechos de las personas con discapacidad de 2006 (en adelante, Convención NU de 2006), de la necesaria distinción del tratamiento dispensado a los menores de edad y a las personas adultas con discapacidad. A partir de ahí, y con independencia del ejercicio de las medidas de apoyo que puedan tener establecidas tales hijos, el juez habrá de decidir, siempre que estén a cargo de sus progenitores, sobre el régimen de convivencia en atención a su interés (art. 80.2), pero también a su opinión siempre que tengan suficiente discernimiento (art. 80.2.c); convivencia que podrá ser compartida —con ambos progenitores en periodos alternos— o individual —con uno de ellos—, en este segundo caso con régimen de visitas para el otro, a fin de promover la participación igualitaria de ambos en el cumplimiento de las obligaciones derivadas de la relación paterno filial (art. 75.2). Obviamente, al igual que ha sucedido con el término «guarda y custodia» serán los operadores jurídicos y, en especial, los órganos judiciales los que habrán de determinar *ad futurum* el concreto alcance o significado a dar al término «convivencia».

Como es lógico, este régimen de convivencia condiciona las otras dos medidas atinentes a los hijos como son las relativas al uso de la vivienda familiar y al reparto de los gastos de asistencia que generen.

Así, tratándose de hijos mayores con discapacidad, la atribución del uso de la vivienda familiar —en todo caso, limitada temporalmente— se hace depender del régimen de convivencia, compartida o individual, por el que opte el Juez (art. 81.1 y 2 CDFA). Los criterios de atribución del uso se mantienen, no obstante, inalterados, tal y como se articularon por la Ley 2/2010, de 26 de mayo, de igualdad en las relaciones familiares ante la ruptura de la convivencia de los padres.

De este modo, de fijarse una convivencia compartida, el criterio preferente en orden a la atribución del uso de la vivienda familiar es el de mayor dificultad objetiva de uno de los progenitores para acceder a una vivienda. De no resultar aplicable este criterio se faculta al Juez a decidir el destino —que ya no solo el uso— de la vivienda familiar en función del «mejor interés para las relaciones familiares».

En caso de optarse por la convivencia individual, dos son, de nuevo, los criterios a los que habrá de atender el Juez a fin de decidir acerca de la atribución del uso de la vivienda familiar. El primero de ellos radica en otorgar el uso al progenitor a quien corresponda convivir individualmente con los hijos. Subsidiariamente se opta por el criterio de atribución al progenitor no custodio, fundado en «el mejor interés para las relaciones familiares».

De igual modo, el reparto de los gastos de asistencia que generen los hijos y, en particular, de los ordinarios se hace depender del concreto régimen de convivencia, compartida o individual, de los hijos mayores con discapacidad que fije el juez. Así, el nuevo art. 82.3 CDFA faculta al Juez para asignar la realización compartida o separada de tales gastos en función del régimen de custodia o convivencia de los hijos, pudiendo, asimismo, establecer un pago periódico entre los progenitores si lo estima necesario. En cualquier caso, interesa recordar con base en la jurisprudencia que tales gastos ordinarios incluyen los de alojamiento, manutención, educación, vestido y sanitarios; estos últimos, siempre que estén cubiertos por un seguro, ya que, de no ser así, se califican de extraordinarios necesarios. Por su parte, el reparto de los gastos extraordinarios se sigue haciendo depender de los recursos económicos de que dispone cada progenitor por lo que hace a los necesarios; y el de los acuerdos a los que lleguen los progenitores o, en su defecto, de la decisión en la realización del gasto en cuanto a los no necesarios (art. 82.4).

III. Las relaciones tutelares de menores

Tras la reforma de 2024, el sistema tutelar —o sistema privado de protección de menores— aragonés sigue pivotando esencialmente en torno, de una parte, a la tutela (arts. 130 a 144 CDFA) y la curatela (arts. 145 CDFA) como medidas estables o permanentes; y, de otra, el defensor judicial (arts. 129 a 129-2 CDFA) como medida puntal a la par que supletoria. Junto a las instituciones tutelares propiamente dichas, el Código foral sigue contemplado otras figuras que contribuyen complementariamente a la protección de los menores como son la guarda de hecho (arts. 146 a 149 CDFA) y la administración voluntaria (art. 112 CDFA).

1. La tutela ordinaria

En la reforma se ha reservado, con buen criterio, la institución de la tutela a los menores no emancipados, por entender el legislador que, en relación a los adultos con discapacidad, se trataba de una figura en exceso rígida y poco adoptada al sistema de apoyos diseñado por la Convención NU 2006. Se ha dado así una nueva redacción al art. 130.1 CDFA para restringir el ámbito de aplicación de la tutela ordinaria a los menores no emancipados no sujetos a autoridad familiar o que, estando bajo la autoridad familiar de personas distintas de los progenitores, tienen un patrimonio que gestionar, en cuyo caso se les nombrará exclusivamente un tutor real. El tenor de su aptdo. 2 también ha sido modificado en lo que hace a la tutela automática, a fin de circunscribirla a los menores en desamparo.

A partir de ahí, el legislador ha optado por reproducir su régimen jurídico, tal y como estaba articulado desde la Ley 13/2006 de Derecho de la persona, no sin introducir algún matiz de importancia.

De este modo, por lo que hace a la promoción y constitución de la tutela, el art. 131 formula la obligación de promover su constitución a una serie de personas, desde el momento en que conozcan el hecho que la motiva, so pena de incurrir en responsabilidad solidaria por los daños causados al menor, así como la preceptiva actuación del Ministerio Fiscal o del Juez, ya sea de oficio o en virtud de denuncia de cualquier persona que tenga conocimiento del hecho determinante de la tutela. Bajo la rúbrica «tutela provisional», el art. 132 sigue atribuyendo provisionalmente al Ministerio Fiscal la representación y defensa del menor en el lapso temporal comprendido desde que se tenga conocimiento del hecho determinante de la tutela hasta la sentencia constitutiva de la misma. Si, además, procede la gestión de su patrimonio, se faculta al Juez a nombrar un administrador con la obligación de rendirle cuentas de su gestión una vez concluida. Por último, el art. 133 continúa reconociendo al Juez la competencia exclusiva en materia de constitución de la tutela ordinaria, imponiéndole la obligación previa de recabar certificación del Registro civil o, en su caso, del Registro de Actos de Última Voluntad para comprobar la posible existencia de disposiciones voluntarias conforme a lo dispuesto en los arts. 113 a 115 CDFA.

También su contenido permanece prácticamente inalterado, reconociéndose al tutor tanto funciones de índole personal como patrimonial. En particular, por lo que hace a su contenido personal, el art. 136 le sigue atribuyendo el de la autoridad familiar —esto es, el del art. 75 CDFA—, debidamente modulado en atención a las previsiones específicas en materia de tutela y, entre ellas, en particular, la relativa a la prestación de alimentos que formula el art. 137. Por añadidura, el art. 135 le continúa asignando, como regla, la «administración legal» de los bienes del tutelado, sin perjuicio de ciertas excepciones que permanecen sin cambios. Según precisa el art. 138, tal gestión se rige por las mismas reglas que las que vinculan a los progenitores a la hora de gestionar los bienes de sus hijos como titulares de la autoridad familiar —esto es los arts. 94 a 99 CDFA—, eso sí, con las modificaciones previstas en el Título IV del Libro I dedicado específicamente a las relaciones tutelares.

Las modificaciones en cuanto a la estructura de la tutela son, igualmente, mínimas. Sólo se ha revisado el art. 134, al objeto de suprimir, con buen criterio, la referencia a la tutela dual de los progenitores, dado que conviene no olvidar que, si ha de constituirse la tutela, es porque éstos han sido privados de la autoridad familiar o, al menos, suspendidos en su ejercicio, en cuyo caso serán inhábiles para la tutela *ex* art. 124.1.a CDFA.

Por último, permanecen intactas las causas de extinción de la tutela (art. 141) así como el régimen relativo a la rendición de la cuenta general (arts. 142 a 144) excepción hecha de la regla relativa al devengo de intereses que ha sido modificada, adoptando para ello el tenor del art. 293.2 Cc.

2. La curatela

La curatela continúa actuando como mecanismo de asistencia de la toma de decisiones de los menores emancipados para aquellos actos que no puede realizar por si solos como son los enunciados en el art. 33.1 CDFA, inalterado en este extremo.

En particular, según precisa el art. 145.1 CDFA su constitución queda circunscrita a aquellos casos en que «las personas llamadas a prestarles asistencia prevenida en el artículo 33» —esto es, sus progenitores o, en su caso, su antiguo tutor— fallezcan o se encuentran imposibilitados de modo permanente para prestarles dicho complemento de capacidad.

En cualquier caso, tras la reforma la curatela de los menores emancipados se sigue configurando como un instrumento de protección estable, pero de actuación eventual o intermitente, en cuanto que el mismo art. 145 en su aptdo. 2 prevé su constitución a instancia del propio menor y su objeto se limita a la intervención del curador en el concreto acto que aquél no pueda realizar por sí solo.

El régimen de la curatela de los menores emancipados concluye con unas previsiones, procedentes del antiguo art. 151, dirigidas a dotar del debido contenido a la función de asistencia a desempeñar por el curador. De este modo, el art. 145.3 se remite, con las «necesarias adaptaciones» derivadas de la emancipación, al régimen de asistencia previsto para el menor de catorce años que no es otro que el contemplado en los arts. 23 a 29 CDFA. Ello no obsta para que se fijen unas reglas especiales en orden a la acción de anulabilidad y, en particular, con respecto al *dies a quo* de su plazo de ejercicio que, por lo demás, es el de cuatro años previsto en el art. 29. Así, de acuerdo con el art. 145.4, cuando la acción se dirija a invalidar actos realizados por el menor emancipado sin la asistencia de su curador, el plazo habrá de computarse desde que éste alcance la mayoría de edad o desde su fallecimiento si acaece con anterioridad.

3. El defensor judicial

El sistema tutelar aragonés se cierra con el defensor judicial, figura que opera a la par como institución de protección de menores y medida de apoyo de las personas con discapacidad. Como institución tutelar, el legislador le reserva como hasta ahora el papel de prestar protección puntual a los menores en suplencia de las personas que la prestan habitualmente, ya sean los titulares de la autoridad familiar, el tutor o el curador. Dicha figura preserva así sus rasgos característicos como son, de una parte, la transitoriedad y la subsidiariedad. A partir de ahí, según hace constar el art. 129 CDFA, la protección a prestar al menor por el defensor judicial se traduce, en funciones representativas o de mera asistencia, según aquél sea mayor o menor de catorce años. No se ha implementado, sin embargo, la solución estatal (arts. 235, 236 y 247 Cc) de asignarle el papel adicional de prestar asistencia a los menores emancipados en defecto de ambos progenitores.

Así las cosas, en el Código foral se le sigue dando entrada en dos supuestos muy concretos. Así, se prevé su nombramiento, en primer lugar, como alternativa a la Junta de Parientes *ex* arts. 13 y 18 CDFA, cuando exista oposición de intereses en algún asunto concreto entre el menor y los titulares de la autoridad familiar o, en su caso, el tutor o curador (art. 129.a); y, en segundo término, por falta de desempeño temporal de sus funciones por parte de los titulares de la autoridad familiar, tutela o curatela hasta que cese la causa determinante, cualquiera que sea, o se designe por resolución firme a otra persona para su ejercicio (art. 129.b). Junto a estos dos supuestos de actuación específicos, el artículo 129.d le da entrada «en todos los demás casos previstos en la ley». Se contiene así una remisión genérica y dinámica a la legislación aplicable en Aragón que contemple el posible nombramiento de un defensor judicial.

El régimen del defensor judicial formulado en el CDFA se completa con dos previsiones que han sido revisadas al objeto de su debida adecuación a la legislación procesal. Me refiero, en primer lugar, al art. 129-1 que se remite a la legislación sobre jurisdicción voluntaria en lo que hace a su proceso de nombramiento. Y, en segundo lugar, al art. 129-2 que en su aptdo. 2 ha matizado el tenor del anterior art. 155.2 en el sentido de exonerar exclusivamente de la preceptiva autorización o aprobación de la Junta de Parientes o el Juez aquellos actos a realizar por el defensor judicial en representación del menor, con una salvedad, a saber: cuando en su nombramiento no se haya previsto lo contrario. Por añadidura, el art. 129-2 en su aptdo. 3 y último hace extensiva a esta figura, «con las necesarias adaptaciones» derivadas de su especial naturaleza, las disposiciones en materia de tutela y curatela en materia de vigilancia y control (art. 105), así como las relativas a las causas de inhabilidad, excusas y remoción (arts. 123 a 128).

4. Figuras complementarias

Como se ha indicado *ab initio*, el sistema privado de protección de menores diseñado en el CDFA se completa, como hasta ahora, con las figuras de la administración voluntaria y la guarda de hecho.

4.1. La administración voluntaria

La administración voluntaria, aunque no sea propiamente una institución tutelar ni una medida de apoyo según precisa el art. 112-5 CDFA, constituye una figura que puede contribuir adicionalmente a la protección de los menores, en particular, en lo que hace a su esfera patrimonial.

Bajo esta rúbrica, el art. 112.1 en su 1.ª parte reconoce a quien disponga de bienes a título gratuito a favor de un menor la potestad de configurar el régimen jurídico de la gestión de los mismos. El disponente podrá así establecer reglas de gestión distintas a las previstas en el Código foral, excluir a uno o ambos progenitores del menor de la gestión (art. 94.2.b CDFA, inmodificado), atribuir exclusivamente la administración al menor mayor de catorce años (art. 26.2.c CDFA, inmodificado) o limitar *ad contrarium* sus facultades de gestión o, incluso, nombrarle un administrador.

El mismo art. 112 dedica específicamente a este administrador voluntario sus apartados siguientes, a fin de delimitar su régimen jurídico en términos, por lo demás, coincidentes con los del anterior art. 107. Así, según resulta de la 2.ª parte de su aptdo. 1, dicho administrador tendrá todas las facultades propias para llevar a cabo una adecuada gestión de los bienes, salvo aquellas excluidas, en su caso, de su competencia por el disponente, las cuales corresponderán a los progenitores o al tutor. Por añadidura, según clarifica su aptdo. 2, su nombramiento será eficaz desde que el menor adquiera los bienes que le han sido transmitidos ya sea por donación, herencia o legado. Por su parte, su aptdo. 3 faculta al disponente para excluir la necesidad de autorización de la Junta de Parientes o del Juez para los actos relativos a estos bienes. Para el caso que cese en su función por cualquier causa, voluntaria o involuntaria, su aptdo. 4, de nuevo, otorga preferencia a la voluntad del disponente, contemplando la posibilidad de que le haya designado un sustituto. Sólo en defecto de tal «sustituto voluntario», las funciones atribuidas a aquél por el disponente corresponderán a los progenitores o el tutor, quienes recuperarán así la gestión de la que han sido inicialmente excluidos; ello salvo que resulte claramente que fue otra la voluntad del disponente, en cuyo caso se nombrará por el Juez un tutor real.

4.2. La guarda de hecho

El sistema aragonés de protección de menores sigue incluyendo una figura de carácter fáctico como es la guarda de hecho, que el Código foral reserva a los menores en situación de desamparo, entiéndase no declarada por la Administración. En concreto, según prevé su art. 146, hay guarda de hecho cuando una persona física o jurídica por su propia iniciativa y, por ende, sin previo nombramiento ni habilitación legal se ocupa de la guarda o cuidado de un menor.

Importa también advertir que, en el régimen resultante de la reforma de 2024, la guarda de hecho de los menores, a diferencia de la de los mayores con discapacidad, mantiene su carácter transitorio. Ello explica que el CDFA, de una parte, imponga al guardador la obligación de comunicar el hecho de la guarda al Juez o al Ministerio Fiscal (art. 147), así como la obligación de promover la constitución de la tutela, so pena de incurrir en responsabilidad por los daños causados (art. 131.1); y de otra, se contemple la posibilidad de constituir un acogimiento temporal a favor del menor (art. 148.3).

En coherencia con este planteamiento, el legislador ha decidido conservar sin novedades su limitado ámbito de actuación. El art. 149.1 sigue así restringiendo sus funciones al cuidado del menor y la realización de actos de administración necesarios de sus bienes, Dentro de este concreto ámbito y para facilitar su actuación frente a terceros, se le atribuye la representación legal, como hasta ahora. No obstante, en el art. 148.2 se faculta novedosamente al Juez, en línea con el art. 237.1.2 Cc, a atribuir funciones tutelares al guardador.

También el régimen atinente a su prueba permanece inalterado, habida cuenta del papel secundario que se le asigna en relación a la protección de menores. De este modo, el art. 149.2 reproduce la previsión del anterior art. 159.2 que permite justificar la necesidad del acto —entiéndase, de administración— a desarrollar por el guardador de hecho, así como su condición mediante declaración de la Junta de Parientes constituida a tal efecto. Complementariamente, el art. 149.2 —de modo coincidente con el anterior art. 159.3— reconoce la validez de los actos declarados necesarios por la Junta. Los demás actos realizados por el guardador serán anulables, salvo que se acredite que han resultado útiles o beneficiosos para el guardado.

Por último, el CDFA sigue sujetando la guarda de hecho a control judicial. A tal fin, su art. 148.1 impone al Juez la obligación de requerir al guardador para que le informe de la situación personal y patrimonial del menor, así como de sus concretas actuaciones; ello, obviamente, siempre que se ponga en su conocimiento, ya sea por el propio guardador —tal y como le exige el art. 147— o a instancia del Ministerio Fiscal, del propio menor o de cualquiera que tenga un interés legítimo.

IV. La protección de menores por la Administración

1. Introducción

También el régimen sobre instrumentos públicos de protección de menores contenido en el CDFA ha sido objeto de revisión al objeto de poner fin al desfase existente en esta materia entre la legislación aragonesa y la estatal, tras la profunda modificación de que fue objeto esta última en la reforma de 2015 (LO 8/2015 y Ley 26/2015 de modificación del sistema de protección a la infancia y a la adolescencia).

Ahora bien, interesa advertir que el régimen del CDFA sobre esta materia se encuentra circunscrito, con buen criterio, a sus aspectos jurídicos civiles y, por consiguiente, ha de completarse necesariamente con las previsiones de la Ley 12/2001, de 2 de julio, de la infancia y la adolescencia en Aragón (en adelante, LIAA) y sus reglamentos de desarrollo (Decreto 238/1994 por el que se regula la organización y el funcionamiento de los centros de protección de menores de la Comunidad Autónoma de Aragón, Decreto 188/2005 por el que se aprueba el Reglamento del procedimiento administrativo previo a la adopción nacional e internacional de menores y Decreto 190/2008 por el que se aprueba el Reglamento de medidas de protección de menores en situación de riesgo o desamparo).

2. La declaración de desamparo y la consiguiente tutela *ex lege* de la Administración

El primer cambio relevante en la materia operado por la reforma de 2024 tiene que ver con el importante matiz incorporado a la noción legal de desamparo. De este modo, el art. 150.1 CDA formula una definición del desamparo que ciertamente mantiene sus presupuestos esenciales como son, de una parte, una situación de falta de asistencia moral o material; y de otra, que dicha falta de asistencia se produzca a causa del incumplimiento o del ejercicio inadecuado o imposible de los deberes de protección «establecidos por las leyes para la guarda de los menores», entendiendo por tales los correspondientes a los titulares de la autoridad familiar o, en su caso, al tutor ordinario. Ahora bien, como novedad, el legislador ha optado por restringir su ámbito de aplicación a los menores de edad, con exclusión de las personas con discapacidad a las que, sin embargo, se daba entrada en el anterior 118 CDFA. Se ha adoptado así un planteamiento coincidente con el estatal que ha suprimido la antigua tutela automática de las personas incapacitadas, a la par que coherente con la normativa aragonesa sobre protección de menores que circunscribe esta modalidad de tutela a los menores declarados en desamparo.

Complementariamente, el mismo art. 150 en su aptdo. 2.º mantiene, con buen criterio, la previsión contenida en el antiguo art. 118.2, según la cual el concepto de desamparo exige una interpretación restrictiva. Por añadidura, se ha incorporado muy atinadamente la previsión del art. 18.2.2 LOPJM relativa a la necesaria exclusión, entre las circunstancias a valorar, de la situación de pobreza o discapacidad del propio menor o sus guardadores, ya sean los titulares de la autoridad familiar, tutores o guardadores de hecho. También se ha suprimido la referencia contenida en el antiguo art. 118.2 CDFA en orden a la necesaria distinción entre la situación de desamparo y la de riesgo, a mi entender muy acertadamente, dado que es una afirmación obvia y, sobre todo, porque la situación de riesgo no tiene connotación jurídico civil alguna por lo que no corresponde abordarla en el Código foral.

Acto seguido, el art. 151.1 CDFA reproduce la previsión del anterior art. 119 relativa al concreto instrumento de protección vinculado a la situación del desamparo como es la tutela automática o administrativa, que no la tutela ordinaria. Así, su apdo. 1, atribuye *ex lege* la tutela a la entidad pública competente en Aragón en materia de protección de menores, previa declaración de desamparo por su parte mediante resolución motivada. Pero, junto a ello, incorpora el matiz previsto en el art. 18.1 LOPJM relativo a la necesaria adopción de las oportunas medidas de protección para su guarda.

También el CDFA clarifica, sin novedad respecto del régimen anterior, la incidencia de la tutela automática en el instrumento de protección ordinario a que estuviese sujeto el menor, ya fuese la autoridad familiar o tutela ordinaria, en el sentido que implicará, como hasta ahora, su suspensión, que no su privación ex art. 151.2.

Igualmente, el cuerpo legal aragonés delimita el concreto contenido a atribuir a dicha tutela administrativa, sin apenas novedades respecto del régimen anterior. Así, por lo que hace a su contenido personal, su art. 158.1.a atribuye a la entidad pública la guarda de los menores bajo su tutela —entiéndase, a ejercer a través del acogimiento preferentemente familiar o, en su caso, residencial ex art. 160 CDFA— y, por ende, las funciones derivadas de la autoridad familiar (art. 136, en relación con art. 65 CDFA). Complementariamente en relación a su contenido patrimonial, su art. 152 le atribuye la administración de sus bienes, a la par que le impone la obligación de hacer inventario, no así de prestar fianza a diferencia del tutor ordinario. Ello sin dejar de reconocer la validez de aquellos actos patrimoniales que, pese a la suspensión de la autoridad familiar o tutela ordinaria, puedan llevar a cabo sus titulares en representación del menor, siempre que le resulten beneficiosos.

La Ley 3/2024 ha renunciado, no obstante, con buen criterio a desarrollar el procedimiento conducente a la declaración de desamparo, más allá de incluir en el Código foral ciertas precisiones de importancia, en particular, en lo relativo a los deberes de comunicación y la oposición la resolución de desamparo. En relación a la primera cuestión interesa reparar en la incorporación en el art. 153 del propio menor afectado entre los sujetos a notificar la resolución de desamparo, siempre que tenga doce años o suficiente madurez, así como del Juez que, en su caso, haya acordado la constitución de la tutela ordinaria.

En lo que atañe a la posible impugnación de la resolución de desamparo, el art. 154 reproduce en su aptdo. 1 el tenor del anterior 121 sobre la competencia directa de la jurisdicción civil. Pero, junto a ello, añade en sus apdos. 2 y 3 dos precisiones de importancia: la primera, que, una vez transcurridos dos años desde la declaración de desamparo, la legitimación para oponerse a la misma se circunscribe al Ministerio Fiscal; y la segunda, que durante ese plazo de dos años se faculta a la entidad pública a adoptar cualquier otra medida de protección distinta de la tutela automática, incluida la propuesta de adopción en caso de existir un pronóstico fundado de imposibilidad definitiva de retorno del menor a su familia de origen

También las previsiones sobre la promoción del régimen ordinario, ahora contenidas en el art. 155 CDFA, han sido revisadas al objeto fundamentalmente de su debida coordinación con el régimen del Código civil. De este modo, su aptdo. 1 faculta a la entidad pública, ya sea de oficio o a instancia del Ministerio fiscal o de persona interesada, a revocar la declaración de desamparo y decidir la reintegración familiar del menor, obviamente siempre que sea lo más adecuado a su interés. Por su parte, su aptdo. 2 posibilita la promoción de la autoridad familiar o tutela ordinaria, siempre que existan personas que, por sus relaciones con el menor o por otras circunstancias, puedan asumirla y, además, resulta acorde al interés de aquél. A tal fin, y como novedad, se reconoce legitimación para instar la oportuna acción de privación de autoridad familiar o, en su caso, de remoción del tutor anterior ya no sólo a la entidad pública, sino también al Ministerio Fiscal y los llamados al ejercicio de la tutela *ex* art. 121 CDFA.

Otra novedad reseñable tiene que ver con las posibles medidas cautelares a adoptar por la Administración en aquellos casos que exista un grave riesgo para el menor que requiera intervención urgente. Para tal situación el art. 157 CDFA contempla la asunción de la guarda provisional mientras se investigan las circunstancias del menor y se constata, en su caso, la situación real de desamparo. En cualquier caso, esta modalidad de guarda requiere, asimismo, una resolución administrativa que habrá de ser comunicada al Ministerio Fiscal en su condición de superior vigilante de los instrumentos públicos de protección de menores ex art. 162.

Por último, importa advertir de la incorporación de un precepto específico dedicado al cese de la tutela administrativa, el art. 156 CDFA, que pretende aunar las causas ya enunciadas en la legislación específica de protección de menores (art. 62 LIAA) con otras provenientes de la reforma estatal de 2015 dirigidas a responder específicamente a la creciente movilidad de los menores bajo la protección de la Administración. Así, dicho precepto prevé que cesará la tutela asumida por la entidad pública, además de por la desaparición de las circunstancias justificativas de la declaración de desamparo y por las causas de extinción de la tutela ordinaria del art. 141, bien cuando el menor se traslade voluntariamente ya sea a otro país o a otra Comunidad Autónoma cuya Entidad pública asuma su protección o lo considere innecesario en atención a la situación del menor (letras a y b), o bien cuando abandone voluntariamente el centro de protección donde estaba ingresado y se encuentre en paradero desconocido desde hace seis meses (letra c).

3. La guarda administrativa

También el régimen de la guarda administrativa contenido en el CDFA ha experimentado importantes cambios a consecuencia de la reforma de 2024, fundamentalmente al objeto de clarificar su régimen jurídico y adaptarlo a las acotaciones de que fue objeto en el Ordenamiento estatal por la reforma de 2015.

El principal acierto en esta materia radica, a mi juicio, en la oportuna delimitación conceptual de que ha sido objeto la figura de la guarda administrativa dentro del entramado de los instrumentos públicos de protección de menores. De este modo, el nuevo art. 158.1 clarifica los supuestos en que la entidad pública asume la guarda de los menores, a saber: 1.º- cuando asuma la tutela por ministerio de la ley (tutela automática *ex* art. 151) o por resolución judicial (tutela ordinaria *ex* art. 121.3.g); 2.º- a solicitud de los titulares de la autoridad familiar o de la institución tutelar, cuando, por circunstancias graves y ajenas a su voluntad, no puedan cuidar al menor (guarda administrativa voluntaria); y 3.º- cuando así lo acuerde el juez en los casos que legalmente proceda (guarda administrativa atribuida por decisión judicial).

El mismo art. 158 en su apartado 2 impone a la entidad pública respecto de los menores con discapacidad que tenga bajo su guarda el deber de garantizar la continuidad de los apoyos especializados que viniera recibiendo o, en su caso, la sustitución por otros más adecuados a sus necesidades.

Otras previsiones aplicables a los diferentes supuestos de asunción por la Administración de la guarda de los menores, ya sea como tutora o titular de la mera guarda administrativa, son las formuladas en el nuevo art. 160 CDFA. La primera tiene que ver con las pautas a seguir por la Administración en el desempeño de su función. La segunda radica en la configuración al acogimiento como el mecanismo a través del cual se realiza la guarda asumida por la entidad pública, que no sólo la guarda administrativa como preveía el anterior 162.2 y, además, en la atribución de prioridad al acogimiento familiar sobre el residencial. La tercera se refiere a la debida notificación de las resoluciones sobre la asunción de la guarda por la Administración a los titulares de autoridad familiar o el tutor siempre que no hayan sido privados de la autoridad familiar o removido de la tutela, así como al Ministerio Fiscal. La cuarta hace corresponsables a los titulares de la autoridad familiar o el tutor de los gastos que puedan generar los menores bajo la guarda de la entidad pública, así como de los derivados de los daños que puedan ocasionar a terceros. La quinta se refiere al acogimiento familiar y, en particular, a su posible cese en caso de problemas graves de convivencia entre el menor acogido y los acogedores. Y la sexta y última se refiere al carácter reservado de las actuaciones de la Administración en materia de protección de menores.

Por lo que hace propiamente a la guarda administrativa —entendiendo por tal la asunción provisional de la mera guarda por la Administración, mientras se mantengan las circunstancias que la han originado—, la reforma de 2024 ha centrado su atención, como el régimen anterior, en la guarda voluntaria, esto es, en la que asume la entidad pública a petición de los padres o tutores ordinario. Tal modalidad entra en juego exclusivamente, como clarifica el art. 158.1.b, «cuando justifiquen no poder cuidar al menor por circunstancias graves, transitorias y ajenas a su voluntad». A partir de ahí, su régimen jurídico ha sido modificado fundamentalmente al objeto de incorporar la previsión de la legislación estatal atinente a su duración máxima que ha sido limitada a dos años, salvo prórroga excepcional en atención al interés del menor, (art. 159.3). Por añadidura, el 159 en sus apdos. 1 y 2 reproduce las previsiones del anterior art. 161.1 y 2 en relación a la resolución administrativa sobre la asunción de la guarda —que debe ser motivada y notificarse a los titulares de la autoridad familiar o tutor— y al acuerdo de entrega de la guarda que ha de acompañarla.

4. El acogimiento

Con todo, si hay un instrumento de protección que ha centrado la atención de la Ley 3/2024 ha sido el acogimiento y, en especial, el familiar con ánimo de hacerse eco de las importantes modificaciones de que fue objeto en la reforma estatal de 2015.

4.1. El acogimiento en general

Empezando por el acogimiento en general, varias son las novedades a destacar. En primer lugar, interesa advertir la prioridad atribuida al acogimiento familiar sobre el acogimiento residencial. Esta previsión, ya formulada en el anterior art. 162.2, ha sido dotada de una mayor precisión en el art. 160.2 CDFA, en el sentido de establecer expresamente que, sólo cuando el acogimiento familiar no sea posible o conveniente para el menor, se constituirá el acogimiento residencial.

El mismo art. 160.2 incluye una importante aclaración —«la guarda asumida por la entidad pública se realizará mediante el acogimiento...»— que, puesta en relación con el nuevo art. 158, permite acotar el concepto de acogimiento en términos más diáfanos que los previstos en el régimen anterior y en el propio Cc (art. 172 ter). Así, con base en ambos preceptos puede definirse el acogimiento como el modo de ejercitar la guarda de los menores asumida por la entidad pública bien a petición de los titulares de la misma o por resolución judicial (cuando el menor se encuentre bajo guarda administrativa), bien como tutora *ex lege* (cuando el menor se encuentre bajo tutela administrativa).

Ello sin olvidar que art. 161.2 CDFA, en los mismos términos que el art. 172 ter.1.2 Cc, declara la inhabilidad para ser acogedores de aquellos que sean inhábiles para ser tutores «de acuerdo con lo previsto en este Código».

4.2. El acogimiento familiar

A) Modalidades

La principal novedad sobre acogimiento familiar radica con la profunda revisión de que han sido objeto sus diversas modalidades, siguiendo a tal efecto las pautas del art. 173 bis.2 Cc en su redacción dada en 2015. Así, se excluye, de una parte, el acogimiento provisional, a la par que se ha suprimido la constitución judicial del acogimiento; y, de otra, el acogimiento preadoptivo, para sustituirlo por la figura de la guarda con fines adoptivos del art. 166 CDFA. De este modo, en el art. 165.1 CDFA los supuestos del acogimiento familiar quedan limitados a tres en función de su duración y finalidad.

En primer lugar, el acogimiento de urgencia como nueva modalidad de acogimiento circunscrita a los menores de seis años y con una duración limitada a seis meses, mientras se decide la oportuna medida de protección (letra a).

En segundo lugar, el acogimiento temporal —anterior acogimiento simple— como modalidad de acogimiento a constituir cuando sea previsible la reinserción familiar del menor o mientras se adopta una medida de protección más estable como el acogimiento familiar permanente o la adopción.

Tiene carácter transitorio, habiéndose limitado legalmente su duración a dos años, prorrogables en atención al interés del menor (letra b).

En tercer y último lugar, el acogimiento permanente como modalidad de acogimiento a constituir en dos supuestos. El primero, ya contemplado en el anterior art. 168.b CDFA: cuando aquellas circunstancias del menor y de su familia así lo aconsejen, en particular, cuando el menor acogido tenga necesidades especiales. El segundo, novedoso: al finalizar el acogimiento temporal, cuando no sea posible la reintegración familiar del menor. En caso de adoptarse esta modalidad de acogimiento, se faculta a la Administración a solicitar al Juez la atribución a los acogedores de algunas de las facultades de la tutela, a fin de facilitar el desempeño de sus funciones y supeditada en todo caso al interés superior del menor.

Cualquiera que sea la modalidad de acogimiento familiar adoptada por la Administración, el art. 165.2 CDFA reproduce la previsión contenida en el art. 173 bis.1 Cc, según la cual el acogimiento familiar podrá constituirse en la familia extensa del menor o en familia ajena. Por añadidura, la 2.ª parte de dicho precepto contempla la posibilidad de que el acogimiento en familia ajena sea especializado. Es más, tal acogimiento podrá ser profesionalizado, lo que implica una relación laboral entre la Administración y los acogedores.

B) Constitución

Otra de las novedades esenciales en materia de acogimiento familiar incorporadas al CDFA por la reforma de 2024 radica en su necesaria constitución administrativa, en coherencia con lo dispuesto en el art. 20.2, 1.ª parte LOPJM. Se ha suprimido así la constitución judicial que preveía el anterior art. 167 CDFA, en coherencia con la reforma estatal de 2015. De este modo, el nuevo art. 164.1 CDFA establece sin excepción alguna que el acogimiento familiar se formalizará por resolución de la entidad pública que tenga atribuida la tutela o, en su caso, guarda administrativa. Por añadidura, en el aptdo. 2 se ha restringido, con buen criterio, los consentimientos necesarios a las partes implicadas, esto es, a los acogedores y del menor acogido mayor de doce años o con suficiente madurez, en línea con el art. 173.2 Cc. Pero, junto a ello, en su aptdo. 3 se ha reconocido, discrepando de la solución estatal, un derecho de audiencia en el procedimiento, cuando sean conocidos, a los progenitores siempre que no hayan sido privados de la autoridad familiar o al tutor si no ha sido removido de la tutela.

Como matices adicionales incorporados novedosamente al art. 164 en relación a la formalización del acogimiento familiar interesa reparar, de una parte, en la idoneidad para ser acogedores a la que se refiere su aptdo. 1 en los mismos términos que el art. 20.2, 1.ª parte LOPJM; y de otra, en la simplificación de que ha sido objeto la anterior regulación en el sentido de eliminar en su aptdo. 4 la concreta referencia de los extremos a contener por el documento anexo que ha de acompañar la resolución que formalice el acogimiento. Permanece, sin embargo, inalterada la exigencia de notificación de la resolución de formalización del acogimiento al Ministerio Fiscal, lo que resulta coherente con la función de vigilancia del acogimiento que tiene atribuida *ex lege* (art. 164.5, en relación con los arts. 160.3 y 162.4 CDFA).

C) Contenido y ejercicio

Por lo que hace al contenido del acogimiento familiar, la Ley 3/2024 se ha limitado a reproducir el tenor del anterior aptdo. 1 del art. 165, no sin suprimir la referencia a los incapacitados. El art. 163.1 CDFA pone así el acento en los deberes a cumplir por los acogedores, que, por lo demás, vienen referidos a la esfera personal del menor acogido. En concreto, dicho precepto les impone los siguientes deberes: el de garantizar la plena participación del menor en la vida familiar, de velar por él, tenerlo en su compañía, educarlo y procurarle una formación integral en un entorno afectivo. No obstante, como novedad, en el art. 163.2 se incorpora una previsión que, referida específicamente a los menores con discapacidad en régimen de acogimiento, impone a los acogedores el deber adicional de garantizar la continuidad de los apoyos especializados que estuvieran recibiendo o, en su caso, el de adoptar otros más adecuados a sus necesidades.

En orden a su ejercicio, el art. 163.3 mantiene parcialmente la dicción del anterior art. 165.2 en el sentido de atribuirlo exclusivamente a la persona o personas que sustituyan al núcleo familiar del menor. Complementariamente, el art. 161.1 CDFA reproduce la previsión del antiguo art. 162.2, 2.ª parte, de la que resulta que corresponde a la entidad pública la designación del acogedor o acogedores, siempre que sean idóneos y, en todo caso, dando prioridad a los parientes o allegados del menor.

D) Cese

Las causas del cese del acogimiento familiar contempladas ahora en el art. 167 CDFA han sido debidamente actualizadas, tomando como referencia la normativa estatal, si bien tratando de corregir las deficiencias detectadas en la misma. Así, se ha omitido la referencia al cese judicial, presente, sin embargo, en el art. 173.4.a Cc, por considerar que ya no tiene razón de ser tras la supresión del acogimiento constituido judicialmente.

Por su parte, el cese en virtud de resolución administrativa viene referido a dos supuestos. El primero, regulado en el nuevo art. 167.a, a operar, bien de oficio o a propuesta del Ministerio Fiscal, cuando la entidad pública que ostente la tutela o guarda del menor acogido «lo considere necesario para salvaguardar los intereses del mismo»; ello previa audiencia ya no sólo de los acogedores, sino también del propio menor y de los titulares de la autoridad familiar o tutela. El segundo, contemplado en el art. 160.5, a operar, a instancia de parte —por este orden: el menor acogido, el Ministerio Fiscal, los acogedores, los titulares de la autoridad familiar o tutor «no privados de la potestad de guarda» o aún cualquier interesado—, cuando surjan graves problemas de convivencia entre el menor y su familia de acogida. No obstante, en tal caso se contempla, como posible solución alternativa, la modificación del acogimiento.

Junto a ello, en discrepancia con la reforma estatal de 2015, se ha decidido mantener el cese del acogimiento familiar por decisión unilateral de los acogedores (art. 167.b).

Por último, se han incorporado novedosamente tres causas automáticas de cese, dos de ellas provenientes con matices de la legislación estatal y la tercera, de la normativa aragonesa específica de protección de menores. Me refiero a la muerte o declaración de fallecimiento del acogedor o de los acogedores, de ser varios (art. 167.c CDFA, que reproduce el art. 173.3.c Cc); a la mayoría de edad o emancipación del menor (art. 167.d, coincidiendo parcialmente con el art. 173.3.d Cc); y al cumplimiento del plazo fijado, entiéndase cuando el acogimiento sea temporal o de urgencia (art. 167.e CDFA, que reproduce el art. 95.1.c Dc. 190/2008).

4.3. El acogimiento residencial

El acogimiento residencial, dadas sus singularidades que lo alejan del ámbito estrictamente civil, apenas ha merecido la atención de la Ley 3/2024, siendo consciente el legislador aragonés de que corresponde a la legislación específica de protección de menores su regulación en detalle. De este modo, los nuevos preceptos del CDFA se limitan a reproducir las previsiones contenidas en su redacción originaria, no sin incorporar alguna precisión adicional de importancia.

En primer lugar, interesa advertir que tras la reforma el acogimiento residencial se configura como un instrumento de protección a adoptar subsidiariamente cuando el acogimiento familiar en cualquiera de sus modalidades resulte imposible o no conveniente para el menor (art. 160.2).

Una segunda previsión adicional incorporada por la Ley 3/2024 tiene que ver con la posibilidad que atribuye el 161.3 a la entidad pública, en su condición de titular de la guarda de los menores acogidos en centros de protección, de acordar estancias temporales, salidas de fin de semana o vacaciones del menor acogido, ya sea con familias ajenas o instituciones adecuadas a sus necesidades. En cualquier caso, la adopción de esta medida por la Administración se supedita a la necesaria audiencia del menor acogido —si tiene suficiente madurez y, en todo caso, si es mayor de doce años— y de los acogedores; no así de los titulares de la autoridad familiar o tutores, los cuales sólo tienen derecho a ser notificados y ello, además, siempre que no hayan sido privados de la autoridad familiar o removidos de la tutela.

La Ley 8/2024 no se ha hecho eco, sin embargo, de la distinción resultante de la reforma estatal de 2015 entre el acogimiento en centros de protección ordinarios y el acogimiento en centros de protección específicos de menores con problemas de conducta; ello más allá de una referencia indirecta a este último en su art. 20.2 CDFA para supeditar el ingreso de los menores en tales centros a la preceptiva autorización judicial, de conformidad con lo dispuesto en «las leyes orgánicas reguladas del internamiento involuntario» (entiéndase, el art. 778 bis LEC y los arts. 25 a 35 LOPJM).

5. La guarda con fines de adopción

Tras la declaración de idoneidad y una vez seleccionados los futuros adoptantes, el art. 166 CDFA otorga a la entidad pública la facultad de delegar la guarda del menor adoptando a favor de las personas asignadas para su adopción. De este modo, se incorpora al Ordenamiento jurídico aragonés la guarda con fines de adopción, figura sustitutiva del acogimiento preadoptivo que, según se ha indicado, ha sido suprimido de las modalidades de acogimiento familiar reguladas en el art. 165 para ser configurado como una fase del procedimiento de adopción.

No obstante, una lectura detenida de este nuevo precepto del CDFA revela que tal cambio es más bien meramente terminológico, ya que lo cierto es que no se aprecian importantes divergencias de contenido entre ambas figuras y, de hecho, se hace extensivo a los guardadores con fines de adopción el estatuto de los acogedores familiares (art. 166.1.2). Ello con una salvedad atinente al derecho del menor a relacionarse con su familia de origen que aquí, como regla, debe suspender la entidad pública cuando se inicie el periodo de convivencia preadoptiva, salvo que convenga otra cosa al interés del menor o se den las circunstancias de la adopción abierta (art. 166.2).

Otra previsión coincidente con el acogimiento familiar radica en que esta guarda delegada debe formalizarse mediante resolución administrativa, con audiencia de los futuros adoptantes y del menor mayor de doce años o con suficiente madurez, así como de los titulares de la autoridad familiar o tutor, siempre que sean conocidos y, además, no hayan sido privados de la autoridad familiar o removido de la tutela (art. 166.1).

DISPOSICIONES TRANSITORIAS

Carmen Bayod López
Catedrática de Derecho civil
Presidenta de la Comisión Aragonesa de Derecho civil

I. Cuestiones previas

1. Inicio del encargo

Dentro de la CADC, desde un principio, no había ninguna duda de la necesidad de establecer un Derecho transitorio, para acomodar la situación de las personas con discapacidad, la mayoría de ellas constituidas en estado civil de incapacitadas, a la legislación vigente, en la que ya no hay proceso de incapacitación ni se admite la modificación de la capacidad jurídica de las personas (art. 3-1 CDFA)

A la adopción de normas sobre Derecho transitorio se hace referencia de manera expresa en la sesión de la Comisión celebra el 18 de octubre de 2023 (Acta 324). En esta sesión el punto segundo del orden del día (el primero tuvo como objeto la Lectura y aprobación del acta de la sesión anterior y el tercero, y último, Ruegos y preguntas) tuvo como objeto la *Incardinación del borrador de Anteproyecto en el Código del Derecho Foral Aragonés y revisión del resto de su articulado para su adecuación a la Convención UN 2006*; «el folio en blanco» había llegado a su fin, pero aún quedaba mucho por hacer: revisar lo hecho y acomodarlo a la estructura del CDFA, lo que exigiría una nueva restructuración.

Antes de comenzar con dicho cometido, y en atención al cambio de gobierno habido en la Comunidad Autónoma[1], el presidente de la Comisión, don Fernando García Vicente, dio lectura a una misiva que ese mismo día le había hecho llegar el presidente de la Comunidad, don Jorge Azcón, por la que mantenía el encargo hecho a la Comisión por el anterior Gobierno presidido por el socialista don Javier Lamban, los términos de dicha carta, resumidos en el Acta 324, fueron los siguientes:

> «Don Jorge Azcón Navarro, (...) confirma el encargo hecho por el Gobierno de Aragón a la Comisión para adaptar al Código del Derecho Foral de Aragón al Convenio de Nueva York, de fecha 13 de diciembre de 2006. La carta también precisa que dicho encargo se circunscribe a lo que afecte directamente a la discapacidad de las personas y solicita que se presente el anteproyecto de ley antes de que finalice el año. Por último, **el Presidente de Aragón considera conveniente que se acompañe el texto de unas disposiciones transitorias que permitan resolver las cuestiones que la entrada en vigor de esta ley plantea**». [el destacado es mío]

Ante este encargo, la vocal Doña Carmen Bayod se ofreció a redactar las disposiciones transitorias que solicitó el Presidente, dado que esta materia, la ley aplicable en el tiempo y en el espacio, al igual que las relaciones entre

1 En julio hubo elecciones autonómicas en las que el Partido Popular obtuvo la victoria en las urnas, lo que le permitió formar gobierno con el apoyo de Vox, que fue la tercera fuera más votada.

ordenamientos jurídicos, han sido materias, junto con otras de teoría general del Derecho (fuentes, autonomía de la voluntad, validez e ineficacia) objeto de investigación de esta vocal.

2. Informe de la ponencia y su debate en la CADC

Las Disposiciones Transitorias presentadas por la ponente se debaten la sesión de la Comisión de 29 de noviembre de 2023, junto a la propuesta de redacción de la ponencia, el vocal Serrano, *motu proprio*, presenta una propuesta sin ningún cambio en el fondo ni en la finalidad, que mejora la redacción de la ponencia, e incorpora también unas Disposiciones Adicionales, tomadas de la ley 8/2021, que no son aceptadas por los miembros de la Comisión. La propuesta del vocal Serrano, añade dos transitorias en materia de acogimiento y sustitución ejemplar.

2.1. El informe de la Ponencia: principios

Las Disposiciones Transitorias de la Ley 3/2024, de 13 de junio, responden a unos principios y reflexiones que fundamentó la ponente en su informe, y fueron bien acogidos por los miembros de la Comisión. Estas normas no fueron objeto de enmiendas en las Cortes, y gozaron del reconocimiento de los miembros de la judicatura que comparecieron en las Cortes durante su tramitación.

Por ello, me parece relevante, antes de comentar las referidas Disposiciones, trascribir el informe de la Ponente fechado el 1 de noviembre de 2023, y enviado a los miembros de la CADC para su reflexión y debate, en el que fundamenta la propuesta de regulación presentada.

> «I. Planteamiento y justificación.
>
> La modificación del CDFA, en lo que atañe a la regulación del ejercicio de la capacidad jurídica de las personas con discapacidad, debe atender también a la situación de las personas con discapacidad que, antes de la entrada en vigor de esta nueva regulación, habían visto modificada su capacidad de obrar.
>
> La regulación vigente debe tener un efecto inmediato, pero también un efecto retroactivo que reintegre la capacidad de todas las personas declaradas incapacitadas por sentencia judicial, al no existir ya el estado civil de incapacitado, evitando con ello que deban ser, necesariamente, revisadas estas sentencias en los Juzgados.
>
> Este cambio legal, cuyo fundamento no es otro que la dignidad de la persona y los Derechos humanos consagrados en la declaración de Derechos del hombre y, en lo que a esta materia atañe, en el Convenio de Nueva York, requiere también de una sustitución legal y automática de las medidas representativas, a las que hubieran estado sujetas las personas declaradas incapacitadas, por unos apoyos acordes con la nueva legislación, pero sujetos, en su caso, a una revisión judicial, sólo si así lo solicita la personas con discapacidad o quienes le presten el apoyo, y siempre a ins-

tancia del Ministerio fiscal, pudiendo, también, la autoridad judicial actuar de oficio en los casos de los que tenga conocimiento y lo considere oportuno.

Igualmente habrá que determinar cómo afecta este cambio legislativo sobre poderes preventivos, autotutela, delación hecha por los titulares de la autoridad familiar, etc., que fueron otorgados antes de la entrada en vigor de esta normativa, pero que deben expandir su eficacia vigente ya esta nueva regulación. Partiendo de la validez de estos instrumentos conforme al Derecho anterior deberán serlo también conforme al Derecho vigente, conforme al cual deben ser interpretados, atendido así a la realidad social y principios constitucionales en los que deben ser aplicados, tal y como exigen al SSTC y del TEDH.

Todo lo anterior, a lo que creo requiere, no sólo de unas normas transitorias que indiquen por qué normativa deben regirse las diversas actuaciones que ahora desplieguen su eficacia sino que debemos promulgar unas normas materiales de Derecho transitorio que determinen la situación jurídica de las personas, tanto de las constituidas en estado civil de incapacitados conforme al Derecho anterior como de sus tutores o curadores, así como también la afección que esta nueva regulación provoca sobre las resoluciones judiciales que las amparaban.

Se trata, en definitiva, de dar una solución a situaciones ya consolidadas conforme al Derecho anterior pero que ahora deben ser aplicadas conforme a la realidad social y los principios constitucionales y de orden público que representa esta nueva regulación amparada en la dignidad de la persona y los Derechos humanos, tal y como exige el TC y el TEDH.

Para redactar estas normas de Derecho transitorio se han tenido en cuenta el sistema de Derecho transitorio llevado a cabo por la CADC en las leyes anteriores que se refundieron en el vigente CDFA, así como las Disposiciones Transitorias del Código civil, las transitorias de la ley 8/2021 y lo previsto en el Avantprojecte de llei de modificació del Codi civil de Catalunya en matèria de suports a l'exercici de la capacitat jurídica de les persones.

II. Principios.

En razón de lo anterior, y teniendo en cuenta la realidad social, así como el impacto que este cambio puede producir en el día a día de los juzgados aragoneses, se propone un régimen transitorio que establezca la adaptación de lo acordado en las sentencias de incapacitación al Derecho vigente.

En efecto, ante este cambio normativo, que modifica la realidad social y en atención a los Derechos fundamentales que deben informar el ordenamiento jurídico español, el legislador competente, y Aragón lo es para regular el Derecho transitorio (art. 149.1.8.ª CE), podría actuar de dos maneras según afirma la doctrina:

a) Imponer la necesidad de revisar las sentencias de incapacitación dictadas con anterioridad a la reformar para acomodarlas a la nueva regulación de las medidas de apoyo. Solución adoptada por la Ley 8/2021, e imagino que desborda el trabajo de los juzgados, o

b) Transformar ex lege el contenido de la sentencia de incapacitación, estableciendo su conversión en medidas de apoyo, según la persona hubiera quedado sometida a tutela o curatela.

Esta segunda medida es la que propongo, teniendo en cuenta que goza del favor de la doctrina[2] y tiene, desde luego, amparo constitucional, al ser estas medidas favorables a la capacidad, lo que permite establecer efecto retroactivo a la recuperación de la capacidad (art. 9.3 CE a contrario), así como la posibilidad de regular un Derecho transitorio material.

Con esta forma de actuación evitamos que las sentencias de incapacitación deban ser necesariamente revisadas y modificadas judicialmente al determinar su régimen jurídico. Se podrá, desde luego, solicitar voluntariamente la revisión de la sentencia, y no es necesario establecer un plazo de actuación judicial. En todo caso, se legitima al Juez para que pueda revisar las sentencias anteriores en aquellos casos que considere oportunos y sin sujeción a plazo.

Nuestro Derecho goza de una mayor flexibilidad que el Derecho del Código civil, lo que favorece, a lo que creo, el régimen transitorio que les propongo al gozar la mayor parte de nuestras normas (vr. Mandatos de apoyo, poderes preventivos, delación por uno mismo etc.) de naturaleza dispositiva en atención al principio Standum est chartae.

Con esta propuesta creo que proporcionamos un mejor servicio a la sociedad aragonesa de manera que se reintegra en todos sus derechos a las personas declaradas incapacitadas conforme al Derecho anterior, e interpreta legalmente su

---

2 Para proponer esta solución he tenido en cuenta mis estudios sobre Derecho transitorio: Bayod López, Carmen: «De los contratos sobre ganadería. Disposiciones transitorias, Disposición derogatoria y Disposiciones finales (de la Ley 8/2010, de 2 de diciembre de Derecho civil patrimonial al Título IV del Libro IV del Código del Derecho Foral de Aragón)» en *Derecho civil patrimonial aragonés*. (Ponencias del Seminario celebrado en la Institución «Fernando el Católico» de Zaragoza, los días 26 y 27 de mayo de 2011, coordinado por Carmen Bayod,) ed. IFC, Zaragoza, 2013, págs. 317 a 375; «Comentario a las Disposiciones Transitorias Primera a Tercera del Código del Derecho foral de Aragón», *Comentarios al Código del Derecho foral de Aragón. Doctrina y jurisprudencia.* Dirigidos por Jesús Delgado Echeverría. Coordinados por Carmen Bayod López y José Antonio Serrano García, ed. Dykinson, Madrid, 2015, págs. 811-813; «Disposiciones transitorias» *en 25 años de jurisprudencia civil aragonesa. El Derecho civil aragonés aplicado por los tribunales (1995-2019),* dirigida por Carmen Bayod y José Antonio Serrano, ed. Tiran lo Blanch, 2020 págs. 1615 a 1626; «La vigencia en el tiempo (la entrada en vigor, la derogación y las normas transitorias) y el principio de irretroactividad», *Cuadernos Bolonia II (Parte General. La vigencia, la eficacia y la aplicación de las normas)*, ed. Dykinson, 2009, págs. 15 a 40; «Tema 3. Puntos de conexión y normas de conflicto», (revisada y puesta al día 2023) en *Derecho civil aragonés*, (Director: Manuel Bellido Aspas), DOI:, Editor: Consejo General del Poder Judicial (Madrid), Fecha de publicación: 2017, Copyright 2017, Consejo General del Poder Judicial, pp. 43-69.

Respecto Ley 8/2021, *vid*: Domínguez Luelmo, Andrés: «Comentario a las DDTT» en *Comentarios a la Ley 8/2021 por la que se modifica la legislación civil y procesal en materia de discapacidad,* dirigido por Cristina Guilarte Martín-Calero, Aranzadi, 2021, págs. 1483 y ss.; Escartín Ipiéns, José Antonio (2018): «Disposiciones transitorias del Anteproyecto de Ley de reforma del Código Civil y otras leyes complementarias en materia de discapacidad», RDC, núm. 3 2018, págs. 227-245.

Sobre aplicación retroactiva de normas favorable e interpretación conforme a los Derechos fundamentales, entre otras *vid.*: STC 34/1983, de 6 de mayo, FJ 3; STC 112/2006, de 5 de abril, FJ 17; STC A 80/2019, de 17 de junio.

situación jurídica conforme al Derecho vigente, evitando con ello también la sobrecarga de trabajo en los Juzgados, que podrán actuar de oficio en los casos que lo consideren pertinente al igual que los particulares podrán solicitar la revisión de las sentencias recaídas conforme al Derecho anterior».

Estas son los fundamentos y justificación legal ofrecidos por la Ponente al pleno de la CADC, y que, con la mejora de redacción señalada, así como con de dos disposiciones transitorias más propuestas por el vocal Serrano (las transitorias sexta y séptima) fueron aprobadas por la Comisión sin, como he indicado, ser objeto de enmiendas en la tramitación parlamentaria.

2.2. La Disposiciones transitorias, Derogatoria única, Final única y Adicional única en la regulación en la Ley 3/2024, de 13 de junio

La Ley 3/2024, de 13 de junio, de reforma del CDFA en materia de capacidad jurídica de las personas contiene como colofón a su regulación siete disposiciones transitorias, cinco de ellas para señalar el tránsito de la situación de incapacitación de las personas a la regulación actual; las otras dos, referidas a otras materias (acogimientos judiciales y sustitución ejemplar)[3]; y una única disposición derogatoria, otra final y también una disposición Adicional única. A todas ellas me refiero a continuación.

II. El Derecho transitorio en la Ley 3/2024, de 13 de junio

1. Concepto y cuestiones previas

Las leyes nacen con ánimo de permanencia y están vigentes mientras no son derogadas por otras; si bien la norma derogada seguirá formando parte del ordenamiento jurídico pues justifica la validez y eficacia de actos y negocios jurídicos celebrados durante su vigencia. Por ello, producida la derogación de una norma por otra posterior, cabe preguntarse cuál de ellas es la aplicable al caso concreto, teniendo en cuenta que al amparo de la norma

3 El anteproyecto presentado por la Comisión el día 20 de diciembre de 2023 contaba también con una Disposición Adicional única. Términos genéricos, que dispuso: *Las menciones genéricas en masculino que aparecen en el presente Código se entenderán referidas también a su correspondiente femenino*. Esta disposición fue suprimida por el Informe de correcciones técnicas al proyecto de Ley de modificación del Código de Derecho foral de Aragón en materia de capacidad jurídica de las personas, alegando, con razón, que: «ya existe esta disposición en el CDFA, en el que se integra esta modificación, como Disposición adicional primera».

derogada se han celebrado contratos, matrimonios, otorgado testamentos, poderes preventivos, etc., que pueden seguir produciendo efectos.

El Derecho transitorio es entonces el conjunto de normas que regulan la sucesión de las leyes en el tiempo designado los criterios de aplicación entre la ley nueva y la derogada al caso concreto. Estas normas de conflicto deben ser aplicadas por el juez de oficio, como parte de su tarea en la determinación del Derecho aplicable; además, cuando deban aplicarse normas derogadas porque así lo determina el Derecho transitorio éstas deben interpretarse conforme a la realidad social en el momento en que se aplica y, en particular, de acuerdo con los principios constitucionales.

2. Competencias y límites en la regulación del Derecho intertemporal: La retroactividad

2.1. Competencia

La competencia para establecer las normas de Derecho intertemporal corresponde también al legislador autonómico, al no ser está una competencia exclusiva del legislador estatal y ser su contenido la sucesión y aplicación de normas de su competencia material

2.2. Los límites y la aplicación retroactiva favorable a los derechos humanos

En el ejercicio de esta competencia el legislador aragonés, al igual que el estatal, está sujeto a las previsiones del art. 9.3 CE. Pero como señala Delgado Echeverría[4] ni el legislador aragonés, ni ningún otro, está sujeto al art. 2.3 Cc., de manera que es posible establecer la retroactividad de las leyes siempre que no se infrinja el mandato constitucional. En este sentido, la retroactividad favorable a los derechos fundamentales está avalada por la Constitución.

A ello responde la DT Segunda de la Ley 3/2024, de 13 de junio.

2.3. Eficacia inmediata de las normas

No pocas situaciones jurídicas, como el matrimonio, la propiedad, el usufructo, algunas relaciones contractuales, la modificación de la capacidad jurídica, etc., tienden a permanecer en el tiempo; si durante la vida de estas rela-

4 Delgado Echeverría, J.: «Aplicabilidad de las normas aragonesas en el espacio y en el tiempo», en *Derecho interregional privado. Derecho transitorio*, 2015. Disponible en: http://www.unizar.es/derecho_aragones/progcivil/Interregional.pdf.

ciones cambia la ley que les es aplicable, parece adecuado aplicar los nuevos criterios legales, respecto de las consecuencias jurídicas de aquellas relaciones preexistentes que nazcan o pretendan hacerse valer con posterioridad a la vigencia de la nueva ley. A esta consecuencia es a la que denominamos aplicación inmediata de la ley, que vendría a coincidir con una retroactividad de grado mínimo o medio[5].

A) La aplicación inmediata de las leyes

Criterio mantenido por el TC: no es retroactiva una ley porque se aplique inmediatamente desde su entrada en vigor a los efectos futuros de situaciones jurídicas creadas antes. Se sigue por el legislador estatal y por el aragonés: DT 1.ª, 8.ª, 17, 18, 19, 21 y 23 CDFA y ahora la DT 1.º de la Ley 3/2024, de 14 de junio.

3. Eficacia inmediata y efecto retroactivo. Las Disposiciones transitorias Primera y Segunda

3.1. Eficacia inmediata: DT Primera

La Disposición Transitoria Primera, siguiendo los principios señalados en los principios anteriores dispone: *Desde la entrada en vigor de esta ley nadie puede ser constituido en estado civil de incapacitado ni ver modificada su capacidad jurídica, y las meras privaciones de derechos de las personas con discapacidad, o de su ejercicio, quedan sin efecto*.

Establece esta disposición que, desde la entrada en vigor de esta Ley (15 de julio de 2024), nadie *puede ser constituido en estado civil de incapacitado ni ver modificada su capacidad jurídica*, haciéndose con ello eco de la regulación prevista en el art. 3-2 CDFA.

Junto a lo anterior, dispone también que *las meras privaciones de derechos de las personas con discapacidad, o de su ejercicio, quedan sin efecto* que, en palabras de Domínguez Luelmo[6], significa que «quedan automáticamente sin efecto, las eventuales privaciones de derechos como contraer matrimonio, hacer testamento, etc., que la persona con discapacidad podrá realizar o no conforme a su régimen específico de acuerdo con la nueva normativa

5 La doctrina tradicional distingue tres grados: *Máximo*, supondría privar de efectos a relaciones jurídicas no sólo nacidas sino consumadas ya al entrar en vigor la ley nueva. Este efecto no es frecuente ni debe suponerlo el intérprete. *Medio*: respeta la relación nacida bajo la ley anterior, pero la sujeta a la ley nueva para todos los efectos pendientes de ejecución. *Mínimo*: la ley nueva sólo se aplica, respecto de relaciones anteriores, a los efectos que se produzcan después de su entrada en vigor. Son distinciones doctrinales sin valor normativo.

6 Domínguez Luelmo, A.: «Disposiciones transitorias ...» *op. cit.*, pp. 1483 y ss.

y con independencia de lo que dijera la sentencia», que en nuestro Derecho civil foral, desde la entra en vigor de la ley, dejará de ser eficaz en su papel constitutivo del estado civil de incapacitado (DT Segunda) y su contenido deberá ser aplacido conforme a vigente regulación (DT Tercera).

3.2. Efecto retroactivo: DT Segunda

La DT segunda en coherencia con los derechos fundamentales y el principio de igualdad y nos discriminación en razón de la condición de las personas dispone: *Las personas constituidas por sentencia judicial en estado civil de incapacitado antes de la entrada en vigor de esta reforma recuperan su capacidad jurídica, que deberá ser ejercitada, en su caso, con las medidas de apoyo que correspondan conforme a lo previsto en esta ley*.

Una reforma que pretenda abolir la discriminación de las personas con discapacidad necesariamente debe tener efecto retroactivo y eliminar por ley el estado civil de incapacitado sin necesidad de revisar una a una y en el plazo determinado las sentencias constitutivas de tal privación; situación criticada en el ámbito de la Ley 8/2021, que ha contribuido al colapso de los juzgados[7].

---

7 Con fecha 9 de noviembre de 2023 Letrados de la Administración de Justicia de los únicos Juzgados especializados en materia de discapacidad en Aragón hicieron llegar a la vocal, Sra. Bayod, un informe en el que hacían constar su preocupación sobre el Derecho transitorio a la luz de los inconvenientes que, en el ámbito de aplicación de la ley 8/2021, se estaba produciendo, en el deseo de que la normar aragonesa no reprodujera esos inconvenientes. En este informe «*proponían a la Comisión la posibilidad de que las disposiciones transitorias contemplen los siguientes aspectos:*
1-Los tutores y curadores nombrados bajo el régimen foral de la legislación anterior ejercerán su cargo conforme a las disposiciones de esta Ley a partir de su entrada en vigor. A los tutores de las personas con discapacidad se les aplicarán las normas establecidas para los curadores representativos; a los curadores designados por la anterior legislación le serán de aplicación las normas establecidas para la curatela asistencial.
Quienes vinieran actuando como guardadores de hecho sujetarán su actuación a las disposiciones de esta Ley.
Quienes ostenten la autoridad familiar prorrogada o rehabilitada continuarán ejerciéndola hasta que se produzca la revisión a la que se refiere la oportuna disposición transitoria.
2.- Los legitimados conforme a la ley de jurisdicción voluntaria podrán solicitar en cualquier momento de la autoridad judicial la revisión de las medidas que se hubiesen establecido con anterioridad a la entrada en vigor de la presente Ley, para adaptarlas a ésta. La revisión de las medidas tendrá carácter preferente y deberá producirse en el plazo máximo de seis meses desde dicha solicitud.
Para aquellos casos donde no haya existido la solicitud mencionada en el párrafo anterior, la revisión podrá realizarse a instancia del Ministerio Fiscal, sin perjuicio de la facultad por parte de la autoridad judicial de oficio».
Como puede verse por las fechas, cuando esta propuesta (9/11/23) llegó a la Ponente, ésta ya había redactado su informe (1/11/23) con propuesta de regulación en la que ya se contemplaban estos aspectos e incluso sin establecer plazo alguno, lo que favorece este efecto retroactivo. La Ponente, en razón del deber de confidencialidad que debe tener la CADC en sus trabajos, máxime cuando no han sido debatidos ni aprobados, no les dio a

4. Normas de Derecho material transitorio: Disposiciones Transitorias Tercera y Cuarta. Revisión de las medidas ya acordadas: la Disposición transitoria quinta

4.1. Los principios: La aplicación del Derecho vigente a las situaciones anteriores

Las DDTT tercera y cuarta de la Ley 3/2024, tienen como objeto establecer cómo deben articulares el contenido de las sentencias de incapacitación, los poderes o disposiciones voluntarias que hubiera establecido la persona con discapacidad o sus progenitores, habida cuenta de la recuperación de la capacidad jurídica de estas personas que deberán ejercitar conforme a las disposiciones y principios de esta ley.

Con esta medida el legislador aragonés transforma *ex lege* el contenido de la sentencia de incapacitación, estableciendo su conversión en medidas de apoyo, según la persona hubiera quedado sometida a tutela o curatela. Todo ello es consecuencia de *Efecto inmediato*, proclamado en la DT primera y del *Efecto retroactivo* contemplado en la segunda.

4.2. Una revisión voluntaria: DT Quinta

Todo los anterior se puede llevar a cabo, por consiguiente, sin necesidad de revisar la sentencia salvo que así lo solicite la persona con discapacidad o lo requiera la autoridad judicial de oficio o a instancia del Ministerio fiscal (DT Quinta):

> 1. Las personas con discapacidad que hubieran visto modificada judicialmente su capacidad jurídica, así como quienes les presten apoyo conforme a lo establecido en las disposiciones transitorias anteriores, podrán solicitar en cualquier momento de la autoridad judicial la revisión de las medidas que se hubiesen establecido con anterioridad a la entrada en vigor de conforme al Derecho vigente.
>
> 2. La autoridad judicial, de oficio o a instancia del Ministerio Fiscal, podrá revisar aquellos casos en los que no haya mediado solicitud de modificación de medidas acordadas conforme al Derecho anterior, cuando considere necesaria una adaptación expresa de las medidas a la nueva legalidad vigente.

Como ya he señalado anteriormente, no se somete la revisión a plazo y es voluntaria, bien al objeto de modificar las medidas ya acordadas o bien al objeto de solicitar una adaptación judicial y expresa a la regulación vigente.

---

conocer a estos letrados la propuesta ya redactada de regulación, pero sí les indico que esos aspectos estaban contemplados en su propuesta.

los días 2 y 11 de abril de 2024, compareciendo en ellas varias asociaciones de personas con discapacidad, el día 2 y, el día 11, diversos operadores jurídicos (representantes de la magistratura y diversos colegios profesionales).

La coordinadora de la Ponencia, doña María Navarro, dirige una carta a la Presidenta de la Comisión aragonesa de Derecho civil, doña Carmen Bayod, fechada el 16 de abril de 2024, indicando que los miembros de la Ponencia «han acordado por unanimidad, dado el carácter eminentemente técnico del Proyecto de Ley, la conveniencia de trasladar las propuestas presentadas en el trámite de audiencias legislativas a la Comisión aragonesa de Derecho Civil, a efectos de obtener su criterio técnico sobre ellas y poder valorarlo con carácter previo a la presentación por los diputados y grupos parlamentarios de las enmiendas al Proyecto de Ley que, en su caso, estimen procedentes. A estos efectos, se remite un documento resumen de las propuestas presentadas, acompañado de los documentos remitidos por los participantes en las audiencias o de la transcripción literal de sus intervenciones en los casos en los que no se han remitido. Se ruega a la Comisión aragonesa de Derecho Civil que remita su criterio técnico sobre la viabilidad de las propuestas presentadas a la mayor brevedad posible, al encontrarse ya abiertos los plazos reglamentarios para la tramitación parlamentaria de esta iniciativa legislativa».

El 17 de abril de 2024 se reúne la CADC (Acta 334) al objeto de repartir entre los miembros de la Comisión la valoración de las diversas enmiendas.

En relación con ello, se pone de manifiesto por parte de la Dirección General de Desarrollo Estatutario que los Servicios Sociales de la DGA han observado con gran preocupación que, en el ámbito del Derecho del Estado, antes de la entrada en vigor de la Ley 8/2021, la legislación estatal anudaba en varias normas el hecho de estar incapacitado civilmente con el reconocimiento de un grado de discapacidad. Así la disposición adicional vigesimoquinta del Texto Refundido de la Ley General de la Seguridad Social, aprobado por el Real Decreto Legislativo 8/2015, de 30 de octubre, disponía que «a los efectos de la aplicación de esta ley, se entenderá que están afectadas por una discapacidad en un grado igual o superior al 65 por ciento aquellas personas que judicialmente hayan sido declaradas incapaces». Desaparecida la incapacitación y la tutela de mayores de edad se han generado dudas de interpretación lo que ha ocasionado que pueda dejar de aplicarse el grado de discapacidad del 65 %.

En atención a ello, la Presidenta encarga a los miembros de la Dirección General que lleven a cabo una propuesta de redacción, que no debe incidir en materias no civiles. Para ello, les indica que se inspiren en la Disposición Adicional primera Real Decreto-Ley 33/1978, de 16 de noviembre que, en relación con la rebaja de la mayoría de edad, de 21 años a 18, el legislador estatal advirtió que dicho cambio no afectaba a los derechos concedidos a los jóvenes ni a sus familias.

El texto de la disposición del Real Decreto 33/1978 fue el siguiente: «Lo dispuesto en el artículo primero del presente Real Decreto-ley tendrá efectividad, desde su entrada en vigor, respecto a cuantos preceptos del ordenamiento jurídico contemplaren el límite de veintiún años de edad en relación con el ejercicio de cualesquiera derechos, ya sean civiles, administrativos, políticos o de otra naturaleza, *sin que en ningún caso se perjudiquen los derechos o situaciones favorables que el ordenamiento concediera a los jóvenes o a sus familias en consideración a ellos, hasta los veintiún años de edad, en tanto subsistan, en sus términos, las normas que los establecen*», esta parte final serviría para solventar los problemas formulados.

B) La redacción del precepto

El 26 de abril de 2024 se vuelve a reunir la CADC para valorar las enmiendas presentadas por los diversos colectivos por en el trámite de Audiencias legislativas y emitir el referido Informe técnico de viabilidad.

La Dirección General presenta dos propuestas:

- *Primera:*

1. Aquellas personas que fueron declaradas judicialmente incapaces antes de la entrada en vigor de esta ley, se entenderá que cuentan con un grado de discapacidad acreditado igual o superior al 65 por ciento, siempre y cuando no se produzca una mejora en la situación que dio lugar a dicha declaración. Esta previsión será de aplicación con independencia de las medidas de apoyo que se establezcan en sustitución del régimen de tutela, total o parcial, al que estaba sometida la persona incapacitada.

2. Aquellas personas respecto a las que se establezcan medidas de apoyo de carácter representativo que comprendan actos de (ACOTAR), se entenderá que cuentan con un grado de discapacidad acreditado igual o superior al 65 por ciento, mientras no se produzca una mejora en la situación que dio lugar al establecimiento de la medida de apoyo.

3. La mejoría en la situación de la persona con discapacidad a la que hacen referencia los apartados previos deberá constarse por los organismos competentes para evaluar el grado de discapacidad.

- ***Segunda opción: (la única diferencia está en el apartado 2)***

2. Aquellas personas respecto a las que se establezcan medidas de apoyo de carácter representativo, se entenderá que cuentan con un grado de discapacidad acreditado igual o superior al 65 por ciento, mientras no se produzca una mejora en la situación que dio lugar al establecimiento de la medida de apoyo.

La Presidenta de la CADC considera que, en esta situación, advertida por los Servicios Sociales en relación a la rebaja del grado de discapacidad por debajo del 65 % con pérdida de deducciones o bonificaciones en el IRPF y otras prestaciones, aun cuando sea lamentable, no es una cuestión de Derecho civil y, por lo tanto, la misma debería abordarse con máxima prudencia. Considera por ello que debe articulares una norma de pretensión que permita a los ciudadanos reclamar sus derechos en otros ámbitos ya que esta ley civil, reguladora de la capacidad jurídica de las personas, no puede modificar los reconocimientos o beneficios que la discapacidad, como situación de hecho, les pueda ocasionar.

En consecuencia, la Presidenta de la CADC propone el siguiente texto, aprobado por los miembros de la CADC, al efecto de que sea este el que se incorpore al Informe técnico de viabilidad.

El texto es el siguiente:

> El cambio del régimen jurídico de las personas con discapacidad derivado de la entrada en vigor de esta ley, afectará solo al ejercicio de los derechos vinculados a su capacidad jurídica, sin perjudicar aquellos derechos o situaciones favorables que el ordenamiento jurídico les hubiera reconocido de acuerdo con la Ley anterior, salvo que se hubiera producido una mejoría en su situación. En particular, las modificaciones introducidas en esta Ley no repercutirán en los derechos o situaciones reconocidos con anterioridad por la normativa de seguridad social, servicios sociales o tributaria.

C) Tramitación en la Cortes

Las diversas enmiendas presentadas por los grupos parlamentarios fueron también puestas en conocimiento de la Presidenta de la CADC para su valoración técnica a lo largo de los debates acaecidos en las Cortes hasta su aprobación el 13 de junio de 2024.

- ***a) Cambio de redacción:***

Se consulta con la Presidenta de la CADC el siguiente texto, ya que hay una modificación respecto del presentado por la CADC en su informe técnico en relación con esa pérdida de prestaciones:

La Enmienda presentada dice:

> Añadir una disposición adicional al proyecto de Ley con la siguiente redacción:
> «Disposición adicional segunda.
> 1. Aquellas personas que fueron declaradas judicialmente incapaces antes de la entrada en vigor de esta ley, se entenderá que cuentan con un grado de discapacidad acreditado igual o superior al 65 por ciento, a efectos legales, siempre y cuando no se produzca una mejora en la situación que dio lugar a dicha declaración. Esta previsión será de aplicación con independencia de las medidas de apoyo que se establezcan en sustitución del régimen de tutela, total o parcial, al que estaba sometida la persona incapacitada.
> 2. Aquellas personas respecto a las que se establezcan medidas de apoyo que incluyan facultades de carácter representativo, se entenderá que cuentan con un

grado de discapacidad acreditado igual o superior al 65 por ciento, a efectos legales, mientras no se produzca una mejora en la situación que dio lugar al establecimiento de la medida de apoyo.

3. El cambio del régimen jurídico de las personas con discapacidad derivado de la entrada en vigor de esta ley, afectará solo al ejercicio de los derechos vinculados a su capacidad jurídica, sin perjudicar aquellos derechos o situaciones favorables que el ordenamiento jurídico les hubiera reconocido de acuerdo con la Ley anterior, salvo que se hubiera producido una mejoría en su situación. En particular, las modificaciones introducidas en esta Ley no repercutirán en los derechos o situaciones reconocidas con anterioridad por la normativa en materia de seguridad social, servicios sociales o tributaria.

4. La mejoría en la situación de la persona con discapacidad a la que hacen referencia los apartados previos deberá constatarse por los organismos competentes para evaluar el grado de discapacidad».

La Presidenta manifiesta su opinión contraria al texto con los argumentos ya dados, como se observa es este es el mimo texto que en su momento formularon los servicios sociales a través de la Dirección General de Desarrollo Estatutario, incluyendo en el apartado 3 el propuesto por la CADC.

- *b) Su inclusión como Disposición Transitoria Segunda*

Esta ley 3/2024 no sólo se ha aprobado por unanimidad en las Cortes, sino también sus 29 enmiendas; algo nunca visto y que demuestra una gran confianza en el criterio técnico de la CADC y pone de manifiesto la gran altura de los parlamentarios aragoneses que saben pactar y estar de acuerdo en lo importante: el Derecho foral al servicio de la ciudadanía.

Pues bien, entre ellas, en el texto registrado en las Cortes el 22 de mayo de 2024, y que le remite a la Presidenta de la Comisión el Director General de Desarrollo Estatutario, aparece una *Enmienda de Adición con el siguiente tenor*:

Se propone añadir unos nuevos apartados 1, 3 y 4 en la Disposición transitoria segunda —Efecto retroactivo—, numerando como 1 el primer párrafo de modo que quede con la siguiente redacción:

«"1. Las personas constituidas por sentencia judicial en estado civil de incapacitado antes de la entrada en vigor de esta reforma recuperan su capacidad Jurídica, que deberá ser ejercitada, en su caso, con las medidas de apoyo que correspondan conforme a lo previsto en esta Ley.

2. El cambio del régimen jurídico de las personas con discapacidad derivado de la entrada en vigor de esta ley afectará solo al ejercicio de los derechos vinculados a su capacidad jurídica, sin perjudicar aquellos derechos o situaciones favorables que el ordenamiento Jurídico fes hubiera reconocido de acuerdo con la Ley anterior, salvo que se hubiera producido una mejoría en su situación. En particular las modificaciones introducidas en esta Ley no repercutirán en los derechos o si-

COLECCIÓN
PENSAMIENTO JURÍDICO Y POLÍTICO CONTEMPORÁNEO

COLEX

TÍTULOS PUBLICADOS

1. La libertad de expresión
2. Reforma del Código del Derecho foral de Aragón en materia de discapacidad (Ley 3/2024, de 13 de junio). Comentada por los miembros de la Comisión aragonesa de Derecho civil

Made in United States
Cleveland, OH
05 November 2026

47659888R00127